RICH
教育视野与育人模式

骆传伟　竺金飞　主编

浙江工商大学出版社 ZHEJIANG GONGSHANG UNIVERSITY PRESS | 杭州

图书在版编目(CIP)数据

RICH教育视野与育人模式 / 骆传伟,竺金飞主编.
—杭州:浙江工商大学出版社,2020.8
ISBN 978-7-5178-4033-6

Ⅰ.①R… Ⅱ.①骆… ②竺… Ⅲ.英语课—教学研
究—高等学校—教学参考资料 ②英语课—教学研究—中小
学 Ⅳ.①G633.412

中国版本图书馆 CIP 数据核字(2020)第157823号

RICH教育视野与育人模式
RICH JIAOYU SHIYE YU YUREN MOSHI
骆传伟　竺金飞　主编

责任编辑	董文娟　王　英
封面设计	叶泽雯
责任校对	鲁燕青　夏湘娣　穆静雯
责任印制	包建辉
出版发行	浙江工商大学出版社
	(杭州市教工路198号　邮政编码310012)
	(E-mail:zjgsupress@163.com)
	(网址:http://www.zjgsupress.com)
	电话:0571-88904980,88831806(传真)
排　版	杭州朝曦图文设计有限公司
印　刷	广东虎彩云印刷有限公司绍兴分公司
开　本	710mm×1000mm　1/16
印　张	14.75
字　数	265千
版印次	2020年8月第1版　2020年8月第1次印刷
书　号	ISBN 978-7-5178-4033-6
定　价	52.00元

浙江工商大学出版社营销部邮购电话　0571-88904970

前 言

作为浙江省中学英语教师培养的领军专业,浙江师范大学英语专业致力培养能在中学从事英语教育和研究的卓越人才。

浙江师范大学英语专业始建于 1960 年,2003 年获批浙江省首批重点建设专业,2006 年在教育部英语专业本科教学工作评估中获"优秀",2012 年获批浙江省首批优势专业,2016 年获批浙江省高校"十三五"优势专业,2017 年再次获批浙江省优势专业,2019 年获批省一流专业,并接受师范类专业第二级认证。近几年来,本专业在"中国大学评价"中一直处于 A～A⁺。迄今为止,本专业已为浙江省内外输送 8000 余名毕业生,其中 1000 余名成了中小学英语高级教师。

RICH 是浙江师范大学外国语学院始于 1994 年的教学改革,它是 Research-based learning(研究性学习)、Integrated curriculum(综合性课程)、Cooperative learning(合作学习)、Humanistic outcomes(人文素质发展)的缩略词。在 RICH 外语教育理念的引领下,本专业始终坚持问题导向,对接社会需求,深化卓越英语教师教育改革,致力培养"家国情怀与国际视野融合、英语教育与师范教育融通、思辨能力与创新能力融会"的卓越英语教师。

在培养模式改革上,突出"英语＋师范"的特色,对接国家标准和社会需求,实施卓越教师培养计划,以点带面,不断完善培养方案,全面优化人才培养模式。在课程教学改革上,始终坚持研究性学习和反思性实践的改革主线,在培养学生的思辨能力、创新能力、师范素质和人文情怀上卓有成效。在学业评价改革上,根据课程类别和能力目标,设计相关评价标准,构建"师生互动、以评促学"的多元发展性学业评价体系。通过教师评价、学生互评和学生自我反思评价,综合评估学生的知识掌握情况与能力发展情况,达到以评促教、以评促学的目的。在实践教学改革上,以"情景实训、科研训练、学科竞赛和社会实践"为主线,优化"见习—实习—研习"机制,实施"大中学校合作计划",全程对接基础教育,实现大中学校教育理念和教育实践之间的良性互动。

通过不懈地努力,本专业所培养的师范生普遍具有较高的教师综合素质——师德优秀、知识丰富、能力突出。我校本专业学生在全国师范院校师范生教学技能竞赛、全国英语写作大赛及辩论大赛中,连年获得一等奖。毕业生中涌现出特级教师、教研员、知名校长、省政府督学等共计60余名,为浙江省基础教育事业做出了重要贡献,并辐射到全国不同省份。

浙江师范大学英语专业新时代卓越中学英语教师培养探索成效显著。其建设经验说明,只有充分把握新时代国家对基础教育改革的要求和立足地方基础外语教育改革实际,使教学改革纵深化、课程结构优质化、实践教学多元化,高校才有可能承担新时代对基础教育提出的新任务,为培养德智体美劳全面发展的社会主义建设者和接班人做出自己的贡献。

为了更好地总结和交流RICH教学改革(以下简称RICH教改)的研究成果,我们将部分研究者的相关论文结集出版。希望本书能帮助更多的同人了解RICH,为我国卓越外语人才培养提供一些有益的参考。

编 者
2020 年 7 月 15 日

目 录
CONTENTS

新时代RICH学习共同体学生培养探究：学生核心素养

新时代RICH学习共同体教师发展探究：中小学教师养成

RICH教育视野内涵解读

RICH教学模式

——师范英语专业综合英语课改革探索[①]

黄爱凤　郑志恋　胡美馨

（浙江师范大学,金华:321000）

摘　要:RICH教改是浙江师范大学外国语学院英语专业在基础阶段综合英语课教学中进行的教改。RICH教改以发展学生的综合素质、提高学生的英语运用能力、培养师范生的教师基本素质为主要目的。该文主要探讨RICH教改的内涵、起源、革新内容、初期成效及存在的问题等。

关键词:RICH教改;素质教育;合作学习;话题研究;口头报告;过程评估

一、引　言

RICH教学以人文主义情怀为指导,以发展学生的综合素质、提高学生的英语运用能力、培养师范生的教师基本素质为主要目的。它自下而上由教师发起,主要对教学材料、教学方法、教学评估等进行革新。浙江师范大学外国语学院英语专业目前正在基础阶段综合英语课教学中进行RICH教改,曾接受过RICH教改的班级有1996级和1997级共计11个班,正接受RICH教改的有1998级的5个班。RICH教改也在成教教学和公共外语教学中得到初步推广,是我校21世纪课程体系改革的重点项目之一。我校的RICH教改开始于20世纪90年代初,经历了小规模的学生晨间报告、以任务为依托的学习,以及RICH教学等主要发展阶段。

RICH教学的思想、方法和初期成效已被《人民日报》(海外版)(1998年12月29日)、《人民日报》(1999年1月10日)、《浙江教育报》[②](1998年10月10日)、《浙江日报》(1998年10月21日)、《中国大学生》(1999年第2期)等多家报纸及杂志报道和转载。浙江省外文学会已连续3年在年会上对RICH教学做了专题介绍。1999年9月24日至26日,相关学者在全国高等师范院校英语专业教学研讨会上

---

① 本文原发表于《国外外语教学》2000年第2期。
② 现为《教育信息报》。

对 RICH 教学做了正式发言,与会者普遍认为 RICH 教学抓住了交际教学的精神,从一定程度上弥补了传统英语教学中在学生思维能力培养方面的缺陷。浙江省内很多高校如温州师范学院(现为温州大学)、宁波大学等兄弟院校的领导和老师已先后来到我校指导、交流,国内一些师范大学也纷纷表示要来我校观摩、交流。RICH 教学的思想、方法正日益引起相关教育人士的重视。

二、RICH 教改的内涵及其产生的背景

RICH 是 Research-based learning(研究性学习)、Integrated curriculum(综合性课程)、Cooperative learning(合作学习)、Humanistic outcomes(人文素质发展)的缩略词。

RICH 教学以学生为对象,以教师为主体,在教学中开展以话题研究为中心的形式多样的教学活动,使启发式、讨论式、发现式、研究式、合作式的教学方法得到交叉运用,学生的人格和思想得到尊重,想法得到采纳,民主气氛浓厚,教师和教师、学生和学生、教师和学生成了真正的合作伙伴。

RICH 教学的产生有特定的背景,主要表现为以下 3 个方面。

(一)合作群体的出现

教改前每一位教师负责教一个班,时间为两年,实行教师对所教学班级的"成绩承包制"。为了提高学生成绩,教研组成员努力寻找合适的学习资料,定期开会切磋教学策略,还特邀外教参加。在此过程中,自然而然地产生了科研合作群体。

(二)教师开始突破教材、教参的束缚,真正成为教学主体

领导授权给教师,教师在教学过程中拥有主体意识。教师获得了和教学活动有关的主要权利,如教材选择、教法设计、评估体系改革等权利。为了改善学生被动接受知识、实际运用语言的能力较弱、自我发展的意识和能力不强等状况,教研组成员意识到激发学生学习动力和提高学生语言运用能力的重要性,开始积极为学生创设各种学习机会和环境。各种各样的用来激发学生学习热情的教学方法和评估方法应运而生。教材选用要不拘一格,争取做到文理渗透、务实务时,并且要积极鼓励和帮助学生自选学习内容。教师在教学中应努力为学生创设有意义的学习情境,有意识地让学生"在用中学"。

(三)中国出现了前所未有的有利于教育改革的大环境

素质教育得到重视,全国教育出现了一股改革的热潮,我校的 RICH 教学模

式正是在这种氛围中产生的。这与我校领导的信任理解和大力支持是分不开的,他们具有很强的民主意识和革新意识,他们在财力、物力、精神等各方面对RICH教学这一新生事物给予了极大的支持,对参与RICH教改的教师和学生给予了充分的信任。

三、RICH教改的内容

RICH教改主要包括教学内容、教学方法和教学评估等方面的改革。

(一)教学内容的改革

传统英语教学中,一个学期只用一本固定的教材,极少有课外补充内容。在RICH教改中,教材的含义发生了根本性的变化,课本上的知识点不再被视为唯一的权威。

课本在RICH教学中仍会被使用,但使用方法有别于传统的教学。在对语言知识点的讲解之外,还会对课文中所蕴含的思想、情感等进行充分挖掘。课堂上除了教师讲授外,学生有大量机会就课文中的思想、观点、人物形象、写作风格等展开讨论,使学生在学习语言的同时,思想和情感也得到升华。

除课本之外,学生自选自编的材料也是RICH教学中非常重要的教学内容。学生在教师的指导下,以个体或小组为单位,就特定的话题查找资料,选定供自己及全班同学学习的内容。这些自编材料的教学,受重视程度与课本教学一样,甚至会高于课本教学。

学生自编材料的编写不能是一种盲目、无序的活动。在此过程中,应主要考虑以下原则。

1. 材料的选编应有系统性

RICH教学模式强调教学课程设置应考虑所有教材的系统性。教材的选编应进行总体策划,各阶段的教材分别为实现一定的教学目标服务。例如,教改第一学期自编教材主要以课文为依托,结合学生的兴趣对课文中的有关内容加以补充和挖掘,以"信息类"为主,目的是激发学生的学习兴趣,增强学生的自信心,扩大学生的词汇量和知识面。如英语系981班结合课文"American Study"开展了"American Sports""American Family""American Holiday"等话题的研究活动。第二学期自编教材在兴趣和信息的基础上,强调学生的思辨能力和锤炼个人观点的能力,可撇开课文进行话题选择。可供选择的话题更多样,如英语系983班的"Racial Discrimination"、英语系982班的"A Study of Fairy Tales"等。

第二学年,教师可以结合专业或科研,指导学生选编有一定研究价值和指导意义的学习材料,以培养学生的教师角色意识和初步的专业科研能力。例如,我系在二年级综合英语课中,开展了"Classroom Assessment Technique""The Pedagogical Cycle"等与英语教学相结合的话题的学习活动。

故此处的系统性主要指的是自编教材的选编必须与阶段性的教学目标(内容教学目标和能力教学目标)紧密结合,为实现教学目标服务。从这个意义上来说,自编教材的系统性要立足于教学目标的系统性。

2. 教学内容的安排应有节奏性

在教学工作中,通常都有阶段性任务和目标。因此,每个阶段的教学要有不同的侧重面,教师应结合内容、能力或思想等方面的不同教学目标,指导学生选编相应的材料。这是从宏观角度而言的节奏性。

从小一点的角度来说,每个阶段的教学也都有节奏性,应考虑设计一些包含"提出问题—研究、解决问题—总结经验"这3个环节的循环,使学生们在"提问—研究—总结—再提问—再研究—再总结"这样一种学习节奏中学有所得。在学生自编材料的处理中也应注意这一点。

3. 应将教学内容的广泛性与针对性相结合

没有广泛的教学内容,就不足以激发学生的求知欲,也不利于扩大学生的知识面,故RICH教学在教师宏观指导的前提下,应鼓励学生探索不同领域或同一领域不同方面的内容。

不同院校的学生在学习中有不同的专业发展方向。如果教学内容缺乏针对性,就不利于深化专业教学内容,不利于提高学生的科研意识和能力。我校是师范院校,对师范生的口语表达能力、教学能力等有相当高的要求,同时要求师范生对教育哲学、教学方法等须有较深的理解,故RICH教学在鼓励学生选编不同内容的学习材料的同时,也要注重引导学生对教育思想、课堂教学等进行深入的专题研究。

4. 应尊重学生的需要和兴趣

学生可根据需要和兴趣来自选、自编学习内容,这是RICH教学让学生从"要我学"变为"我要学"的一种重要手段。这是一种意义学习。它不仅仅是知识的积累,还使个体的行为、态度和个性发生变化;它不仅仅是一种增长知识的学习,还是一种与个人部分经验融合在一起的学习。(施良方,1992)当学生自己选择学习方向、参与发现自己的学习资源、阐述自己的问题、决定自己的行动路线、自己承担选择的后果时,就能最大限度地从事意义学习。这类参与学习比消极被动的学习要有效得多。(施良方,1992)

尊重学生的需要和兴趣,有利于激发学生的积极性,有利于培养学生发现和解决问题的能力,有利于在学生中形成互相合作、共同探讨的学术气氛。

(二)教学方法的改革

传统英语教学的课堂通常以教师为中心,以教师讲授为主,学生对英语知识的接受往往是被动的。英语书面考试成绩好的学生英语运用能力未必很强。而当今社会对英语运用能力提出了相当高的要求,因此在RICH教改中,课堂教学的中心由教师变为学生,这时,教师不仅是知识的讲授者,更重要的是学生学习的组织者、启发者和督导者。

RICH教学中,教学活动应遵循以下原则。

1. 教学各环节的确定大多通过师生协商来实现

RICH教学中,学生参与教学目标、教学内容、教学方法、教学评估等方面的决策,最大限度地参与学习的全过程。其目的是增强学生对学习活动的参与意愿,培养学生的主人翁意识,让学生对自己的学习负责;同时使学生通过在教学材料、教学方法和评估体系等方面的教学设计,唤起其对未来教师的角色意识,以"学生"和"老师"两种身份成长。除此之外,多方面、多角度的协商,可以更好地发现、发展学生的个性,从而更好地因材施教,努力使学生达到愿学、乐学、善学的境界。

2. 以"授人以渔"代替"授人以鱼"

在RICH教学中,教师会在适当的时机以适当的方法授学生以"鱼",即知识。其实,教师更应注重授学生以"渔",即获得知识的能力。

采用的教学方法直接关系到学生能力的培养和提高。在以话题研究为依托的合作学习中,教师放手让学生探索学习研究的方法,在学生的认识达到一定程度后,巧加点拨,有意识地指导学生养成自学习惯,提高自学能力,增强学生自我发展的意识和能力。

3. 学生以合作为主要学习方式,个人学习和小组研究并重

此处的合作具有两个层面的含义:其一是行动上的合作,几名学生组成小组进行以话题研究为依托、以任务为中心的集体学习活动;其二是知识资源的共享和思想方法的借鉴,学生以个体或小组形式分别进行学习研究,然后向全班同学展示学习成果。这两个层面的合作在RICH教学中相互交叉,相互促进。

本文仅就学生合作学习的一种可能形式,也是我校RICH教改中试验较多的学生合作学习方法——合作完成小组话题研究的基本环节进行探讨。

学生合作进行小组话题研究的学习活动可分为以下8个环节。

（1）形成小组

可以根据阶段教学内容、能力培养目标等，采用教师指定、抽签或自愿组合等方式形成小组。

（2）确定话题

学生在教师的指导下组成小组，并在教师的监督和指导下通过阅读选定本组话题，并将其作为本组在合作期间的小型研究课题。

话题的选择范围须视各阶段的教学目标而定。如果一个阶段的教学目标是培养学生对合作学习的兴趣和信心，那么教师可以给学生较多的自由空间，放手让学生选择话题。我系学生在实践过程中，选取并学习了"AIDS""First Aid""Shakespeare""Environmental Science""Roman Empire"等自选话题，以及一些"读书汇报"类的话题。如果某个阶段的教学目标是培养学生对教学科研的兴趣和信心，教师可以提供"English Teaching"等研究范围，然后指导学生在此范围内选取"Questioning Skills""Creating an Atmosphere of English Learning""Classroom Discipline"等作为小组研究话题。

教师在指导学生选取话题时，要注意"收""放"结合，既不能完全控制而妨碍学生积极性的发挥，又不能完全放手而导致话题选取的盲目性、无序性。

（3）查找资料

小组话题确定后，小组成员主要通过图书、报纸、杂志、电脑、收音机等查找适合小组话题的英语材料，必要时还需要小组成员进行社会调查。

（4）编辑资料

小组得到话题研究所需的足够的英语材料后，集体对材料进行研读、选择，做到所选材料充分而不累赘，其语言难度应适当高出学生已有语言能力，或采用"可理解语言输入"，以保证语言输入能使学习者现有的语言知识在难度和深度上更进一步，因为"可理解语言输入"更能促成语言习得及读写等语言能力的发展（Krashen，1994）。

然后小组对所选材料进行编辑，使其编排合理，美观大方。各小组须在材料后附上思考题和英文或中英对照的生词表，并在最后提供资料来源和参考书目。

（5）制作海报

小组根据本组话题、材料，制作一张能体现本组话题的主题和内容，并且美观大方的海报。完成海报制作后，各小组在课堂上向全班同学展现本组海报，并就海报内容、版面设计等用英文做简要介绍。

（6）口头报告

小组采用适当的课堂教学方式，结合材料，就本组话题向全班同学做详细介绍。在教学中，主讲小组必须向全班同学提出一定数量和质量的问题，激发同学的学习兴趣，并帮助同学更深入地思考所讲内容，加深理解。

口头报告是RICH教学中的一个重要环节，它对学生的逻辑思维、教学语言、教学仪态、提问技巧、讲解技能等均有较高要求，在这些方面也都有较为理想的训练效果。

（7）教学评估

此处教学评估指的是一个小组做完口头报告后，由其他小组以书面或口头形式，对该小组的教学活动进行评估，从而帮助主讲小组更好地改进教学方法和技巧，并使全班同学逐渐掌握教学评估的标准，更有利于发展未来教师的教学能力。

（8）撰写书面论文

一个小组完成教学后，应提交一份格式规范的关于小组话题研究成果的书面报告，即论文。通常来说，小组论文的题目与小组话题的题目相同，如前面提到的"AIDS"等。如时间允许、话题需要，教师还可要求小组每个成员完成一篇就小组话题的一个侧面进行分析的小论文。如"Questioning Skills"这个话题下，小组成员可就"Role of Questioning in Classroom""Types of Questions""How to Respond to Students' Answers in Classroom"等分话题完成小论文。小论文的内容难免会与小组论文有所重叠，但每篇小论文都是完整的文章，这对训练学生的小论文写作能力而言，有很大的帮助。

（三）教学评估的改革

多年来，英语教学评估主要通过笔试实现，尤其重视期中、期末考试成绩。师生普遍认为"卷面分数高，就是英语学得好"，但实际上情况并不都是如此。RICH教学对评估体系进行大胆的改革，采用了新的评估体系，它主要具有以下3个特点。

1. 注重学生的学习过程

建立学生个人学习档案，此档案包括学生平时作业、自评与他评、专题论文、学习日记和自编材料等。对每项档案内容实行量化考核。

学习过程考核占学期总分的40%。

2. 注重学生自评与他评

在期中、期末各进行一次学生自评与他评，主要对学生自己和同学的学习态度及学习成果进行量化评估，以培养学生（即未来教师）客观评价自我和他人的能力，从而达到自律、自促的目的。教师对学生的评估结果进行适当调整。

自评和他评占学期总分的10%。

3. 期末考试包括笔试与口试

期末考试包括笔试与口试。笔试采用脱离课本和自编材料的水平测试试卷,对平行班实行统考,该成绩占学期总分的25%。

口试结合学生所研究的话题,以个人面试或小组面试的形式进行,主要测试学生的语音、语调、表达能力和交际策略等,该成绩占学期总分的25%。

四、RICH教改的初期成效

RICH教学在我校教学改革中显示出巨大的生命力,它在发展学生的综合素质、提高学生的英语运用能力、培养师范生的教师基本素质等方面都取得了明显的成效。

(一)学生的综合素质得到不断发展

此处的综合素质包含各种能力(自我发展能力,收集处理信息和获取新知识的能力,合作能力,审美能力,心理承受能力,发现、分析、解决问题的能力,创新能力,等等)、人文素质(宽容、开明、自信、责任感、奉献精神等)、价值观念和道德观念等。《关于外语专业本科教育改革的若干意见》(1998)指出:"多年来,我国外语教学在语言技能训练中强调模仿记忆,而忽略了学生思维能力、创新能力、分析问题和独立提出见解能力的培养。"RICH教学在学生各种能力的培养方面较传统教学有了明显发展。

1998年上半年,英国兰开斯特大学的语言学教授保罗来到浙江师范大学,与英语系二、三、四年级学生座谈,发现当时为二年级的1996级学生最能提问,体现出比三、四年级更成熟的思维方法、更强的口头表达能力,以及更高的心理素质。他对此深感惊奇,事后与我校外事处领导交流,得知这届学生正在接受教学改革,即RICH教改。RICH教改极大地激发了学习者的主体意识和参与感。一名学生在他的学习日记中写道:"在RICH教学中,我自始至终在愉快、轻松地学习。我感到学习原来是这么有趣的事,我享受着从未有过的新鲜与兴奋,并全身心地投入到各项教学活动中去。"

(二)学生的英语语言运用能力得到较大幅度的提高

接受过RICH教学的学生在口头表达、材料编辑、英语写作等方面一般都有明显的进步。1999年5月,RICH教改组在我校英语专业4个年级学生中组织了一次题为"How Can My Students Know I Care for Them"的英语写作比赛,试卷由外教Cliff Schimmels(美国教育哲学家、写作课老师)教授统一批阅。满分为100

分,其中语言、结构50分,思想内容50分。比赛成绩情况如表1所示。

表1 我校英语专业4个年级学生英语写作比赛成绩情况

年级	自愿参赛人数/个	语言、结构平均分/分	思想内容平均分/分
1995级	73	31.23	32.85
1996级	60	33.85	33.93
1997级	40	40.60	40.60
1998级	225	34.28	36.35

其中,1995级学生没有接受过RICH教学,其他3个年级学生均接受过RICH教学,尤其是1997级、1998级学生接受的时间更久。表1表明,接受过RICH教改的学生在英语写作中体现出更强的语言组织能力和篇章设计能力,以及更高的思想素质。

我校外国语学院在1998年全国高校英语专业四级考试中取得了历年来最好的成绩。我校本科4个班的平均通过率为87.8%,而全国各类院校的平均通过率为64.3%,师范院校的平均通过率为60.4%。

(三)师范生的教师基本素质得到培养

师范生的教师职业意识(教师使命感和责任感)明显增强,课堂教学能力(板书能力、课堂管理和组织能力、处理问题的应变能力、欣赏和创造教学美的能力等)日益提高,教师职业所需要的爱心不断积累,激情不断提高,耐心不断增强。

前往浙江工商大学杭州商学院教学实习的1998级学生,在教学中普遍表现出较高的教师素质、较扎实的教师基本功,都能做到因材施教。如师范生陈优扬所教班级的学员,英语水平参差不齐,年龄差距较大,从小学生到高中生都有。他主动设法把这些学员分成若干小组进行教学,甚至给基础较差的小组补课。对于一名大学一年级的学生来说,做到这一点是很不容易的。

教育实习是师范生培养的一个重要环节。受过RICH教学的我院1996级专科学生,在一所中学实习时表现突出。实习带队教师说他们具有很强的责任感和合作能力,对学生充满爱心,教学效果总体来说很不错。实习学校校长对他们的评价是:"这一届实习生是历届来我校实习的学生中最好的。他们教学工作认真,班主任工作步步到位,比我们想象的要好得多。"

五、结　语

RICH教学是在全国素质教育的开展和高校教学改革的大环境下,由教师自发进行的一场英语教学改革。它主要在教学内容、教学方法和教学评估3个方面进行有益的改革尝试。自实施以来,在发展学生的综合素质、提高学生的英语运用能力和培养师范生的教师基本素质等方面取得了可喜的成效。

此处需要着重指出的是:从本质上来说,RICH是一种教学观念、教学原则,是一种以人为本的教学思想,而不是一种具体的教学方法,更不是一种固定的模式。其可以用于各门专业课程的教学活动。

新生事物的发展都有一个不断完善的过程,RICH教学作为一种新生事物,也不可避免地存在一些不足之处。目前,RICH教改中主要存在以下几个方面的问题:其一,开展话题研究所需的适合学生英语水平的资料不足;其二,RICH教学所培养的学生的各种能力的量化评估方法尚待研究;其三,RICH教学仍受高校现行课程体系和评估体系的束缚;其四,出于各方面客观原因,RICH教学本身尚待进一步完善和发展。

尽管如此,RICH教学在实践过程中已体现出强大的生命力。这一英语教学领域的新苗,在全国深化教育改革,全面推进素质教育的春风中,必将茁壮成长,结出硕果!

参考文献

高等学校外语专业教学指导委员会,1998. 关于外语专业本科教育改革的若干意见[J]. 外语界(4):1-6.

黄爱凤,1997. 学生语言运用能力和教师基本功素质的培养[J]. 高师教育(3):7-11.

施良方,1992. 学习论——学习心理学的理论与原理[M]. 北京:人民教育出版社.

文辅相,1999. 素质·方法·创新[J]. 高等教育研究(1):11-17.

郑志恋,黄爱凤,应单君,等,2000.外语教学改革中教师观念的转变[C]//浙江省外文学会.外语教学与研究论文集:第5辑.杭州:浙江大学出版社:63-72.

BROWN H D, 1994. Principles of language learning and teaching[M]. Englewood Cliffs, N. J.: Prentice Hall.

KRASHEN S D, 1994. The input hypothesis and its rivals[C]//ELLIS N. Implicit and explicit learning of languages. London: Academic Press: 45-77.

NUNAN D, 1988. Learner-centered curriculum: a study in second language teaching[M]. Cambridge: Cambridge University Press.

RICHARDS J C, 1997. Teachers as course developers[M]. Cambridge: Cambridge University Press.

TAYLOR G H, 1997. Whole language strategies for ESL students[M]. San Diego, CA: Domine Press, Inc.

探讨大学专业英语学生综合素质培养模式

——RICH教学介绍和研究[①]

黄爱凤　　胡美馨

（浙江师范大学,金华:321000）

摘　要:RICH教学法是浙江师范大学外国语学院针对专业英语基础课程的改革而提出的一种新型外语教学法。它既能有效培养学生的综合素质和语言技能,又能全面发展教师的教学和科研能力,其为研究式、融合式、合作式、人文式的英语教学法,简称RICH教学法。该文通过文献资料法、教学实践法探讨RICH教学法的理论依据,并从培养目标、教学内容、教学方法、评估体系、教学评估这5个方面对RICH教学模式的基本构架进行理性分析和实践探讨。

关键词:RICH;教学法;理论依据;教学模式;构架

一、引　言

自1994年以来,笔者对专业英语基础课程的综合英语课进行了教学内容、教学方法、教学评估的全面改革,经过5届实验班级的实践和摸索,总结出了一套既能有效培养学生的综合素质和语言技能,又能全面发展教师的教学和科研能力,并且适合中国国情的外语教学模式,这一教学模式包括Research-based learning(研究性学习)、Integrated curriculum(综合性课程)、Cooperative learning(合作学习)、Humanistic outcomes(人文素质发展),简称RICH教学法。它旨在培养学生于21世纪所必须具备的生存和发展能力,即学会学习、学会应用、学会合作、学会做人等综合能力。本文重点探讨RICH教学法以建构主义学习理论为主的理论依据,并从培养目标、教学内容、教学方法、评估体系、教学评估这5个方面分析和探讨RICH教学模式的基本构架。

[①] 本文原发表于《山东外语教学》2003年第5期。

二、RICH教学法的理论依据

RICH作为一种培养学生学习和科研能力,发展学生合作理念,提高学生人文素质的教学模式,主要以建构主义学习理论为指导思想。建构主义学习理论有很多分支体系,其中苏格拉底(Socrates)的"助产士"理论及苏格拉底提问法、维果茨基(Vygotsky)的社会建构主义理论,以及布鲁纳(Bruner)的发现学习理论是指导RICH教学法的主要理论体系。

(一)苏格拉底的"助产士"理论及苏格拉底提问法

苏格拉底认为教师的主要作用不在于提供知识,而在于帮助学生建构知识。在学生对知识的建构中,教师所起的是"助产士"的作用。(Snowman & Biehler, 2000)

在实施其"助产士"职责时,苏格拉底通常采用启发式的提问与回答,即"Socrates method"。苏格拉底根据学生的回答提出下一个问题,层层深入,直到学生无法做出令人满意的回答。此时的学生产生了强烈的学习需要和学习动机,于是苏格拉底令其去看书、讨论、思考、实践,通过学习来找答案。而后再进行"提问—回答—学习—再提问"的教学活动,使学生的学习更加深入,从而实现教师在学生对知识的理解和学生对知识的构建中的"助产士"作用。如RICH小组话题研究学习有两项活动是通过苏格拉底提问法来完成的。一是在准备阶段,小组介绍话题题目;二是在汇报阶段,小组合作汇报话题研究结果。这两项活动都要求小组在班级公开接受全班同学及教师的提问,要被问到无法回答并且非常渴望去进一步查阅资料和讨论为止。这样的方法能帮助学生打开研究思路,激发学习热情,主动进一步查阅有关资料,提高终身学习的意识和渴望,具有很好的现实意义。苏格拉底的"助产士"理论及其实施方法对RICH教学的指导意义在于:①教师不应只充当"授人以鱼"的角色,更重要的是以指导者、引导者的身份,帮助学生逐步成为自主的学习者、思考者,使其能独立学习、思考、应用、发现,建构其自身的知识体系;②教师所组织的教学活动应当能够满足学生的学习需要,调动其积极性,激发其好奇心。在把学生引导到特定的程度以后,教师应当以适当的方式放手让学生进行自主学习和研究,使学生通过自身的学习来增强对知识的渴求。这就是RICH教学模式中大量运用学生自主话题研究的依据所在、意义所在。

(二)维果茨基的社会建构主义理论

维果茨基的社会建构主义理论指出,人的认知发展很大程度上归因于社会交往,尤其是和技术高于自己、能力强于自己的人的交往——这些人可能是年长者,如教师,也可能是同伴,如同学。维果茨基认为人类具有一种通过与他人合作学得更多、学得更好的潜力。(Henderson,1996)Ramos(2000)则指出,每个人的大脑联结均与众不同,大脑中的几亿个不同的信息模块使得每个人对同一现象有不同的理解和感受。这些不同的理解和感受构成了与众不同的个人生活经历和个人背景,而独特的个人生活经历和个人背景又进一步促使大脑信息模块产生有别于他人的发展。合作学习综合利用了这些不同的个人生活经历和个人背景,并深化了个人的学习层次。一个人的独到见解可以帮助另一个人理解他从未想到过的东西。在合作学习的环境中,学习者经常有机会接触到他人独到的见解,从而可以诱发前所未有的联想,丰富其学习活动。

总之,社会建构主义学习理论强调合作在个人学习行为中的重要作用,注重集体合作。RICH教学法在实施中充分利用学生学习小组的集体能量,强调合作学习的实践方法正是在维果茨基的这一理论指导下进行的。

维果茨基在社会建构主义理论中还指出,认知发展另一方面归因于在最近发展区(Zone of Proximal Development,ZPD)内,在"示范"辅助下的教学。在"示范"中,教师先给学生提供某个学习过程的模式,当学生熟悉这一过程后,教师便通过示范、提示、启发性提问、指导性建议等手段,逐步把完成这一学习过程的任务转移到学生手中。"示范"的目的在于帮助学生获取单凭自己的能力无法获取的知识,在学生掌握了其中的方法和思路后,教师的"示范"就逐步退出,最终撤除。

在这一理论的指导下,RICH教学法要求教师必须首先给学生展示RICH教学的全过程,公开教学目标、教学手段、评估体系等,并与学生进行讨论、协商,达成一致,使学生在后续的学习活动中有章可循,有据可依。如RICH教学中的合作学习、学习技能培训、教师根据学生需要而进行的课外辅导等,都体现了社会建构主义教学理论。

(三)布鲁纳的发现学习理论

布鲁纳在他的发现学习理论中指出,当学习者能有足够的实践活动去找出解决问题的方法时,他们不仅发展了解决问题的技巧,还获得了对自己学习能力的信心,培养了做问题解决者的习惯。他们在学习中学会了学习。布鲁纳认为,学习者通过自身努力得出的结论和概念比外加于他们的更具有意义,他们在力图理解令其迷惑的问题时,无须外来动力。

发现学习理论还指出,当学生参与对自己的学习评估时,他们对学习的参与更为投入,且对所涉及的学科有更为深入的理解。(Bruner,1965)

在发现学习理论中,布鲁纳强调,对不同观点之间联系方式的洞察、对自己独立解决问题的可能性的肯定和对已知的与将学的内容如何相互关联的理解,是教育的重要目标,而实现这些目标的最佳途径是个人探索和发现。

在发现学习理论的这些观点的指导下,RICH教学法十分强调学生对选择和确定学习内容、学习方法、评估体系等的全程参与,鼓励学生通过自己的探索、研究来获取知识,注重培养学生自主学习和自主解决问题的能力与信心,让学生在自主的发现学习中构建自己的知识体系和思想体系。如RICH教学中的小专题研究就没有现成的答案,它需要学生通过查阅收集大量资料、综合分析、整理归类、撰写书面报告等才能获得研究结果。

三、RICH教学模式的基本构架

RICH教学模式的培养目标为培养学生的语言技能、师范技能和综合素质,这些目标需要通过教学内容、教学方法、评估体系和教学评估的改革来实现。

(一)培养目标

RICH教学模式的培养目标主要依据《高等学校英语专业英语教学大纲》(2000),并结合学生实际情况和21世纪社会人才需要而确定。它主要包括以下3个方面。

1. 语言技能的培养

作为一种英语教学模式,RICH教学模式首先旨在培养学生扎实的语言基本功,注重各项语言技能的全面发展,突出对语言应用能力和语言交际能力的训练。在注重听、说、读、写、译等各项技能全面发展的同时,突出对说、写、译等输出性和表达性技能的训练。为此,RICH教学给学生提供了许多可用于提高语言能力的机会,如学生相互批改作业、学生合作研究某个话题、学生介绍学习过程、学生相互评估及对RICH教学的评估等都要用英语进行。由于这些活动被赋予了现实意义,学生往往在不知不觉中提高了语言运用能力和语言交际技能。

2. 师范技能的培养

在师范类英语专业教学中,RICH教学模式除教授学生英语语言基础知识,培养学生的基本技能之外,还旨在培养学生"掌握与毕业后从事的工作有关的专业基础知识"的师范技能,从而达到《高等学校英语专业教学大纲》(2000)所强调的培养"复合型英语人才"的目的。要培养将军,你就得予以学生将军的角色,要培养教师,你就得予以学生教师的角色,RICH教学活动中设置的"学生老师"这一活动就体现了这一点。"学生老师"是指在教师的指导下,学生课外准备、课内进行的活动。

RICH教学强调培养师范类英语专业学生在备课、课堂组织、课堂提问、教学语言、教学仪态、评估测试等方面的教师基本功。与此同时,RICH教学注重及早培养学生的"教师意识"(胡美馨,2001),使学生尽可能早地为未来所从事的工作做好准备。

3. 综合素质的培养

《高等学校英语专业英语教学大纲》(2000)强调在提高学生的业务素质的同时,培养他们的综合素质。RICH教学要求学生学会学习、学会做人、学会应用、学会合作,把培养学生获取知识的能力、运用知识的能力、分析问题的能力、独立提出见解的能力和创新的能力放在突出位置,如开展专题研究、合作完成学习的任务、自我评价和对RICH教学的评价等活动。与此同时,RICH教学注重培养学生的跨文化交际能力,注重培养学生对文化差异的敏感性、宽容性及处理文化差异的灵活性,如组织学生进行一些跨文化交际的专题研究,请外籍教师做有关讲座,请归国留学生谈感想,等等。

对于上述3个方面的培养目标,RICH教学模式主要通过新颖的教学内容、教学方法、评估体系和教学评估来实现。

(二)教学内容

RICH教学模式的教学内容包括固定教材和学生自编材料两部分,改变了以往一本教材上到底的局面。

固定教材指的是传统意义上的课本。在RICH教学中,教师会结合培养目标和学生实际情况,灵活地精选既能培养学生语言基本技能,又能培养学生语用能力的优秀教材。

学生自编材料指的是学生以小组为单位,结合小组话题内容,在教师的指导下,自己挑选、自己编辑的原版英语学习材料。(郑志恋,2001)这些自编材料的教学,重要程度与课本教学一样,甚至高于课本教学。学生自编材料的选编是在教师的适当引导下以学生的需要和兴趣为主的,只有这样,学生才能对自己的材料产生浓厚的兴趣和更高的学习积极性。例如,当他们的自编材料中出现很多生词时,他们就会努力地去克服,为实现教学目标服务。在尊重学生学习需要、学习兴趣之外,由于教学目标的系统性,学生自编材料的选编也应具有严密的系统性,并且要使材料内容的广泛性与深入针对性相结合。

在RICH教学中,固定教材与学生自编材料作为两大主干内容,相辅相成,有机结合,各自所占比例大约如下:固定教材为65%,学生自编材料为35%。学生自编材料除学生自己讲解以外,教师还要做补充讲解,有时教师也会对里面的内容进行测试。

（三）教学方法

RICH教学模式中的教学方法主要包括教师选择性讲授固定教材和学生小组话题研究等,这彻底改变了以往以教师为中心的只重语言知识传授而忽视语言能力培养的情况。

1. 教师选择性讲授固定教材

RICH教学会对固定教材有选择地加以利用。在传统教学中,教师会对课文内容逐一讲解、分析。在RICH教学中,教师不是全文讲解,而是结合教学目标,根据课文的内容、思想和语言难易程度有选择地加以利用并进行拓展。教师可以指导学生对文中的一个部分或一个点进行拓展、深挖。例如:课文"Doctored-up English"中出现了许多英语成语,教师可以以此为基础,指导学生学习更多的英语成语,甚至可以指导学生共同编写一本英语成语手册。又例如:"Brain"一文介绍的是大脑的功能、工作方式,教师可以针对这一课文,指导学生学习与大脑相关的其他内容,如认知科学中的信息加工模式等。

教师在固定教材的教学过程中,可以指导学生充分利用课内外时间加强合作学习,尤其要针对还没有养成合作学习习惯的大一新生。在进行课内讨论、课外信息收集等学习任务中,教师可以把学生分成若干小组,培养学生合作学习的理念、习惯和能力,为学生更好地进入以小组话题学习为基础的RICH教学打好基础。

2. 学生小组话题研究

学生小组话题研究是以学生为中心、教师为指导,以课外为主、课内介绍为辅,以内容为基础的教学活动。在这一教学活动中,学生以小组为单位完成对某一话题的学习研究,在话题研究中完成语言和内容或思想几个方面的学习,以达到培养学习、科研、合作等能力和训练教师基本功的目的。

这一教学活动可分为形成小组、确定话题、查找资料、编辑资料、制作海报、口头报告、教学评估、撰写书面论文8个环节。（黄爱凤、郑志恋、胡美馨,2000）在编辑资料这一环节中,由教师讲解学生自编材料中语言、内容上的重难点,并提供各种练习来帮助学生进一步消化材料。而在其他环节中,教师主要以指导者、组织者的身份,引导学生顺利完成话题研究的整个学习活动。

(四)评估体系

任何一种教学方法都需要有与之相适应的评估体系。测试与评估是了解学生英语水平、检查教学目标实现情况、评估教学质量、促进教学改革的重要手段。评估体系除能检查学生的英语语言综合运用能力之外,还能全面体现学生所经历的学习活动,记录学生所取得的进步和存在的问题,并能对学生的素质和能力进行全面的评估。

RICH教学模式采用的是注重考核学生整个学习过程的评估体系,改变了以往只重视学生的卷面分数和终极评价的状况,在评估过程中注重学生对所学知识的掌握运用情况。在评估体系的制订过程中,教师给予学生参与制订的权利,师生共同协商确定评估项目和参考标准,并向全体学生公开。在评估方法上,采取学生自评他评和教师评估相结合的方法。RICH教学模式的评估指标包括平时评估和期终评估这两个。

1. 平时评估

平时评估含平时作业、小组话题研究、学习日记、平时测试和学习档案这5个部分。

(1)平时作业。平时作业指的是学生完成的课内外听写、写作、翻译、记讲座笔记等语言练习。在平时作业中,教师会给学生再次修改甚至多次修改的机会。该部分占总评成绩的20%。

(2)小组话题研究。小组话题研究的评估包括对小组合作完成的海报、口头报告、书面论文,以及所编辑的材料的评估,采取学生自评他评和教师评估相结合的办法。该部分占总评成绩的20%。

(3)学习日记。学习日记指的是学生在学习过程中用英语对自己的学习活动、个人观点、学习效果、存在问题等做的记录。该部分占总评成绩的10%。

(4)平时测试。平时测试是平时学生所做的针对课文或小组自编材料的语言测试练习。该部分占总评成绩的5%。

(5)学习档案。学习档案中存放的是学生平时的分类作业、小组话题研究的材料、上课的备课笔记等所有学习成果。它是学生一学期学习活动的记录,能体现学生在各项语言技能训练中取得的学习效果,以及在学习过程中的成长和自我反思。该部分占总评成绩的5%。

2. 期终评估

期终评估包括笔试和口试两部分。

(1)笔试。笔试采用平行班统一命题的语言水平测试,其内容不与固定教材和自编材料挂钩。该部分占总评成绩的25%。

（2）口试。口试采用小组讨论或个人面试的形式，主要测试学生的语音、语调、表达能力和交际策略等。该部分占总评成绩的15%。

（五）教学评估

教学评估指的是在RICH教学实施过程中和实践后，为进一步完善和发展RICH教学模式而进行的针对RICH教学活动的评估。它包括调查反馈和调整完善两部分。

1. 调查反馈

为更有效地开展RICH教学，完善并发展RICH教学模式，在教学过程中，RICH教学模式的实施者要经常进行调查研究，以及时发现问题，找到更好的实施途径。RICH教学活动的评估主要通过以下途径来进行调查反馈。

一是在学生中开展调查研究，收集反馈信息。学生是RICH教学的直接参与者，他们对该教学模式本身的一些不足及实施过程中的一些问题有着最直接的观察、思考和体会，故而通过问卷调查、小型讨论会、个别谈话及学生学习日记等途径，可以从学生群体中获取有参考价值的意见和建议。

二是在实施RICH教学模式的教师中开展调查研究，收集反馈信息。作为具体落实RICH教学模式的一个群体，教师十分熟悉RICH教学模式，他们在实践中不断检测该教学模式的有效性，并通过自身实践弥补RICH教学模式的一些不足，或是在教学实践过程中发现实现某一教学环节的更好的方法。通过对施行RICH教学模式的教师进行调查研究，除可以得知他们所发现的问题和所找到的方法之外，还可以了解教师作为研究者在实践中所进行的思考，并将其作为完善和发展RICH教学模式的重要参考依据。

三是在观察RICH教学模式的学者、教师中开展调查研究，收集反馈信息。作为旁观者，他们的意见和建议有助于从不同的角度来改进RICH教学模式，故而也具有独到的参考价值。

2. 调整完善

通过各种途径展开调查研究后，RICH教学模式的研究者和实践者本着科学的方法、严谨的态度，对所获得的反馈信息进行分析、整理，充分吸收其中正确、有益的意见和建议，对RICH教学模式及其实施方法进行完善，使其不断地发展、成熟，从而更好地为实现RICH教学的培养目标和教学目标服务。

四、结 语

RICH是一种以建构主义学习理论为依据的外语教学模式。它主要根据《高等学校英语专业教学大纲》(2000)、学生实际情况和21世纪对人才的要求来确定科学可行的培养目标。为实现这些培养目标,RICH教学模式在教学内容、教学方法、评估体系和教学评估等方面进行了大刀阔斧的创新。

RICH教学模式改变了以往以课本为单一学习资料的做法,充分尊重学生的学习需要和兴趣,让学生参与学习材料的选编,培养学生以英语为工具去学习各领域知识的能力。

在教学方法上,RICH教学模式改变了以往以教师为中心的课堂形式,让学生成为课内外学习的主体,信任学生,给了学生发现自身才华、表现自身才华、发展自身能力的机会。学生走上讲台,直接参与组织课堂活动,这有效地培养了其使用英语来进行授课、评估的能力,同时培养了其合作观念和合作能力。

在评估体系上,RICH教学注重评估学生的学习过程,重视每项学习活动所取得的效果。RICH教学模式给予学生参与讨论、协商制订评估体系的权利,使学生更全面、更深刻地理解评估的目标和意义,从而提高学生在日常学习活动中的主动性和积极性,增强学生对自己学习的责任感。

同时,RICH教学模式作为一个开放、发展的体系,在实践过程中不断得到发展和完善,日渐成熟。

最后需要指出的是,本文"学生小组话题研究"部分提到的8个环节所构成的教学流程并不是一成不变的,实践者在教学中完全可以结合院校、学生、课程的具体情况,对其进行合理的调整。同时,这一RICH教学流程也不是唯一有效的格式,它只是许多有效教学流程中的一种。

RICH教学一直在发展,有关最新的RICH教学发展情况,笔者将另设专题介绍。

参考文献

高等学校外语专业教学指导委员会英语组,2000. 高等学校英语专业英语教学大纲[M]. 北京:外语教学与研究出版社.

胡美馨,2001. 浅析RICH教学法口头报告课中存在的认识误区[J]. 浙江师范大学学报,26(6):113-116.

黄爱凤,2001. 探讨RICH教学法评估体系[C]//浙江省外文学会. 外语教学与研究论文集:第6辑. 杭州:浙江大学出版社.

黄爱凤,郑志恋,胡美馨,2000. RICH教学模式——师范英语专业综合英语课改革探索[J]. 国外外语教学(2):7-13.

郑志恋,2001. 自选话题学习探索[C]//浙江省外文学会. 外语教学与研究论文集:第6辑. 杭州:浙江大学出版社.

BRUNER J S, 1965. The process of education[M]. Massachusetts: Harvard University Press.

HENDERSON J G,1996. Reflective teaching: the study of your constructivist practice[M]. 2nd ed. New Jersey: Prentice Hall, Inc.

RAMOS C, 2000. The right stuff: brain-compatible learning[M]. Tennessee: Lee University Press.

SNOWMAN J, BIEHLER R, 2000. Psychology applied to teaching[M]. 9th ed. New York: Houghton Mifflin Company.

RICH教学中的探究式教学理念及其实现[①]

胡美馨

（浙江师范大学，金华：321000）

摘　要：探究式教学是RICH教学的重要理念之一。该理念重在通过大量研究性学习经历，丰富学生的学科知识，培养其研究能力，完善其知识结构，使其最终养成探究习惯。探究式教学理念在RICH教学中主要通过学以致用、寓学于用和师生角色与研究者角色的融合来实现。

关键词：RICH教改；探究式教学；实现形式

一、引　言

RICH教学是浙江师范大学外国语学院自1994年以来，在综合英语课教学中进行的涉及教学内容、教学方法、教学评估的全面改革，其全称为"研究性学习、综合性课程、合作学习、人文素质发展的外语教学"。在RICH教学中，学生以合作完成小组话题研究为主要学习方式，它的基本教学环节可分为：形成小组、确定话题、查找资料、编辑资料、制作海报、口头报告、教学评估、撰写书面论文等（黄爱凤、郑志恋、胡美馨，2000）。

有关RICH教学的研究已在多方面积极展开，如教学内容研究、话题学习研究、教学评估研究、口头报告课研究、学生学习态度研究、教师观念转变研究，以及对RICH的整体介绍等。然而，RICH教学中的探究式教学仍未得到充分的挖掘。

在RICH教学发展初期，"R"被称为研究性学习，主要指的是学生以小组形式进行话题学习，当时这一部分被称为任务型学习。这一时期的研究性学习更多的是指：学生通过话题学习，获得更多的知识，改变英语专业学生知识面狭窄、知识结构单一的局面，并培养学生初步的研究能力。随着RICH研究的展开，研究性学习的内涵得到进一步发展。除在早期被赋予的内涵之外，研究性学习还指：学生通过知识面的拓宽和研究能力的发展，随时带着探究的状态去观察周围的世界，并因此而不断激发出新的学习热情和好奇心，达到对世界和生活现实的理解。①随着这一理念的出现,研究性学习逐渐被称为探究式教学。

笔者主要从RICH探究式教学的本质内涵、教学目的和实现形式等几个方面进行讨论。

二、RICH探究式教学的本质内涵及教学目的

柯林斯提出,探究式教学是"以苏格拉底的教学方法为依据……目标是让学生进行推理,总结出一般的规律,并将规律运用到新情境中"(申克,2003:398)。在语言教学中,这一描述对语言本身的学习来说具有很重要的意义,而对以语言为工具的探究式教学的解释似乎不够明确。与之相对,布鲁纳的发现学习理论可以更好地解释如何把语言作为工具来进行探究(虽然布鲁纳的发现学习理论并不是专门针对语言教学提出的)。布鲁纳认为,在教学过程中,学生是积极的探究者,教师的作用是营造一种能够让学生独立探究的情境,而不是提供现成的知识。学习的主要目的不是要学生记住教师所讲的和教科书上的内容,而是要学生参与建立该学科知识体系的过程。

RICH探究式教学与布鲁纳的发现学习理论有相似之处,即重视学生参与知识获得的过程,强调学生在构建自身知识体系中的主体作用。但一些学者发现,学习理论不能充分阐释RICH教学中的探究式教学,RICH探究式教学已超越了学科知识体系构建的层次。首先,对于英语专业的学生来说,在RICH教学中,英语不单单是知识体系的一部分,更重要的是作为一个获取知识的工具,帮助学生完成多学科知识的学习。其次,RICH探究式教学更强调学习者在知识选择中的自主权利。黄爱凤认为,在知识体系构建的过程中,"研究性学习必须根据学生自己的兴趣,让学生自主选取学习内容,按学生自己的方式,完成课题任务。在这个过程中,教师激发学生的兴趣,培养学生的能力,绝不可强加自己的意愿"②。此外,RICH探究式教学强调培养学生的好奇心,加深他们对社会现实的理解。对此,吴宗杰主要强调了两个方面。一方面,他强调RICH教学的研究性学习重视激发学生的好奇心③,使学生能不断地发现自己的学习兴趣,并能对发现的问题热情地进行探究;另一方面,他强调探究式教学能培养学生的探究精

---

① 摘自浙江师范大学外国语学院教师论坛的录音磁带(2004年)。
② 同上。
③ 同上。

神,使学生更好地理解社会现实。

在 RICH 课程里,话题不是作为一项内容而是作为一个问题或兴趣被提出来的。它不是教师给予、教材规定的,而是学生根据内心的感受和对社会事务的关注而逐渐在课程学习过程中发展起来的。这种存在于语言之外的东西便是英语教学真正的目标或内涵。学生为思想而阅读,为问题而研究,为智慧而讨论,为现实而思考。如:"Environmental Stress""Job Interview""El Nino""Children's Family Education""Fashion"等话题的真正内涵不是话题本身所能够概括的,支撑这些话题的是现实生活世界的视域。即便是学生没有直接感受的话题,学生也有其理由去关注。比如,学生选择一些中学课本上的话题,因为这些话题关系到其未来当教师时的人生价值。学生不仅是用这些话题来扩大知识面,而且是用它们来发展自己的人生价值。(吴宗杰等,2005)

吴宗杰等(2005)进一步指出,对话题的研究不是要学生寻求一种正确的答案或有用的信息,而是让他们从各种功利目标(就业、考试)的学习活动中摆脱出来,使他们的思维和学习活动指向纯粹理解的方向。这种理解是"学生通过人与人之间的交流(包括与文本的交流)达到对社会现实的深刻明了"(吴宗杰等,2005)。

吴宗杰等(2005)所强调的这些方面,使 RICH 探究式教学真正超越了学科知识体系构建的层次,而尽可能地让学生"以理解为目的解放兴趣",从事学习。也就是说,RICH 探究式教学希望参与者最终能把研究与学习和生活融合起来,让探究成为学习和生活自然的构成部分。而这正是 RICH 探究式教学最根本的内涵。

这种探究式教学最基础的层次是学生参与英语学科知识体系的构建和英语语言能力的培养,强调学生的主体性;其上面的一个层次是超越英语学科知识体系构建,以英语为工具进行多学科知识的学习;最高层次是超越知识体系构建,激发学生的探究精神和创新意识,培养他们的探究能力和创新能力,最终使学生对世界有更深层次的理解。

在这三个层次中,第二个层次以第一个层次为基础,第三个层次则以前两个层次为基础,因为学生的好奇心和探究兴趣不是凭空出现的,而是由他们所学习和讨论的各方面的信息、知识和观点所激发出来的,这种好奇心、兴趣及批判精神促使他们带着思考去学习和生活,使他们逐渐能够解读社会现实,达到"理解"的目的,同时这也是 RICH 探究式教学的终极目的。

三、RICH探究式教学的实现形式

RICH教学中的探究式教学的基本教学形式是：学生在教师指导下，通过探究提出问题，并以问题为出发点，以英语为工具，进行小型课题（话题）研究和学习，在课堂上以某种形式向其他同学和教师呈现自己的研究，大多数情况下会在课堂上组织讨论，并写研究报告。这种探究式学习可以以小组或个人形式进行。在具体的教学实践中，主要可通过以下几点来实现。

1. 学以致用

在RICH教学的探究式教学中，对语言的学以致用体现在以下两个方面。

一方面是以英语为工具，通过阅读、思考，确定自己的课题，并完成课题学习、探究的任务。在RICH教学中，学生在教师的指导下，通过任务型教学方式，以英语为工具，进行以内容学习为目的、以小型课题研究为基础的意义学习——奥苏贝尔认为，当学习内容与自己已有的知识之间具有联系并对学生具有潜在意义时，它就是意义学习（施良方，1994）。因此，学习者应结合《高等学校英语专业教学大纲》（2000）要求、个人兴趣、教师指导、职业需求、材料可及性等因素，确立自己的小课题，利用英语作为交际工具的便利性，获取他们需要的新信息，并对这些信息进行筛选、组织、整理，来完成课题研究。通过课题学习，完善自己的知识体系，提高学习和研究的能力。在这里，英语不再只是学习对象，它还被当作一种获取信息的工具，帮助学习者广泛涉猎，有选择地深入探究活动，以达到学习的目的。

在学以致用、持续探索的过程中，"发现学习"（施良方，1994）使学生不断遇见新的兴趣点，对将要学的东西充满新奇感，对自己通过探索学到的东西充满成就感。在这样的学习中，学生体会到语言作为工具的有效性，从而激发他们的学习热情，增强学习的积极性。

另一方面是以英语为工具，表达自己所学到的东西，完成与人交际、交流的任务。Leech（1983）认为，语言是人际交往修辞，所以，此处的交际是一个广义的概念。探究式教学中学生的交际、交流任务有口头和书面两种。

口头的交际、交流任务主要有以下几个。①小组讨论。课题学习经常以小组形式进行，为了保证小组合作的顺利进行，小组讨论是一个频繁出现的任务。如果学习者无法完成小组协商，那将在很大程度上影响项目的进展情况。学习者作为英语专业的学生，被要求以英语为小组工作语言。由于组员之间所掌握

的材料和所持有的观点之间的信息差,这种交际任务是真实而有意义的,它不是为了交际而交际、为了讨论而讨论的模拟任务。②课堂呈现。小组在完成资料查找、筛选和编辑后,借助一些辅助手段,向全班同学做口头呈现。为了达到理想的交流目的,学生需具有一定的英语驾驭能力,除能清晰表达自己的课题内容之外,还需能用英语向同学提问、为同学答疑等。③教学评估。以英语为工具对自己、同学的学习活动和结果做出评价。

书面的交际、交流任务主要有以下几个。①以小论文形式向他人介绍自己的课题内容和研究成果。②以学习日记的形式记录小组课题学习的组织、开展和讨论过程,以个人学习日记的形式记录个人在课题学习中的思路,帮助学习者个人和小组更好地反思、总结学习活动,为下一次学习活动的改进提供参考。③以书面形式对自己和他人的学习活动做出评估。

2. 寓学于用

学生在探究式教学中,通过以英语为工具的任务型和研究性学习,可以掌握英语语言基础知识和基本技能,提高教师职业意识和个人综合素质。

一是在探究式教学中学习英语本身。以英语为工具的意义学习并不意味着对语言知识和技能的忽视,更不是对语言知识和技能的抛弃。学习者在进行探究式学习时,需要查找、选取、编辑大量资料,做口头报告和书面总结,并用学习档案的方式记录学习过程和学习成果。在这样一种沉浸式语言学习中,学习者接受的可理解语言输入远远超出传统的英语课堂教学,完成的口头和书面语言输出也大大多于传统的英语课堂教学,其语言知识得到大量积累,技能和语用能力同样得到长足发展。此外,语言知识本身也可以成为探究性学习的对象。比如,教师完全可以将某一个语法点作为课题内容,指导学生进行探究。

二是通过学习课本所不能提供的大量信息(包括事实性知识、方法性知识和观点性知识)完善知识结构。在传统的英语课堂教学模式下,我国外语专业在课程设置和教学内容安排中普遍忽略其他人文学科、自然学科等相关学科的内容,教学内容和教材知识结构单一,内容陈旧过时(高等学校外语专业教学指导委员会,1998),导致学生知识结构上的欠缺。而在探究式教学中,学生有机会接触到除课文以外的大量新信息并加以讨论、研究,即使是针对课文内容而设计的探究式教学任务,也给学生提供了广泛和深入学习的机会,其需要学生阅读和思考的内容要比传统的英语课堂教学多很多。因此,探究式教学可以帮助改变英语专业学生知识结构单一的局面。

三是发展自主学习能力和初步科研能力。探究式教学经常会以个人或小组课题的形式进行。无论是个人课题还是小组课题,学生在使用英语进行课题学习研究时,在课题确定和资料查找、选取、编辑、总结等方面都可以得到锻炼。这些学习行动使学生的自主学习能力得到快速发展,使他们可以结合自身个性、爱好和未来需求独立开展学习,同时也发展了他们的初步科研能力。此外,探究式教学强调学习者在完成项目研究后向他人呈现学习成果,通过呈现前的准备、呈现中的灵活调整、呈现后的反思总结来进一步梳理自己的思路,并提高自身在自主学习和独立科研中所必要的思考能力。

四是锻炼团队合作能力,并通过合作更好地发展批判性思维、推理能力和解决问题的能力。由于任务型课题学习经常以小组合作的形式进行,学生在探究式教学过程中,必须学会讨论和合作。在与不同学习同伴的合作中,学习者接触到与自己不同的观点后,通过思考、比较来判断其合理性,从而决定是采纳还是摈弃。在这样一种学习中,学习者"被迫进入批判性思维、推理能力及解决问题的能力所必需的客观现实之中……减少了自我中心化。由于(学生)所看到和所听到的东西富有价值,(学生)变得越来越乐于与其他人交流情感和观点"(鲍里奇,2003),"合作学习为我们提供了语境或集中场所,在此我们可以听到许多不同的观点,从中可以形成我们自己的更为清晰的态度和价值观"(鲍里奇,2003)。因为合作学习为批判性思维提供了更多的场合,它"为较高级思维过程的存在提供了成分,并使他们处理现实性的、类似成人的任务"(鲍里奇,2003)。因此,在合作探究式学习中,学习者提高了合作的意识和能力,并逐步培养了开放和批判的思考方式。

五是培养和发展师范生的教师意识和教学能力。RICH探究式教学的课题学习研究过程通常包括口头报告(课堂呈现)环节。该环节以"学生教师"教学的形式进行,由课题组成员向全班同学呈现其课题内容和研究成果。为了成功呈现,学生必须在讲解的内容和形式、提问与讨论、回答同学质疑等方面做好充分的准备,并在课堂上实践自己所设计的教学方案。这就使师范生提前进入教学实践,而这些教学实践将促使他们不断地考虑如何使自己的教学更加有效。所以,RICH教学使师范生的教师意识和教学能力得到了比较理想的提高。

3. 师生角色与研究者角色的融合

从学以致用和寓学于用中可以看出,探究式教学中的师生角色与传统语言课堂中的师生角色有很大的不同。"当代行为理论把学习者看作积极寻找信息和建构知识的人,而不是环境输入的被动接受者。"(申克,2003)因此,在探究式教学中,教师作为一个群体领导,不再只是讲解者或知识传授者,还是学习活动的组织者、教学和研究工作的指导者,以及课堂思考讨论活动的启发者和参与者。教师的作用更多地体现在帮助学生改变知识和学习的概念,营造一种自由讨论、不停探索的学习氛围,指导学生掌握学习和教学的方法,培养学生的初步科研能力,引导学生向着终身学习者发展。

在探究式教学中,学生从被动学习的状态中走出来,成为课堂学习的主体,参与到学习方向的选择、学习资源的开发和学习方法的决策中来,并在教师的指导下,通过自己的探索,以发现学习的方式,完成既定教学任务。学生同时成为教学评估的主体之一,参与对自己和同伴的学习研究过程、研究成果的评估,通过在评估中反思,进一步完善自身的学习方法,提高自主学习能力和科研能力。这类参与学习要比消极被动的学习更有效。(施良方,1994)

教师和学生同时作为探究者成长,在各自的领域进行探究和思考。教师在这一过程中,通过观察和反思,对自己的职业实践进行深刻的思考,日渐成长为研究者,从而使教师角色与研究者角色融为一体;学生在这一过程中,越来越深入地理解自己感兴趣的东西,思考习惯逐渐有了探究的性质,从而使学习者角色与研究者角色融为一体。

总之,探究式教学在英语课堂中具有独到的优势,它使学生在学习语言知识和技能的同时,完善了知识结构,发展了自主学习能力和初步科研能力,锻炼了团队合作能力,并逐步培养起批判性思维、推理能力和解决问题的能力,从而向着研究者和终身学习者的方向发展,最终达到理解世界、理解生活的目的。与此同时,教师在探究式教学中也更好地成长为研究者,从而更好地实现职业发展。此外,RICH教学虽然是在大学专业英语教学中发展起来的,但其探究式教学理念也可以在中小学英语教学中得到应用,对其他学科课程的教学也同样有着重要的参考价值。

参考文献

鲍里奇,2003. 有效教学方法[M]. 易东平,译. 南京:江苏教育出版社.

戴尔·H.申克,2003. 学习理论:教育的视角[M]. 韦小满,等译. 南京:江苏教育出版社.

高等学校外语专业教学指导委员会,1998. 关于外语专业本科教育改革的若干意见[J]. 外语界(4):1-6.

黄爱凤,郑志恋,胡美馨,2000. RICH教学模式——师范英语专业综合英语课改革探索[J]. 国外外语教学(2):7-13.

施良方,1994. 学习论[M]. 北京:人民教育出版社.

吴宗杰,黄爱凤,郑志恋,等,2005. 外语课程与教师发展:RICH教育视野[M]. 合肥:安徽教育出版社.

LEECH G N, 1983. Principles of Pragramtics[M]. London:Longman.

人类命运共同体视域下的高校外语教育①

俞明祥

（浙江师范大学,金华:321000）

摘　要:构建人类命运共同体视域下的高校外语教育,使命光荣、重任在肩。要登高望远,深刻理解高校外语教育所面临的时和势;要不忘初心,准确把握高校外语教育所面对的变和不变;要细照笃行,充分认识高校外语教育自身存在的长和短;要担当作为,有效彰显高校外语教育的实与新;要使学生形成构建人类命运共同体的意识、情感、态度和价值观,使其具备家国情怀、人文关怀和天下胸怀,积极发展其全球胜任力。

关键词:人类命运共同体;高校;外语教育;全球胜任力

40多年来,我国外语教育作为改革开放的先声,持续升温,飞速发展,为我国对外交流、接轨世界、提升国际竞争力与文化影响力做出了巨大贡献。当前,中国特色社会主义进入了新时代,新时代标示我国发展新的历史方位。与此同时,面对世界百年未有之大变局,习近平总书记在党的十九大报告中强调,要"坚持和平发展道路,推动构建人类命运共同体",之后又多次指出,"世界各国人民应该秉持'天下一家'理念,张开怀抱,彼此理解,求同存异,共同为构建人类命运共同体而努力","为世界贡献更多中国智慧、中国方案、中国力量,推动建设持久和平、普遍安全、共同繁荣、开放包容、清洁美丽的世界,让人类命运共同体建设的阳光普照世界!"和平、发展、合作、共赢的时代潮流势不可当,构建人类命运共同体是必由之路。人类命运共同体承载着中国建设美好世界的崇高理想和不懈追求,以期实现全人类命运休戚与共、携手发展并进的美好愿景。而构建人类命运共同体须以文化为基础,以语言为桥梁。这正是新时代高校外语教育所面临的形势与挑战、使命与担当。

笔者认为,新时代高校外语教育要准确把握时和势,因时而新、因势而谋、应势而动,超前识变、积极应变、主动求变,在帮助学生学习和掌握外语知识和语用能力的同时,还要使学生形成构建人类命运共同体所需要的意识、情感、态度和

---

① 本文原发表于《中国社会科学报》2019年7月11日。

价值观,使其具备家国情怀、人文关怀和天下胸怀,积极发展其全球胜任力。

一要登高望远,深刻理解高校外语教育所面临的时和势。"明者因时而变,知者随事而制。"高校要紧密结合党的十九大精神和全国教育大会精神的学习,以及"新时代高教40条"等文件的学习,深刻认识当前的国际国内形势,针对外语教育带来的全新机遇和挑战,明确自身的发展定位和努力方向。在教育理念上要牢固树立人类命运共同体意识,深刻理解习近平总书记提出的"参与全球治理需要一大批熟悉党和国家方针政策、了解我国国情、具有全球视野、熟练运用外语、通晓国际规则、精通国际谈判的专业人才"的重要论述精神,致力培养不仅具有世界眼、国际范,更有中国心、民族魂的高素质复合型外语人才。在人才培养过程中,价值引领是第一位的,是育人之根本,要促使学生在审视自身过程中提升个人修养,在观察分析社会乃至世界的过程中强化社会责任感和历史使命感,切实做到"四个正确认识",即正确认识世界和中国发展大势、正确认识中国特色和国际比较、正确认识时代责任和历史使命、正确认识远大抱负和脚踏实地,争做有大爱、大德、大情怀的时代新人。

二要不忘初心,准确把握高校外语教育所面临的变和不变。"不忘初心,方得始终。""凡益之道,与时偕行。"从世界多极化、经济全球化,到文化多样化、社会信息化,我们的地球村日益成为你中有我、我中有你的命运共同体。国家和社会对于高等教育、高层次人才的需求越来越迫切,教育对外开放也在倒逼高校外语教育改革。2015年,联合国教科文组织(UNESCO)发布研究报告《反思教育》,其主要内容就是世界在变,而且是一直在变、深刻地变,并重点强调了教育新形态,指出现在培养人的能力会影响到今天和未来。在这样的时代背景下,高校外语教育需要准确把握高等教育发展大势,主动服务国家发展战略,积极迎接新科技革命挑战,全面融入高等教育强国建设,深化专业教学改革,创新人才培养模式,做强一流专业,建设一流师资,打造一流课程,涵育一流文化,培养一流人才。在紧跟时代潮流、遵循教育规律,与时俱进更新教学理念、教学技术、教学方法的同时,更要坚守育人本原,弘扬大道初心,传承中华文化,激荡教育情怀,担当教育使命,做到知行合一、行稳致远。

三要细照笃行,充分认识高校外语教育自身存在的长和短。尺有所短,寸有所长;扬长避短,方为正道。在国家大力倡导推进"一带一路"建设、构建人类命运共同体的进程中,我们要客观承认外语教育还不同程度地存在着重知识轻能力、重专业轻通识、重理论轻实践、重外语轻汉语的情况,这非常不利于培养的学生去世界舞台讲好中国故事,展现真实、立体、全面的中国。为此,要突出抓重点、补短板、强弱项,致力培养学生具有扎实的外语听、说、读、写、译等技能及良好的外语综合运用能力,有对中华优秀传统文化、革命文化、社会主义先进文化深刻的理解能力,有对不同国家、不同民族、不同文化的较强感悟能力和进行跨文化交流的能力。要充分发挥课程在复合型人才培养中的核心作用,充分体现课程的复合性,既要有基础技能模块,又要有相关知识模块,形成跨学科知识结构,充分体现专业特色,努力让课程体系更加健全完善。同时,根据不同院校的办学定位和特色,因地制宜,因时而进,理论与实践相结合,积极为学生创造更多更合适的实践锻炼的机会,使其在实践中经风雨、见世面、壮筋骨、长才干。

四要担当作为,有效彰显高校外语教育的实与新。"国之交在于民相亲,民相亲在于心相通。"人文交流,温润如水,是夯实中外关系社会民意基础、提高我国对外开放水平、推动构建人类命运共同体的重要途径。高校外语教育在中外人文交流方面具有天然的语言优势。大道至简,实干为要。为此,高校外语教育除要做好培养高素质复合型外语人才这一实质性、基础性工作之外,还应助力构建语言互通工作机制,推动我国与世界各国语言互通,开辟多种层次的语言文化交流渠道,积极开展语言文化交流,扬弃旧义、创立新知、引领未来;积极助力以加大汉语国际推广力度,派出更多优秀师生参与海外孔子学院建设,努力将其打造成国际一流的语言推广机构。同时要对接国家战略需要,加快培养非通用语人才,不断提升广大民众的语言交流能力。主动担当作为,积极推动中外人文经典著作互译出版,在助力文明交流互鉴的同时,侧重讲好中国故事,传播中国声音,阐释中国道路,增强中国文化形象带给人的亲近感。

综上所述,构建人类命运共同体视域下的高校外语教育,使命光荣、重任在肩。道阻且长,行则将至。唯改革者进,唯创新者强,唯担当者胜。让我们携起手来,共同用教育和文化的力量塑造未来,共同开辟一片更加明亮而深远的天空!

教师群体与英语教师专业化发展探究

——以RICH教师群体为个案[①]

应建芬

（浙江师范大学，金华：321000）

摘　要：英语教师自身的专业化发展已成为改善英语教与学的关键。RICH教师的共同愿景和相互协作促使教师从机构群体（教研室）演变为一种开放的学习群体。在实践性群体活动中，通过学习、反思和研究，教师的隐性知识明朗化，教师成为知识的建构者，取得教学知识与教学实践的统一。同时，教师改变了职业生存状态，开始从孤立无援走向自主发展。

关键词：英语教学；教师专业化发展；RICH；学习群体；启示

一、引　言

外语教学研究在过去几十年里经历了从教学方法到二语习得的理论上的变革。当前，在课程范式转换的影响下，其研究已聚集到一个根本的问题上，即教师的自身发展问题，因为不合格的教师会使最好的教材和教学方法都徒劳无用。同时，基于我国英语教学仍以课堂教学为主的现状，教师的专业素养直接关系到教育的整体质量和成效，英语教师的专业化发展已成为改善英语教学的关键。那么，英语教师如何发展为真正的专业化教师，并通过教师自身的发展对教师的信念和行为及学生的学习产生积极的影响呢？本文以RICH教师学习群体为研究个案，通过对该学习群体的会议、论坛、教学日记等数据和教师访谈材料进行较系统的质化分析来探究其形成和发展之道，来揭示RICH教师如何通过群体实践活动来促进知识与教学实践的结合，以及如何从孤立无援走向自主发展的道路等，以期为英语教师专业化发展提供些许启示。

---

① 本文原发表于《丽水学院学报》2010年第6期。

二、RICH教师学习群体诞生与发展的成因探析

RICH是浙江师范大学外国语学院综合英语课教师于1994年发起并主导的一项课程改革。从1995年开始,参与教改的教师们从机构群体(教研室)逐渐演变为一种开放的学习群体。这一群体容纳了东西方不同文化、不同学科、不同机构。他们起初是在传统的课程框架里探索问题,如教学方法革新和实验,直到有一天他们走出这一框架进入一种未知的探索境界。1997年下半年,这一群体开始对自身课程实践展开批判、探索与革新活动,进行一种把人文主义思想带入外语课堂的教师行动研究。他们从挑战教材的权威开始,进而挑战现行的课程体系。1998年底,美国教育哲学家Cliff Schimmels教授慕名来到浙江师范大学任教,并全面参与教改活动。他把这一属于教师们自己的课程实践活动命名为RICH,即Research-based learning(研究性学习)、Integrated curriculum(综合性课程)、Cooperative learning(合作学习)、Humanistic outcomes(人文素质发展)的英文缩略词。随着教师探索活动的不断深入,这一课程实践逐步发展成一种融课程发展和教师发展于一体的持续性探索型实践,一种从课程发展走向教师自身发展的探索之路。(吴宗杰等,2005)

教师学习群体的建立并非RICH教改的最初目标,它是教改过程的自然产物。但是,它的形成使RICH发展成具有探究、协作精神的实践活动。RICH的发展进程不仅是教学方式和教学理念的演变过程,而且是教师学习群体建立和教师专业发展的过程。RICH教师学习群体诞生至今已有20余年,那么当初这一学习群体是如何产生并发展起来的呢?数据分析表明,多方面的因素促使了它的孕育和发展,其中RICH教师的共同愿景和相互协作发挥了重大作用。

(一)RICH教师的共同愿景

帮助学生发挥潜能使其到达成功彼岸的共同愿景是RICH教师的幸福源泉,也是激发他们全身心投入教育事业和RICH教改的巨大动力。RICH学习群体完全是教师自身强烈愿望和需要的产物。

> RICH建立差不多有10年了,在这些年里我有一种强烈的感觉,那就是群体中的每个成员都必须有一个共同的目标,一个大目标:如何让我们的学生更多地从我们的教学中受益。RICH教师学习群体的建构不是一两天完成的。它完全出于教师们自己的紧迫感。在20世纪90

年代初,我们发现一些学生学习英语非常被动,对此我们深感焦虑。在会议上我们就此谈论了很多。我们就想知道作为教师我们如何才能让学生喜欢学习英语,如何鼓舞学生更好、更快乐地学习,如何激励他们毕业后继续学习英语,如何激发他们用英语思考……这些问题深深地困扰着我们。然后在1994年,我们中的一些人走到一起,期望做些什么来改变我们的教学状况,能使学生从我们的教学中受益。大家很自然地走到一起讨论,寻找答案,相互支持。(摘自黄老师的访谈,2004-03-21)

　　她的话得到了其他RICH成员的一致回应:我们是自然而然地走到一起,并参与到RICH中来的。这使我们的教学有了更清晰的目标。由此我们可以看到,首先,RICH教师学习群体的产生是自下而上发自教师自身的需要,而不是自上而下的产物。教师们走到一起是因为他们同样被教学实践中碰到的问题困扰着。这与其他教学团体的形成有着极大的反差。如一些学校教研室的教师,往往是根据他们所授科目或任课年级的不同而被编入不同的教研室。其次,RICH教师走到一起是因为他们自己想做些改变,所以教师自己成了改革的积极"代理人",他们不仅是改革的执行者,还是改革的发起者。这与传统的改革项目形成巨大反差。大部分系统的教育改革都是自上而下的,把教师当作改革的对象,以一种递送产品的方式进行。教师们能感觉到变革的压力,却不知道该如何去适应。(Hargreaves & Fullan,1992)

(二)RICH教师的相互协作

　　在教改中,教师一方面要打破传统的习惯了的教学方式,另一方面还要面对家人及一些同事的不理解,但为什么他们能坚持这么多年呢?当被问及这一问题时,RICH教师们认为除共同愿景以外,相互协作是促使RICH教师学习群体诞生和发展的极为重要的因素。基于群体的支持,教师更有动力去探索新的教学风格和教育问题,对自己的工作也更有信心。

　　　　浓厚的合作的氛围,让我们相处更和谐。大家相互信任、支持,都觉得很温暖,很安全。在RICH教改中,有从教二三十年的优秀老教师,也有刚参加工作的新教师,有教授、副教授、讲师,也有新助教。我们这里不再有等级区分,而是需要每个人的贡献,且每个人都能从他人那里学习并获得更深入的理解。在RICH教改中,我不再觉得孤单。其他人思考的东西与我思考的东西是类似的,至少我们都朝着同一个方向努力。我们甚至形成自己的语言。也许一个人的话会激励你深思,尽管有时它看不见摸不着,但慢慢地它会影响你甚至塑造你,改变你的教学信念。同样,你的话语、你的思考也会改变其他人。通过与其他老师的探讨,我们对好的教学和课堂实践的概念有了更清晰的定义。(摘自胡老师的访谈,2004-03-28)

新课程的引入及对现存课程的修订等工作都具有极大的挑战性,但我们的团队工作使得这些烦琐的任务更可行,更容易被我们掌控。和其他老师一起,常常能激励我更深地思考和学习。(摘自郑老师的访谈,2004-05-12)

团队里的老师经常通过相互观摩课堂教学来给彼此提供一些建议、帮助和支持。比如,胡老师就曾多次邀请黄老师到她班上去听课,尤其是当她觉得困惑或想尝试什么新鲜事物时。其他人也是如此。当他们谈到这点时,他们都觉得从中获益良多。

通过课堂观摩,我们对自己的教学和我们的同事都有了更深的了解。这是同伴帮助同伴。我们通过相互观摩课堂教学来找出各自的优点和不足。尤其是在一些教学不完善的课堂上,一些我们自己觉察不到的问题会被同伴揭示出来。随后我们共同分析探讨这些问题,并试图达成一致的决策。"三个臭皮匠,顶个诸葛亮。"课堂观摩给我们提供了机会——通过同伴们的反馈来使自己的课堂教学更完善。(摘自胡老师的访谈,2004-03-28)

当教师在工作中遇到麻烦时,最有效的帮助首先来自同事,其次来自管理者和专家(Hargreaves & Fullan,1992),因为同事有着与他们相同的经历,能提供直接的帮助。而且,课程体系改革的一个重点是建立各种形式的合作机制,特别是同事之间的交流机制。这种合作机制在改革的发起阶段尤为重要,因为新思想、新方案并不是在大脑里被构造出来的,而是在人与人的交往中产生的。教育知识是一种群体话语。(吴宗杰等,2005)此外,教书往往被描述成一种自主孤立、缺乏对话交流,没有群体感,独自挣扎的职业(Palmer,1998)。教师通常被认为独自一人在教室里,日复一日进行着老调重弹的课程。然而在RICH教师学习群体中,教师间的相互信任和帮助不仅使他们对自己和他人的工作都有了更进一步的理解,而且降低了他们的孤独感,增强了他们的自信心。更为重要的是,在这一过程中,每个成员将个人愿景融合到共同愿景中,个人愿景与共同愿景逐渐趋于一致。这一共同愿景支持和引导着他们的教学决策,促使他们分享教学经验,共同解决教学问题。因此,教师间的协作为群体的发展提供了更宽广的平台。

三、RICH教师发展之道探析

RICH教师学习群体的诞生和发展过程也是RICH教师自身发展的历程,两者是相辅相成、密不可分的。对RICH教师大量教改活动的记录材料(如会议记录,录音、录像材料,教师教学日记,等等)的阅读分析表明:教师学习群体活动为教师发展提供了更多资源和机会。RICH教师在自己的群体活动中积极地学习、反思和研究,逐渐走上自我发展的道路。

(一)真实地学习

因为改革,教师原先熟悉的教材和教学方式都变得不适用了。在RICH教学过程中,为了充分调动学生的积极性,教师放手让学生根据自己的兴趣和需求来决定学习内容。学习内容一般以话题或主题为依托,学生以小组为单位,通过各种途径获取学习材料并对其进行编辑加工,再在课堂上加以呈现。因此,如果教师自己不学习,他们甚至会跟不上学生,正如郑老师在教学日记中所写的:

> 自我们让学生按照自己的意愿和兴趣确立主题、查找材料和合作学习以来,学生们的学习热情高涨,学习兴趣被极大地激发了出来,但与此同时他们需要我更多的引导。我突然发现上课没有教科书后我是多么的无能。我和我的学生站在了同一起跑线上,甚至还不如他们。过去我只要充分地将教科书上的课文准备好,就可以像专家一样上课。学生们可能会觉得有压力,但这压力绝不在我。但是,现在这一切都倒过来了。我必须学习!(摘自郑老师的日记,2002-02-15)

教师感到有压力和挑战,所以他们必须通过学习来跟上教改和学生的需求。他们首先是学习者,然后才是教师。而他们的学习也以多种多样的方式存在着,比如,潜心读书来获得新的视角和理解,并在感到困惑时从书中找到支撑。同时,他们的学习受益于他们正在做RICH这一教改。

当时，我们想尝试一种新的教学方法——不用教科书。大家感到很兴奋，也很迷茫，都边教边学。没有人清楚下一步该怎么走。所有事情都变得新鲜起来：学习资源啊，教学信念啊，也包括学生。很多问题一下子冒了出来。（摘自黄老师的访谈，2004-03-21）

为了迎接挑战，教师们发起了一系列活动，如定期地组织会议、相互观摩课堂教学和写教学日记等。当然，还有我们的教师论坛。许多杰出的教师和外教应邀给广大师生做讲座，内容涉及英语教学的方方面面。除此以外，教师们还组织了一个专门针对教师的论坛。这个论坛每一到两周举行一次，围绕着一个主题展开，这个主题会被提前以海报或邮件的形式通知大家，任何对此感兴趣的教师都可来参加。通常某个教师会就一些新的教学思想、课堂实践或他所读的东西做个人呈现，然后其他人都积极地参与讨论和交流。每次论坛都会被录音并整理成稿。（摘自胡老师的访谈，2004-03-28）

仔细阅读RICH教师论坛的记录，我们不难发现，在这个过程中，RICH不仅在形式上有了大的变化，能提供更多的机会让教师们参与和交流，而且在内容上也逐渐变得直接与教师的生活和工作相关。

从1994年开始，教研室的教师们纷纷参加教研室活动，讨论课文的难点及教学中遇到的问题，还邀请外教参与。后来教研室讨论的重点转移到RICH教改上。这种形式一直贯穿始终，现在也还在进行。从1997年开始到2001年，讲座/Workshops分为两种：一是邀请专家和外教给教师们做讲座/Workshops，有些是教师和学生共同参与的；二是邀请学院里的教师做讲座/Workshops，每次都有主题。自2002年开始，根据教学中存在的问题及教师的研究，教研室对不同的话题进行了研讨。2003年开始，又跟硕士研究生课程相结合，开始关注和研究课程与教师发展，并建立了"课程与教师发展研究中心"。这时，叙事性探究方式被引入论坛中，使得论坛更具活力，同时参与者也从RICH成员拓展到学院里其他专业的教师、硕士研究生和一些来自外校的教师。据不完全统计，自1994年以来，我们共进行了约50次教研室活动、20次讲座/Workshops、30次研讨会。而通过参与论坛，教师们体验了新的教学活动，提升了教学和科研能力，也增强了自信心。一些我们平常从没有想到的或是不敢想的事情成了我们群体日常谈话的主题。（摘自黄老师的

访谈,2004-04-15)

教师间的交流从关注教学问题本身到关注教改中出现的问题,最后集中到教师自身发展的问题上。他们认识到自身发展才是解决教育实际问题的核心。同时,群体的交流分享为大家提供了相互学习的平台。通过平等、真诚但具批判性的谈论,教师的一些隐性知识变得明朗,教师也获得了有关教学的新知识,增强了信念,教学理论和教学实践开始被有机地结合起来。可以说,教师学习群体的产生从根本上改变了教师对知识和学习本质的认识。那就是,知识是以群体活动的方式存在并发育的,学习不是个人的事,也不是吸收信息的过程,而是一群人走到一起,为了一项共同的事业相互沟通,最终实现学习和工作的使命。这一共同的事业不是抽象的、道德上的,而是一项能够真正相互分享成果的实践活动。(吴宗杰等,2005)

(二)批判地反思

RICH群体间的交流分享既是一个学习的过程,又是一个集体反思的过程。从1997年11月开始,在经历了一段时间的教改探索后,教师们开始对习以为常的课程因素和教学活动进行反思,通过反思教学理论和实践来完善自己的教学方式。

> 我觉得我有真正的机会来思考我的教学。RICH群体的氛围让成员们觉得安全,可以批判性地反思自己的经历并寻求教学的新路子。通常我们会把椅子围成圈,这样可以面对面地交流,有时我们会带些糖果、水果,并泡点咖啡、茶等,因而氛围总是比较轻松。我们认同和赏识相互的成功,也同情和理解相互的烦忧。我们总是会带一本笔记本,这是为了记下我们对话中闪现的一些亮点,而不是纯粹地记笔记。(摘自胡老师的教学日记,1999-05-16)

教师反思是一个经常被误用的概念,通常认为就是让教师关起门来反省自己教学行为的得失,所谓"吾日三省吾身"。然而,真正有效的反思性教学要求教师在批判和理解这两个方面展开行动。批判就是要求教师对发生在身边和自己身上的教学行为、一切习以为常和不曾怀疑的事物进行批判反思,以便除去禁锢在自己身上的教学理论知识。(吴宗杰等,2005)Schön(1987)也提出"行动中的反思"这一概念,指出反思性教学就是要教师从这些知识中跳出来,进入行动中的知识,即对自身和周围教学现象的直接理解。

从以上访谈和教学日记中我们不难发现,RICH教师群体间的交流丰富了反思的源泉,拓宽了反思的路径,提升了反思的成效,也激发了更进一步反思的动力。首先,RICH教师群体间的交流在短时间内从多角度导入了不同的话题和理解,丰富了反思的源泉。很多时候,教师的个人实践知识是一种心照不宣的知识。而现在,RICH教师自己教学中的许多问题、教改中出现的新现象和问题,以及不同教师对这些问题的理解和看法等都被更清晰地呈现在教师自己和他人面前。这些成了教师反思的源泉,也使得他们的反思真正地与他们的教学活动息息相关,从而变得更有意义。其次,教师可以通过阅读书本、征求学生的反馈意见、记教学日志等途径来反思自己的教学,也可以通过与RICH教师间毫无保留的分享来拓宽反思的路径。正所谓旁观者清,每位教师都会结合自己的个人实践知识从不同的角度对存在的问题进行剖析和理解、批判和思考。经过群体探讨,教学理论、教学理念等变得更加清晰,同时教学实践经验被不断地归纳总结,从而上升为实践层面的教学知识。这样,教师对教学的理解进一步深化,形成了教师自身的实践性知识——建立在对教师自身实践的反思的基础上,特别是借助于教育理论观照下的案例解读,逐渐积累而成的富有个性的教育实践方面的见解与创意。最后,教师的许多实际问题被解决了。而且在这一过程中,教师个体的智慧得到共享,变成群体的智慧。群体的探讨为教师创造了学习和理解的机会,教师感受到反思的成效,这也推动他们去进行更深入的反思。教师在反思的过程中逐渐变得成熟。

(三)创造性地探索

归功于经常的聚会,RICH教师群体得以分享教改路上的兴奋、沮丧和经验,他们觉得教学不再是孤单的行动,而是一种探究性实践(Allwright,2003),他们通过探究性实践在传统课程下找到自我解放的路径。他们的模式从传统的"教师教,学生学,行政部门管理"转变为"把研究作为工作和生活的一部分"(Smith,2001)。最初,教改成员志愿参加教师会议,他们和外教一起根据任务型教学等方面的教学理论和他们自身对教学的最初的理解开展教学实践,又把教学实践中碰到的问题带回教师会议进行积极的讨论。在这一过程中,教师的教学方式和教学观念开始发生转变。随后,他们成为自身课堂教学的探索者,对"话题教学""任务型教学""课堂呈现"和"学习包评价体制"等进行研究。

2002年秋,RICH群体开设了面向硕士研究生的"课程与教师发展"课程,与硕士研究生一起围绕以下八大话题进行了积极的探索和讨论。

①课程与教师(Curriculum and Teacher):通过讨论两者的关系来揭示教师发展的本质,即教师就是课程。

②教师知识(Teacher Expertise)：从话语学的角度探索教师的思维和教师的知识。

③课程机构话语研究(Institutional Practice)：探讨有利于教师发展的课程管理方式和领导方式。

④教师认同(Teacher Identity)：试图从社会学、哲学和语言学的高度去认识教师思想的本质。

⑤教师学习实践共同体(Communities of Practice)：揭示教师群体的培育过程，强调知识是以群体的形式存在的。

⑥教师的反思(Reflection in Teacher Development)：探讨批判性思维。

⑦教师行动研究(Teacher Action Research)：探讨教师发展的方式，如行动研究、反思实践和探索性实践。

⑧叙述研究(Narrative Inquiry)：用一种叙述性的语言把关注点带回教师的生活世界。

在此过程中，大家共同探讨教学理论和教学实际。课堂成了研究的中心，教师自己成了研究者。同时，越来越多的人开始关注RICH群体。他们观摩RICH教师的课堂教学，采访RICH群体中的教师，RICH群体中的教师自身又成了被研究的对象。RICH群体中的教师将教学和科研结合在一起，从"教书匠"朝着"教书家"迈进。

四、RICH教师学习群体实践活动对教师专业化发展的启示

RICH教师谋求职业发展的途径是多样的，比如互相听课、讨论、听讲座、参加教师论坛、攻读学位等。但不管是哪种途径，RICH教师的发展跟教师学习群体的建立都是相辅相成的。教师的群体实践活动拓展了他们的教学知识，深化了他们对教学的理解。知识因为根植于他们的教学实践而变得更有意义。通过积极参与，教师获得了多方面的收获。他们更加自信、敏锐，对教学更有激情，自我发展意识更强。他们的专业发展需求来源于他们自身的教学要求，也与他们的教学和生活紧密相关，这使他们逐渐摆脱了教学大纲、教材、考试和评价体系的束缚。可以说，他们的群体活动为他们的日常教学和专业发展提供了有效的发展机会，在此过程中教师们逐渐实现自我超越。

(一)RICH教师从知识的消费者转变为知识的建构者

RICH教师不仅是知识的消费者，还是知识的建构者。一方面，RICH教师

可以通过查阅大量资料和参加各类活动来获得理论知识,如阅读大量关于教师发展的论文、参加有关RICH教学的讲座等。从这个层面讲,他们仍是知识的消费者。另一方面,RICH教师个人或集体可以尝试新的教学方法和教学材料,从不同角度看待教学的新问题和新现象,在课堂实践行动中进行批判性反思和理解。在真实情境下,通过对教学的实际探索,RICH教师及其同事、学生一起建构了新的知识。这是在日常教育实践的创造与反思过程中形成的拥有个性的"个体性知识",是与教师的生活和工作息息相关的"实践性知识"。来源于实践者自身对自己教学的理解的真实知识,能从根本上促进教师专业发展。教师的专业程度是凭借"实践性知识"来保障的。RICH教师在群体活动中构建和丰富了他们的"实践性知识",而他们的"实践性知识"又深深影响着他们的教学行为,也直接对他们的教学概念的转变产生作用。

(二)RICH教师从教改的被动接受者转变为主动发起者和主动执行者

RICH教师群体不再是教改的被动接受者,而是主动发起者和主动执行者。以往,尤其是一系列以素质教育为主题的教改活动,虽然也为教师的发展提供了良机,对教师的教学行为和教学理念的转变起了积极的推动作用,但它们仍然是自上而下地强加给学校和教师的。教师是教改的对象,是命令的被动接受者。而RICH群体的产生完全出自教师自身的强烈愿望,他们意识到自己是课堂教学和教改的主人,他们的自主性和主人翁精神促进了教改的产生和发展。RICH教师群体成了教改最有意义的主导者,他们的发展来源于他们自身的意识——需要改变的强烈意识,这正是教师通向变化和提高的第一步。

(三)RICH教师的职业生存状态从孤独转变为自主

RICH教师通过相互协作从孤独走向自主。教师一直被认为是高度个体化的孤独的职业,教师独自做教学决策,解决教学问题,与同事间的合作非常有限。用Palmer(1998)的论述:"教学是'在门后的工作'。虽然我们面对一大群学生,但我们独自教,远离同行的视线。当我们走进我们的工作场所——教室,我们关上门;当我们从教室走出来,我们几乎不谈论课堂上发生了什么或接下来要发生什么,因为我们没有值得共享的经历好谈论。"RICH教师的关系却是以各层面的广泛协作为特征的。协作为教师从孤独走向自主架起了一座桥。在定期的会议和论坛上,教师们积极地谈论。他们有这样的机会来分享他们的知识、喜悦和失败,并相互学习。这样的互动弱化了他们的孤独感。通过加强协作和投身于群体活动,他们批判性地反思和探索自身的教学实践,从而找到自我提升的路径,进而获得更好的自我解放和更宽广的自我发展空间。而更重要的是,群体互动构建的知识要比教师个人构建的知识丰富得多。

(四)RICH教师从"教"者转变为"学"者

RICH群体中的教师不仅是教师,还是学生。从传统意义上来说,教师是知识权威的象征,毋庸置疑地凌驾于学生之上。但是在RICH群体中,教师和学生是平等的。学生成了他们自己学习的主人。RICH教改的迫切要求让教师与学生站在了同一起跑线上,推动教师为了赶上学生而不断学习。教师首先是学生,然后才是教师。此外,教师的学习与以往不同,因为学习现已与他们的反思和探究紧密地结合在了一起。当教师专注于反思的过程时,他们就成了这一真实情境中的研究者,而在此过程中获得的知识是他们专业的"实践性知识"。同时,RICH群体中的教师的学习紧紧围绕着他们的课堂教学和他们的生活。这是一个巨大的优势,因为通常情况下在职教师学习的机会比较少,他们往往要离开自己的课堂,脱离自己课堂的实际去参加一些短期的培训班来精进教学技能,但这样的技能与他们实际课堂的联系到底有多密切还是个问题。从这个意义上来讲,RICH群体中的教师的学习更是开启了教师自身的职业探索之门。

五、结　语

在实践性群体活动中,RICH教师通过个人或集体真实的学习、批判性的反思和创造性的探索使教师的隐性知识明朗化,将实践知识上升到教学理论知识的层面,因而教师不仅是知识的消费者,还是知识的建构者。而且,这些知识既来自他们的教学实践,又更好地为他们的教学实践服务,教学理论与教学实践实现了统一。同时,教师开始踏上自我发展的道路,并在他们自己创造的合作分享的环境中通过相互间的充分互动从孤立无援走向自主发展。群体活动产生的能量和热情推动着变革和反思的持续进行。因此,教师群体的发展和群体中的实践活动是促进教师专业发展的有效途径。

参考文献

吴宗杰,黄爱凤,郑志恋,等,2005. 外语课程与教师发展:RICH教育视野[M].
　合肥:安徽教育出版社.

钟启泉,2001. 教师"专业化":理念、制度、课题[J]. 教育研究(12):14-15.

ALLWRIGHT D, 2003. Exploratory practice:rethinking practitioner research
　in language teaching[J]. Language teaching research(2): 113-141.

HARGREAVES A, FULLAN M, 1992. Understanding teacher development[M].

New York：Teacher College Press.

PALMER P J, 1998. The courage to teach：exploring the inner landscape of a teacher's life[M]. San Francisco：Jossey-Bass Publishers.

SCHÖN D A, 1987. Educating the reflective practitioner[M]. San Francisco：Jossey-Bass Publishers.

SMITH J, 2001. Modeling the social construction of knowledge in elt teacher education[J]. ELT Journal(3)：221-227.

新时代卓越英语教师培养：
RICH育人课程

英语学科核心素养下的课程育人价值研究

——以浙江师范大学RICH课程为例[①]

郑志恋　蔡晨光

（浙江师范大学，金华：321000）

摘　要：该文以英语学科核心素养的"语言能力""文化品格""思维品质"和"学习能力"这4项内涵为分析视角，剖析RICH课程中"研究性学习""综合性课程"和"合作学习"之于传统教学的优势，最终揭示RICH课程能促进学生实现"人文素质全面发展"，达成其课程育人价值。

关键词：英语学科；核心素养；RICH课程；育人价值

一、引　言

近年来，"学生核心素养如何发展"成了广受热议的话题，包括我国在内的诸多国家均在努力探索核心素养的落实途径。核心素养的概念源于经济合作与发展组织于2003年出版的《核心素养促进成功的生活和健全的社会》（钟启泉，2016），而我国关于核心素养的探究和发展起步则较晚。教育部于2014年颁布的《关于全面深化课程改革　落实立德树人根本任务的意见》指出："核心素养是学生应具备的适应终身发展和社会发展需要的必备品格和关键能力，突出强调个人修养、社会关爱、家国情怀，更加注重自主发展、创作参与、创新实践。"（申继亮，2015）同时，因为学段、年级及学科的差异，学校要从实际情况出发，把核心素养和学业质量要求落实到各学科教学中。

就英语学科而言，如何解读并通过课堂教学活动落实英语学科核心素养的内涵，推进英语学科教学实现部分或者全部的"育人目标"，是摆在英语教育教学相关人士面前的一个关键问题。

---

① 本文原发表于《中国教育技术装备》2018年第6期。

二、英语学科核心素养

核心素养以"全面发展的人"为核心,分为文化基础、自主发展、社会参与三个方面,综合表现为人文底蕴、科学精神、学会学习、健康生活、责任担当、实践创新六大素养。(核心素养研究课题组,2016)核心素养的发展离不开各学科内部及跨学科的核心素养的完善。学科核心素养指的是通过学习某学科的知识与技能、思想与方法,而习得的重要观念、关键能力和必备品格,是研制课程标准的关键。(邵朝友、周文叶、崔允漷,2015)可见,学科核心素养的形成并非停留在学科知识的习得上,也关系到观念、能力、品格的塑造。课程标准的研制有赖于学科核心素养的发展,深入理解学科核心素养将促进课程标准的研制,进而推动课程的有效实施,最终落实到"人"——学习者的全面发展。

但是,根深蒂固的实用主义和功利主义使得学科核心素养中所提及的观念、能力、品格长期得不到重视,学科知识的记忆和学科成绩的提高一直处于中心地位,课程模式呈现出更加理性的色彩。就英语学科而言,在充斥着英语"工具论""无用论"等论断的当今社会,如何发展英语学科核心素养,是摆在一线英语教师、英语教研员甚至更广泛的群体面前的一个重要问题。事实上,学习英语的意义是有多元取向的,只从实用角度来评论英语教育的意义是站不住脚的。将关注点从宏观的核心素养转向相对具体的、微观的英语学科核心素养,除英语学科的工具性之外,英语学科的人文性也是亟待探讨的,而其人文性正体现在学科核心素养所关注的观念、能力及品格之中。

英语学科核心素养分为语言能力、文化品格、思维品质和学习能力。其中,语言能力是学科基础,文化品格是价值取向,思维品质是心智特征,学习能力是发展条件。(王蔷,2015)如果以这四个素养来理解传统的、应试型的英语教学,那么结果显而易见:传统的、应试型的英语教学只是抓住了语言(英语)能力,甚至仅是抓住了应对英语考试的能力,并不能深入发掘隐藏在语言背后的文化因素、批判思维和创新思维的作用。

三、RICH课程改革

浙江师范大学外国语学院RICH课程改革始于对传统精读课教学模式改革

的探索。RICH课程是由 Research‐based learning(研究性学习)、Integrated curriculum(综合性课程)、Cooperative learning(合作学习)、Humanistic outcomes(人文素质发展)四个方面构成的。(吴宗杰等,2005)作为现行的英语课程模式,经过二十几年的发展,RICH课程的影响力在不断扩大,创新发展后的RICH课程在多所中小学、高校中得到应用。在RICH课程中,"人文素质发展"是目标,而"研究性学习""综合性课程"和"合作学习"是实现目标的重要途径。

RICH课程从课程模式上看,属于基于协商的课程。首先,学生可以充分地参与课程的各项决策。学生作为"人"的发展在课改过程中得到重视,其批判性思维、创造性思维等得到极大激发。其次,学生的语言学习效果在个人经历和体验中得到提升,知识能得到有效的自主建构和内化。对照核心素养研究课题组于2016年9月13日发布的《中国学生发展核心素养》的三个方面,RICH课程既夯实学生的文化基础,促进学生的自主发展能力,又强调学生的社会参与和体验。而且,RICH课程体系紧紧围绕"人的发展"这一主题,让学生利用英语进行基于课题的意义学习,并将所学内容进行分享。该体系充分结合英语的工具性和人文性,在不摈弃工具性的基础上发展其人文性,在不削弱人文性的过程中有效利用工具性。

四、英语学科核心素养背景下的RICH课程的育人价值

话题探究、社会交流——加强语言能力。从英语学科核心素养各项内涵的排序上看,语言能力处于英语学科核心素养的基础地位,并引领着其他素养的发展。英语学科核心素养中的语言能力的培养不再是基于听、说、读、写等各项语言技能的孤立发展,也不再局限在固定教材的语言操练上,而更多地强调在真实语境和社会生活中运用语言的能力。

在RICH课程体系中,首先,语言能力的发展已不局限于语法层面,也不局限于固定教材和教学方法,而是让学生根据兴趣和需要进行话题学习,即从枯燥的教材中跳出来,寻找有趣的话题进行学习、讨论和分享,化无趣的作业为有趣的任务,在课堂内外的任务体验中掌握、整合及运用语言知识,从而发展语言能力。其次,RICH课程范式下的学习最大的特点就是融于社会情境,它促使学生在真实语境下积极用英语交流思想、表达情感(郑志恋,2004),让学生在社交活动中锻炼自己的语言表达能力,从而使其所学内容通过交流得到进一步巩固。最后,就RICH话题探究的目的而言,学生并非要通过研究寻得一些标准答案,

而是重视研究和学习的过程,追求对知识的理解。RICH课程中的语言能力发展有与英语学科核心素养中不同的地方,其极具前瞻性地发展了超越语言能力,从单纯的英语学科延伸出的跨学科、深层次的探究式教学,使得学生在"探究学习"过程中让自身的综合语言运用能力得到提升。

人文关怀、融合课程——提升文化品格。语言本身就是一种文化,也是文化的载体。无论是固定的教材,还是学生感兴趣的材料,每一份英文材料中都渗透着各种各样的文化。有较好的文化输入与输出的英语课程,才能有效培育和提升学生的文化品格,从而促进个人价值的升华。而个人文化品格的提升不仅是个人价值的体现,更是社会发展的标志。因此,英语学科核心素养中的文化品格是具有个人和社会双重价值取向的。

在教学活动开展的形式上,传统教学模式下的教师对学生的知识传递是单向的、枯燥的。但是,RICH课程中的教师要做的不只是知识的传递,更重要的是在学生开展话题学习的过程中引导学生进行有效的知识建构。教师及其所教的学生均是鲜活的人,拥有类似的经历,而这些都将无形地影响教师的教学。显然,在教学效果、师生关系等方面,师生间感同身受式的互动远比教师单向传递知识式的教学来得好,并且这种人文关怀是潜移默化、影响深远的。在课程(资源)的整合上,通过语言课程的融合、学科的融合、学习与生活经历的融合,RICH课程中的学生基于兴趣进行"话题搜集、探讨"及"课堂报告",能够接触到不同学科领域的知识,将"生活经历"提炼出来并带进学习中。结合英语学科学习的跨文化特点,如果学生能够有效地把握、吸收如此丰富的学习资源,那么与单纯游走在英语学科内部的学生相比,他们的视野和胸怀会更加开阔,跨学科、跨文化意识会更加强烈,文化品格上的优势会更加明显。

深入探究、合作学习——培养思维品质。英语学科核心素养中的思维品质是学生心智特征的体现。多年来应试教育饱受诟病的地方之一便是对学生思维品质的培养不够重视。思维品质是知识在学生头脑中生成的推进器,因此训练学生的思维尤其重要。

英语作为获取知识的工具,能帮助学生进行学习,但知识如何内化到学生头脑中,甚至在内化之后被学生进一步深化和创新,是值得思考的。这一思考的过程正是思维训练的黄金时期。在RICH课程中,探究性课程的应用是有效训练学生思维的重要途径。这种探究式教学为了让学生理解世界,打造了一个跨学科知识体系,从而促进学生探究和创新意识的生成,锻炼学生的探究和创新能力。学生的知识水平在由低阶走向高阶的同时,思维能力也在不断地提升。

认为个人的发展仅仅是个人之事的观点显然有误。思维与合作是同时出现的,个体内在的思维活动与外在的合作是一体的两面,合作学习对发展高层次的认知有促进作用。(刘锡麒,1990)在RICH合作学习中,知识以群体的方式存在。(吴宗杰等,2005)在教师的指导下,学生为了同一个目标确定话题、整理材料,最终将成果多形式地呈现于课堂内外。这些具备不同知识结构、思维方式及认知风格的学生在合作讨论中擦出集体智慧的火花,最终凝结成集体智慧的结晶。在这一过程中,学生不仅掌握了语言知识,而且锻炼了创新性思维、批判性思维、决策能力、评价能力等,更难能可贵的是体验到了合作学习带来的快乐。

发展学习能力,实现育人价值。学生通过英语学科的学习不仅能丰富知识储备,在学习过程中形成的学习能力和学习习惯更是对其终身发展起着至关重要的作用。通过对RICH课程的研究,我们发现在RICH教学实践中,学习能力的培养与语言能力、文化品格和思维品质的培养有着共同的特征,即"润物细无声",育人于潜移默化之中。而这正是传统"填鸭式"教学所欠缺的。

在传统的教学实践中,知识的丰富和技能的培养往往与态度、观念及从学生长远利益考虑的学习能力培养是脱节的。英语学科教育教学通过多年发展,显然已经超越曾经只关注知识的阶段,教育者也知晓了态度、观念、学习能力的重要性,但在把握态度、观念、学习能力这些无形的概念时,仍是以一种有形的、直接的灌输方式将其传递给学生,之后自己的任务似乎也就结束了。学生并未真正感受到这些态度、观念、能力内化的过程,而只是像接受教师教授的知识一样,知道了这一"知识点",其显然处于被动状态,而缺乏引导也使其无法将这些能力有效运用到学习和生活中。

RICH课程正是极大促进学生学习能力的一种课程模式。一方面,学生通过自主的英语阅读、写作及思考,进而准备话题,完成对话题的研究;另一方面,学生能够用英语展现所学知识,或能有效完成交际任务。学生的自主学习能力和语言表达能力逐步提升显然不是通过"灌输方法"来实现的,而是在自主学习中潜移默化地达成的。

RICH课程蕴含着学以致用和寓学于用的教育价值。(吴宗杰等,2005)学科育人不仅以学生的发展为价值取向,而且从长远角度关注到人才对于社会发展的作用,英语学科也不例外。在RICH课程中,正是这种"学"与"用"的相互促进,使得学生不仅得到了学习能力的提升,而且满足了对"个人全面发展"的渴望,最终推动学生社会价值的发挥。

五、结　语

综上所述,本文从英语学科核心素养的各具体内涵出发,审视了RICH课程的育人价值。作为现行的课程模式,RICH课程能使学生通过对自选话题的探讨,既发展语言能力,又锻炼思维品质;通过综合性课程的学习,吸收多元学科知识,接受多元文化的熏陶,提升文化品格;通过合作学习,创设和谐的学习群体,在合作中促进学习能力的提升,最终实现"人文素质发展"。RICH课程不是静止的,其内容、内涵需要更进一步的发展,如此方能在新时代背景下继续焕发活力,实现人文愿景。

参考文献

核心素养研究课题组,2016. 中国学生发展核心素养[J]. 中国教育学刊(10):1-3.

刘锡麒,1990. 合作反省思考的数学解题教学模式及其实证研究[D].台北:台湾师范大学.

邵朝友,周文叶,崔允漷,2015. 基于核心素养的课程标准研制:国际经验与启示[J]. 全球教育展望(8):14-22.

申继亮,2015. 把握育人方向　创新育人模式:解读教育部《关于全面深化课程改革　落实立德树人根本任务的意见》[J]. 基础教育课程(3):10-12.

王蔷,2015. 从综合语言运用能力到英语学科核心素养——高中英语课程改革的新挑战[J]. 英语教师(16):6-7.

吴宗杰,黄爱凤,郑志恋,等,2005. 外语课程与教师发展:RICH教育视野[M]. 合肥:安徽教育出版社.

郑志恋,2004. RICH教改中教师观念转变内容探析[J]. 浙江师范大学学报(社会科学版)(1):84-86.

钟启泉,2016. 基于核心素养的课程发展:挑战与课题[J]. 全球教育展望(1):3-25.

RICH理念引领下的英语(师范)专业课程改革[①]

俞燕明　闻琴华

（浙江师范大学,金华:321000）

摘　要:构建并不断完善开放性、专业性、终身性的卓越英语教师培养机制是新时代新师范教育理念下英语(师范)专业人才培养的必然要求。浙江师范大学英语(师范)专业25年来持续深化RICH理念引导下的卓越英语教师培养体系改革,不断优化课程设置,改革教学方法与学业评价体系,致力培养"家国情怀与国际视野融合、英语教育与师范教育融通、思辨能力与创新能力融会"的高师英语人才,探索新时代基础教育卓越英语教师培养的有效路径。

关键词:RICH教改;卓越英语教师;合作式研究性学习;发展性学业评价

一、引　言

RICH是Research-based learning(研究性学习)、Integrated curriculum(综合性课程)、Cooperative learning(合作学习)、Humanistic outcomes(人文素质发展)的缩略词,是浙江师范大学英语(师范)专业始于1994年的综合性外语专业改革实践。研究性学习指的是在各类课程中指导学生开展以跨学科内容为核心、以英语为载体的课题研究。综合性课程首先是"内容综合",强调以英语为媒介的跨文化、跨学科的综合性学习内容,完善学生知识结构;其次是"方法综合",强调融合不同教学方法、学习评价手段;最后是"目标综合",强调综合发展学生的学科知识,培养学生学习、合作、思辨、研究等方面的综合能力,在外语教育中实现全人教育。合作学习要求学生一起做课题研究,强调培养合作精神与合作能力。通过以跨学科内容为核心、以英语为载体的合作式研究性学习,拓宽学生视野,提高其对个体、社会、世界的敏感度和理解能力,发展其家国情怀和世界眼光,培养其人文素质。

RICH理念贯穿于浙江师范大学英语(师范)专业课程设置、各类课程教学目标设定、课程内容建构、教学方法改革和学习评价改革等具体教学环节之中。

---

① 本文原发表于《中国社会科学报》(专版)2019年8月16日。

二、优化课程体系,深度融合英语教育与师范教育

围绕"一践行三学会"的高师毕业生质量要求,本专业设置了五大类课程:通识课程、教师教育课程、学科专业课程、实践教学课程及个性化课程。

通识课程和个性化课程重点培育学生道德与思想素养、人文与社会素养、科学与技术素养这3个方面的教师基本素养。教师教育课程重在培养学生"德育为先、以生为本"的教育理念,使其具备教育教学的基本知识、技能、方法,掌握班级指导的技能和方法,掌握中学生身心发展和养成教育的规律,具备综合育人的基本素养。

学科专业课程和实践教学课程强调英语专业教育和师范教育融通、学科知识与教学能力并重,重在培养学生扎实的英语语言基本功、中学英语学科教学的理论知识及实践能力。设置专业基础课程(如"基础英语""英语语音""英语写作"等),着重培养学生语言综合能力;设置专业知识类课程[如"英语国家概况""中国文化概论(英文授课)"等],着重培养学生语言与文化素养,以及社会与文化研究能力;设置专业方向学术类课程(如"英语修辞学""英汉语言对比""外国文学解读方法"等),着重培养学生学术研究能力与创新能力;设置专业方向实践类课程(如"中小学外语教学与研究""英语优质课案例赏析"等),着重培养学生教育实践能力。这些课程模块的设置使学生能有效融合英语专业知识与专业能力、英语教育教学理论与能力,实现英语专业教育与师范教育的有效融通,突出"英语+师范"特色。

三、优化课程实施,培养思辨创新及教育能力

(一)拓展课程内容的广度和深度

在RICH理念引领下,强调拓展各类课程内容的广度和深度,不仅在文学、语言学等理论课程中指导学生开展课题研究,拓展课程内容,还在基础课程中充分体现以英语为载体、以内容为指向的课程内容建构。教师对教材的使用突出探究性拓展,为学生的合作课题学习做好引导、示范,并将学生的合作课题作为课程中的重要学习内容。

以"基础英语"为例,该课程要求学生深入挖掘教材单元主题的文化内涵,探

究其所涉及的现象、问题、观点、思想等,结合历史文化语境解读其原因,并进行中西文化比较,从教材固定内容拓展到对当下全球问题的现实观照,使学生在学习语言的同时,优化知识结构,拓宽学科视野,发展思辨能力、人文素养。同时,教师主导的基于教材的专题探究教学活动也为学生后续研究性合作课题学习提供了重要的方法示范与指导。而学生的研究性课题学习既可以选择基于教材单元主题开展进一步探究,又可以自主选择其他课题内容,以此充分激发探究热情,有效拓展跨学科、跨文化视野。

(二)强调合作式研究性学习

RICH课程在合理采用讲授法的基础上,重点采用研究性课题学习方式,强调教师做好学生学习的组织者、指导者、督促者和评价者工作,引导学生在不断的实践、反思、总结中成长。研究性课题活动的主要环节有:形成小组、确定话题、查找资料、编辑资料、制作海报、口头报告、教学评估、撰写书面论文。在实施过程中,根据实际情况,也可以对这些环节进行前后调整或有所取舍。

小组合作的方式培养了学生的合作能力和沟通协调能力。课题汇报融合了备课、课堂观摩、上课、研讨、反思等多个教学实践过程,使学生以职前教师身份成长,对教师身份的认同感增强,教师基本功和素养得到有效锻炼与提高。研究性学习充分拓展了学生的学习视野,增加了其认知深度,促进了其自主学习、思辨、研究及创新等能力的提高,有效弥补了传统英语专业学习中存在的知识结构不够立体、思辨能力较为不足等短板。

比如在"英语语法"教学中,课程组利用在线语料库,设计语法研究专题,指导学生开展专题研究,这一方面改变了传统语法课程"满堂灌"的教学方式,另一方面培养了职前教师语料检索与分析能力、研究能力,以及语法教学能力。

(三)实施发展性学业评价体系

在学业评价上,持续推进"师生互动、以评促学"的多元发展性学业评价体系。根据课程类别和能力目标设计相应的评价标准,充分重视发展性评价,建立电子学习档案,通过教师评价、学生互评和学生自我反思评价,综合评估学生的知识积累与能力发展情况,达到以评促教、以评促学的目的。

专业基础课程的评价重视对语言能力、学习能力与思辨能力的检测,同时建立电子学习档案,记录学生在语言学习、课题研究和反思总结等方面的表现。专业知识类课程的评价强调对课程学习过程中的课题报告、研究小论文等的评估和反馈。专业方向学术类课程的评价突出对课程论文及剧本、诗歌、小说等创造性写作的评估。专业方向实践类课程的评价则通过教学设计、课例解读、模拟上课等来评估学生的反思日志及专业技能检测活动等,注重学生的实践能力。

各类课程的评价方式包括学生自评、学生互评及教师评价,具体评价指标体系与实施方案由师生协商制订并不断优化,通过师生互动实现以评促学。形成性评价在每一门课程的综合评价中所占比例不低于50%。

四、不断总结经验,持续提升培养质量

二十多年来,RICH理念引领下的浙江师范大学英语(师范)专业屡获省级教学成果奖、省级精品课程、省级教学团队、省级在线课程等建设成果。在专业改革实践中,教师团队也不断得到锻炼、发展。该专业所培养的毕业生家国情怀与国际视野兼具,专业知识与人文素养兼备,语言能力与实践能力皆强。该专业培养了一大批教育理念新,专业素养强,精教学,善研究的毕业生,为推进浙江省基础外语教育改革和人才培养做出了重要贡献。

今后,浙江师范大学英语(师范)专业将继续"强化课堂主阵地作用,切实提高课堂教学质量",进一步强调"学生在课程学习中发挥主体作用",加强教师对学生的指导,并在研究性学习理念改革、教学环境支持、教师团队发展等方面不断深化。此外,也将重视行动研究,使师生在课程教与学的实践与反思中共同成长。与此同时,也将及时总结、反思、调整,不断优化人才培养体系,持续提升人才培养质量。

参考文献

中共中央国务院,2018.中共中央 国务院关于全面深化新时代教师队伍建设改革的意见[EB/OL].(2018-01-20)[2020-08-11]. http://www.moe.gov.cn/jyb_xwfb/moe_1946/fj_2018/201801/t20180131_326148.html.

中共中央国务院,2019.中共中央 国务院关于深化教育教学改革全面提高义务教育质量的意见[EB/OL].(2019-06-23)[2020-08-11]. http://www.moe.gov.cn/jyb_xxgk/moe_1777/moe_1778/201907/t20190708_389416.html.

创造性地构建基础英语课程内容
——对RICH教学改革课程内容创新的分析①

胡美馨

（浙江师范大学,金华:321000）

摘　要:该文以RICH教改为个案,通过对129名英语专业学生进行问卷调查的研究方法,着重分析基础英语课程内容改革创新的原则、可行渠道和课程内容实施中需要注意的若干问题。

关键词:课程内容构建;构建原则;构建渠道;实施建议

一、引　言

《高等学校英语专业英语教学大纲》(2000)在"培养目标"部分指出:21世纪外语专业人才应该具有5个方面的特征,即扎实的基本功、宽广的知识面、一定的相关专业知识、较强的能力和较好的素质。其中,宽广的知识面是指除需要熟练掌握专业知识之外,还需了解人文学科知识和科技知识。

目前,我国外语教育中的课程设置和教学内容不能很好地与《高等学校英语专业英语教学大纲》(2000)所规定的培养目标相适应。由于外语专业的单科特征,多年来我国的外语专业在课程设置和教学内容安排中普遍忽略其他人文学科、自然学科等相关学科的内容,教学内容和教材知识结构单一,内容陈旧老化(高等学校外语专业教学指导委员会,1998),直接或间接地导致学生知识结构单一,能力和素质不理想。

为了改变课程内容的这一相对滞后局面,除组织编写与社会需求和培养目标相适应的新教材之外,一个行之有效的办法是由工作在第一线的教师在现有教材的基础上大胆改革,对课程内容进行科学、严谨的构建与创新。

本文以浙江师范大学外国语学院英语系的RICH英语教学改革为个案,着重分析在英语专业基础阶段英语课中的课程内容构建原则、课程内容构建渠道和课程内容实施建议。

---

① 本文原发表于《浙江师范大学学报》(社会科学版)2004年第1期。

二、课程内容构建原则

课程内容的构建与创新并非一个随心所欲的过程,必须制订严谨的计划和规划,在科学原则的指导下合理地进行。教育部2001年7月颁布的《全日制义务教育普通高级中学英语课程标准(实验稿)》,对中学课程教材提出发展性、科学性、思想文化性、开放性、拓展深化等系列原则,对英语专业基础英语课程内容构建具有重大的指导意义,教师可在实践中加以借鉴。除此之外,在基础英语课程构建中还需要考虑综合性原则、阶段性原则和师生主体原则,并兼顾实用性和趣味性。

(一)综合性原则

综合性原则指的是:①内容综合性,即课程内容应尽可能包括历史、文学、文化、经济、科技、教育、军事、哲学、实用(如面试、简历)等多个方面的内容,适当考虑内容的前瞻性和时效性;②文体综合性,即课程内容应包括多种体裁的语言材料;③有助于学生知识的积累和能力的提高,即课程内容除了发展学生的语言能力和丰富学生的事实性知识,还要有助于培养学生的鉴赏能力、思维能力、初步的研究能力和创新能力。

(二)阶段性原则

阶段性原则指的是在课程构建中应结合不同教学阶段的教学目标,在各个阶段相应地采用课本、对课文进行拓展的材料等不同的教学内容或开展课题学习。

(三)师生主体原则

师生主体原则指的是在课程内容构建中除充分发挥教师的积极性和创造力之外,必须强调在教师的科学指导下,结合学生自身条件、需要和能力,让学生成为课程内容构建的另一能动主体,突出学生在教学活动中的主体地位,摆脱教师全权决定教学内容的老路子。

三、课程内容构建渠道

在传统的教学概念中,基础英语课程内容指的是课本内容。但是在任何一门课程的实际教学活动中,学习者的学习内容都可能来自除课本之外的阅读资料、个人经历、社会现象等,尤其是在信息数字化的今天,网络资源和影音材料都是学习者容易获得的学习资源。从这一角度出发，课程内容应该包括学习者在该课程的学习过程中所开发利用的全部学习资源。在RICH教学中，综合英语课的课程内容构建主要通过固定教材、对课文进行拓展的材料、小组课题材料、个人课题材料和开放性学习材料等来完成。

为更好地了解学生对基础英语课程内容的期望，我们于2002年6月在浙江师范大学外国语学院英语系1998级58名学生和2000级71名学生中进行了问卷调查。这两届学生均为全国普通高等院校招生考试第一批录取的本科生，均在本科基础阶段接受了RICH教学，他们的语言能力、学习经历和学习观念在同龄学习者中具有一定的典型性和代表性。

问卷采取选择题和开放性填空题的形式，其中选择题14道、填空题3道。问卷内容覆盖了所选用教材的使用方法、课文学习中的重点、小组和个人学习课题的选题策略、各种学习材料占全部课程内容的比例、课题材料的语言来源、课题材料的篇章结构、英语讲座与原版电影是否是学习资源、参加英语讲座与观看原版电影的频率等方面。

以下结合调查结果，着重对RICH教改中的基础英语课程内容构建进行分析。

（一）固定教材

RICH教学中的固定教材指的是教师根据《高等学校英语专业英语教学大纲》（2000）所描述的教学目标和教材要求为学生选定的专业英语教材，如李观仪教授主编的《新编英语教程》（1～8册）等。固定教材是相对于师生在课程中增补的非固定性课程内容而言的。

根据对均在大一、大二接受过RICH教学的1998级学生和2000级学生的问卷调查，学生在课本学习过程中，对课本和教师表现出较弱的依赖性。大多数学生不期望教师对课文进行逐一讲解。44.83%的1998级受试学生和53.52%的2000级受试学生希望教师对教材中的课文进行甄选，由教师有选择地对课文加以讲解。而有51.72%的1998级受试学生和43.66%的2000级受试学生则希望能直接参与对课文的讲解、分析，认为课文应该部分由教师讲解，部分由学生讲解。只有小部分学生希望全部由教师讲解，也只有小部分学生希望全部由学生讲解。

RICH教学中所选用的课文，根据其不同的内容、文体和难度，被加以不同层面的处理、分析——或对语法、句法加以详解，或对文中现象、观点进行深入讨论，或对文章篇章结构特点进行细致分析。在问卷调查中，学生对"你认为RICH教学中课文学习应该偏重于什么"的问题的回答表明，绝大多数学生不再满足于局限在词汇、语法和句法方面的纯粹的语言学习，51.72%的1998级受试学生和

52.11%的2000级受试学生希望教师对语法、词汇、内容、篇章结构、文化观点并重,另有37.93%的1998级受试学生和25.35%的2000级受试学生则认为应该视具体情况对以上各项内容做出合理取舍。只有小部分学生认为应该只重视词汇、语法和句子结构。

故而在固定教材的教学中,教师应走出逐篇、逐句、逐词分析,只重词汇、语法、句子结构的圈子,全盘考虑,合理取舍课文,并合理选定切入角度,把文化、思想、信息有机地糅合到语言学习过程中去,也可让学生参与课文讲解。

(二)教师对课文进行拓展的材料

RICH教学中教师对课文进行拓展的材料,指的是为使学生更全面、深刻地理解课文中有关知识点而补充的与课文中有关知识点密切相关的语言材料。这些材料可以是作者的人生经历、写作风格,也可以是对课文中提到的事物或现象的深入介绍、剖析,还可以是与课文文体完全类似的另一个完整篇章。

在对课文进行拓展、深化时,教师应考虑学生的语言水平和学习需要,挑选语言难度适中、内容有利于构建学生知识结构的材料。这一部分课程内容最主要的目的是拓宽学生的知识面,培养学生自主地从一个知识点出发去探索相关知识的学习习惯。受试学生对"教师拓展、深化课文内容的材料应占一个学期教学内容的百分之多少"这一问题的回答情况如表1所示。

表1 受试学生对"教师拓展、深化课文内容的材料应占一个学期教学内容
的百分之多少"这一问题的回答情况

单位:%

年级	选项						
	0	20	30	40	50	60	60以上
1998级	22.42	34.48	29.31	10.34	3.45	0	0
2000级	16.91	23.94	23.94	26.76	7.04	1.41	0

表1数据表明,大多数学生希望在学习课文的同时能学习教师对课文内容进行拓展、深化的课外资料。同时,这一组数据也表明,学生没有表现出把这一部分材料作为主要学习内容的愿望。因此,教师在对课文进行拓展、深挖的时候,应在数量上加以把握。

(三)小组课题材料

RICH教学强调培养学生自主学习能力和初步的研究能力,同时注重发展学

生的合作理念和合作能力。基于此,在RICH教学中,学生有大量机会进行以微型小组课题研究为基础的合作学习。学生被要求集体编辑出一份英语材料,介绍小组课题内容。这些课题的文字材料是RICH教学中的一个重要课程内容。受试学生对"小组自选课题材料在一个学期的学习中应占多少比例"这一问题的回答情况如表2所示。

表2 受试学生对"小组自选课题材料在一个学期的学习中应占多少
比例"这一问题的回答情况

单位:%

年级	选项						
	0	20	30	40	50	60	60以上
1998级	18.97	17.24	27.59	22.41	10.34	3.45	0
2000级	7.04	29.58	36.62	19.72	5.63	1.41	0

表2数据表明,大部分学生希望综合英语课程内容中能包括部分学生自选课题材料,同时大部分学生不希望该内容在课程内容中所占的比例超过50%,故教师可在数量上适当加以控制。

在不同的课题学习阶段,小组课题选题原则有所不同。问卷调查中学生的回答也证实了这一观点。受试学生对"刚接触RICH教学时,学生小组课题应该更多地围绕或根据什么来选题"这一问题的回答情况如表3所示。

表3 受试学生对"刚接触RICH教学时,学生小组课题应该更多地围绕
或根据什么来选题"这一问题的回答情况

单位:%

年级	选项					
	课文内容	小组成员兴趣	当前热点问题	教师给出的参考题目	将来职业需要	其他
1998级	36.21	22.41	13.80	25.86	1.72	0
2000级	23.94	33.80	26.76	11.27	2.82	1.41

受试学生对"经过2—3次课题学习后,学生小组课题应该更多地围绕或根

据什么来选题"这一问题的回答情况则如表4所示。

表4　受试学生对"经过2—3次课题学习后,学生小组课题应该更多地围绕或根据什么来选题"这个问题的回答情况

单位:%

年级	选项					
	课文内容	小组成员兴趣	当前热点问题	教师给出的参考题目	将来职业需要	其他
1998级	13.79	10.34	44.83	15.52	15.52	0
2000级	2.82	25.15	50.93	5.63	15.47	0

综合表3和表4的数据,我们可以看出,在刚接触课题学习时,小组选题可以更多地围绕课文内容和小组成员兴趣展开,并可由老师适当地提供一些参考题目,以帮助学生更好地进入课题学习。而在经过几次课题学习并掌握一定方法后,学生可以更多地围绕一些当前热点问题进行深入调查,或考虑将来职业需要,结合专业做一些专题研究。如有能力,学生还可以在教师的指导下进行带有一定理论思考的课题研究,以提前增强教师角色意识和教学科研意识。

课题小组在根据课题内容准备课题材料时,必须考虑材料语言的合适性。在选材时要尽可能地选用原版英语材料,必要时可以利用中国报纸、杂志上的英语材料等资料。针对材料语言的合适性,我们设计了"学生小组课题材料的语言最好是_____"这一问题,62.37%的1998级受试学生和54.71%的2000级受试学生在回答中认为应全部是原版英语材料,34.18%的1998级受试学生和36.72%的2000级受试学生认为可以是原版英语材料和中国报纸、杂志上的英语材料的结合,而3.45%的1998级学生和8.57%的2000级学生则认为可以是原版英语材料和自己翻译的英语材料的结合,两个年级都没有人认为应该全部是中国报纸、杂志上的英语材料。

这表明绝大多数学生愿意接受挑战,选取原版英语材料,或是原版英语材料和中国报纸、杂志上的英语材料的结合。RICH教学实践也表明,难度略高于固定教材内容的原版英语材料可以得到很好的利用。

教师在指导学生进行课题材料编辑的过程中,还必须注意材料中所用资料篇章结构的完整性。65.52%的1998级受试学生和71.83%的2000级受试学生认为课题材料应由1—3篇完整的原版英语文章组成,长度、难度视学习阶段而定;

20.69%的1998级受试学生和18.31%的2000级受试学生认为课题材料可由一篇结构完整的原版英语文章和若干来源各异的段落构成。完整的原版英语文章作为篇章范例，能使学生体会英语写作中的行文规范性，感受语言的美学特点。教师可以为学生分析其篇章结构特点，同时选取这一篇文章的全部或部分作为精读内容。

（四）个人课题材料

在开展学生小组课题学习的同时，教师应指导学生进行个人课题研究。其目的在于培养学生独立开展科研活动的能力，同时有利于学生依据兴趣、个性来构建自身的知识体系，促进学生的个性化发展。

个人课题的选题策略在不同的阶段也会有所不同。在初始阶段可以更多地考虑个人兴趣，以更好地保证学生的学习热情；而在学生初步掌握课题研究的方法后，则可更多地考虑个人将来的发展需要。

在个人课题材料的语言选择上，因为是学生个人的项目，所以在尽量使用原版英语材料和中国报纸、杂志上的英语材料外，还可鼓励学生做一部分汉英翻译或是英汉翻译。表5是受试学生对"个人课题材料的语言最好是_____"这一问题的回答情况。

表5　受试学生对"个人课题材料的语言最好是_____"这一问题的回答情况

单位：%

年级	选项			
	原版英语材料	中国报纸、杂志上的英语材料	原版英语材料和中国报纸、杂志上的英语材料结合	原版英语材料和自己翻译的英语材料结合
1998级	22.41	1.72	43.11	32.76
2000级	23.94	4.23	45.07	26.76

表5表明大多数学生希望在个人课题学习中做部分翻译工作。同时，个人课题材料也需要考虑篇章的完整性，一般来说，应尽量选取一篇结构完整的文章。

（五）其他开放性学习资源

其他开放性学习资源可以包括英语讲座、电影录像、报纸、杂志、录音等。它们生动形象，可以成为很好的学习资源。

1998级学生在大一时被要求每周参加一次英语讲座、每周观看一部英文原版录像。89.66%的1998级受试学生认为在大一时被要求参加的英语讲座既是语言学习资源,又是思想文化学习资源,没有受试学生认为它不是学习资源。87.93%的1998级受试学生认为所观看的英文原版录像既是语言学习资源,又是思想文化学习资源,只有3.45%的受试学生认为它不是学习资源。

98.28%的1998级受试学生和87.94%的2000级受试学生希望至少每两周观看一部英文原版录像;87.33%的1998级受试学生和54.93%的2000级受试学生希望至少每两周参加一次英语讲座;另有12.68%的1998级受试学生和43.66%的2000级受试学生希望每月参加一次英语讲座。因教学资源的关系,2000级学生在RICH教学过程中没有能够像1998级学生那样每周观看英文原版录像、参加英语讲座。调查数据表明,经历过有组织的英文原版录像观摩和英语讲座活动的1998级受试学生更认可此类学习资源。故在教学实践中,教师可适当在课外安排学生参加英语讲座,观摩英文原版电影录像,并结合影评、讨论等教学活动加深学生对讲座和电影录像内容的理解,以达到更好的语言学习和文化学习的效果。

四、课程内容实施建议

各项课程内容的实施顺序和所用时间须由教师在具体实践中根据教学目标和学生实际情况合理安排。无论实施何项课程内容,在开展教学之前,教师均应考虑到各个阶段的教学目标,以及学生在不同阶段不同的语言能力和学习双文化、多文化的能力,制订周到的计划,并指导学生对该阶段的学习进行充分的准备。尤其是在开展小组课题学习和个人课题学习前,教师应该在研究方法、学习方法、资料查找和编辑等方面给予充分的培训和指导,使学生能顺利地开展学习活动。另外在教学中,教师有必要针对学生学习中出现的问题,适时调整教学计划。

在教学过程中,教师需要意识到自己的多重角色,灵活地体现自己所扮演的角色作用。教师除了作为讲授者,更多的是作为引导者、协调者、帮助者等,教师要及时解决教学内容实施过程中出现的问题,保证学生学习的有效性。

每项教学活动结束后,教师除了自身进行思考、改进,还应该组织学生对教学活动进行反思、总结。其一方面是为了帮助教师和学生发现问题,更好地改进教和学的方法;另一方面是为了帮助学生看到自身的进步,增强自信心。

为了更全面、科学地评价学习者的学习过程和学习效果,基础英语课程有必要采用形成性评估体系。教师可以通过学习档案和学习者日记等方法,记录学习者学习和思考的进展过程。由于本文重点阐述课程内容构建，限于篇幅，笔者不再对形成性评估体系在基础英语课程中的实施展开详细论述。

值得指出的是，在课程内容构建和实施过程中，教师有必要采用录音、录像、教师日记等方式对教学过程进行记录，并注意保存学习者提交的相关材料，以便日后的教学反思和数据收集研究，从而更好地完善课程内容。

五、结　语

教师作为课程内容的直接实施者，应在遵循必要原则的基础上，结合不断发展的社会需要和专业教学目标，对课程内容进行创造性的建构，使之更加有利于培养社会所需的人才。专业英语课、基础英语课的课程内容构建，可以从固定教材、教师对课文进行拓展的材料、小组课题材料、个人课题材料，以及其他开放性学习资源（如英语讲座、电影录像等）方面着手。同时要注意在教学环节中做好准备、实施、总结工作，以更好地提高教学效果。

愿本文对RICH教改课程内容创新的介绍、分析，能在专业英语教学改革中起到抛砖引玉的作用，以求得见更多的对课程内容进行科学创新的思考和实践。

参考文献

高等学校外语专业教学指导委员会，1998. 关于外语专业本科教育改革的若干意见[J]. 外语界（4）：1-6.

高等学校外语专业教学指导委员会英语组，2000. 高等学校英语专业英语教学大纲[M]. 北京：外语教学与研究出版社.

深耕课程思政①

俞明祥

（浙江师范大学，金华：321000）

摘 要：高校要致力将实施课程思政作为全面推动习近平新时代中国特色社会主义思想进教材、进课堂、进学生头脑的深厚基石。课程思政建设的基础应在课程，重点在思政，关键在教师，重心在二级院系，成效在学生。新时代加强高校课程思政建设，要在6个方面下功夫。

关键词：高校；课程思政；立德树人；深耕

当前，课程思政建设在各高校如星星之火渐成燎原之势，但从整体来看，各高校还存在推进不平衡、不充分的现象，课程思政理念还没有在所有高校落地生根，不少高校的教师甚至职能部门负责人还存在认识不深刻、理解不充分、研究不深入、执行不到位等问题，迫切需要从立德树人高度出发，优化顶层设计，加强统筹推进，促进认识再深化，推动实践再出发，深耕厚植，持续发力，善作善成。

习近平总书记在全国高校思想政治工作会议上强调，"要坚持把立德树人作为中心环节，把思想政治工作贯穿教育教学全过程，实现全程育人、全方位育人"，"要用好课堂教学这个主渠道，思想政治理论课要坚持在改进中加强……其他各门课都要守好一段渠、种好责任田，使各类课程与思想政治理论课同向同行，形成协同效应"。高校是引人以大道、启人以大智的重要场所，对学生发生作用的是课程，课程是人才培养的核心单元和核心要素，每一门课都应该求真、触情、传递价值，不仅要帮助学生"专业成才"，更要促进其"精神成人"。

课程思政建设是指将教书育人的内涵落实在课堂教学主渠道，所有课程的知识体系都要体现德育元素，各门课都上出"思政味儿"，所有任课教师都挑起"育人担"，形成全员、全课程的"大思政"教育体系，让立德树人润物无声、同频共振。高校要致力将实施课程思政作为全面推动习近平新时代中国特色社会主义思想进教材、进课堂、进学生头脑的深厚基石，把思想政治工作体系贯穿学科体系、教学体系、教材体系和管理体系，形成高水平人才培养体系的创新实践，致力

---

① 本文原发表于《中国教育报》（理论版）2019年3月14日。

培养担当民族复兴大任的时代新人。

课程思政建设的基础应在课程，没有优质的课程，课程思政就会成为无源之水、无本之木。为此，尊重教育教学和课程建设规律、切实优化课程设计是重要前提和保障。课程思政建设的重点在思政，没有正确导向的思政教育功能，课程教学就会失去灵魂，迷失方向，导致传道与授业、解惑不能合一，教书与育人成为"两张皮"。课程思政建设的关键在教师，教师是教书育人的实施主体，要在课程教学中切实承担起传播知识、传播思想、传播真理，塑造灵魂、塑造生命、塑造新人的时代重任。课程思政建设的重心在二级院系，需要二级院系贯天接地，提高站位，建立起上下联动、全员参与、同向同行、持续改进的常态化运行机制。课程思政建设的成效在学生，其实施效果如何，最终必须以学生的获得感为检验标准。

笔者认为，新时代加强高校课程思政建设，要在6个方面下功夫。一是在提高思想认识上下功夫。高校要从培养社会主义建设者和接班人的高度出发，细化实施方案，持之以恒、常抓不懈，形成工作声势，使职能部门、二级院系乃至广大教师，达成思想认同、理念认同、责任认同，进而做到使命自觉、行动自觉。二是在厚植家国情怀上下功夫。教师应帮助学生树立"四个正确认识"，引导学生在弘扬和践行社会主义核心价值观中做到勤学、修德、明辨、笃实、爱国、励志、求真、力行。三是在提升教学能力上下功夫。广大教师要转变教学观念，更新教学内容，改革教学方法，与时俱进提升教学能力，增强人格影响力，促使学生能够真正"亲其师，信其道"。四是在有机融入融合上下功夫。教师要注重把价值引领、知识传授、能力培养有机统一起来，把价值观培育和塑造通过"基因式"融入所有课程中，努力做到课程教学和"思政元素"有机融合，起到潜移默化、润物无声的育人效果，避免牵强附会、割裂曲解、生搬硬套。五是在营造浓郁的教研氛围上下功夫。课程思政的属性决定了它不应是个别课程的"盆景""小组唱"，而应是所有课程的"风景""大合唱"，高校及院系要做好统筹设计，结合专业特色，加强全员教研，实现共同成长。六是在完善运行机制上下功夫。强化制度设计，着力长效机制，激励与督促并举，指导与研讨结合，形成专业课教学与思政课教学紧密结合、同向同行的育人格局。从师与生、教与学、学与用、知与行等多个环节，科学评估课程思政的教育效果，并不断改进，久久为功。

从"思政课程"到"课程思政""专业思政"，让课程门门有德育，教师人人讲育人，强化传道授业的师者本色，彰显立德树人的课程底色，通过教学活动潜移默化地浸润、感染学生，正是我们当下要努力做的。

教育见习对职前英语教师实践性知识生成
影响研究[①]

竺金飞

（浙江师范大学，金华：321000）

摘　要：基于麦吉尔（Maijier）对阅读教学实践性知识的分类，该文探讨了教育见习对职前教师阅读教学方面实践性知识生成的影响。通过对课堂观摩、调查问卷及反思日志等多种研究数据的分析，发现教育见习"1＋7"模式促进了职前英语教师阅读方面实践性知识的变化。该文最后提出了促进职前英语教师实践性知识生成的建议。

关键词：职前教师；实践性知识；阅读教学

一、引　言

"职前期"中职前教师专业素质的培养既需要课堂理论的灌输，又需要通过教学实践将其"公共知识"转化为"个人知识"。（郭新婕、王蔷，2009）研究者们普遍认为这种转化离不开教育实习或见习，但现存文献较多研究在职和职前教师实践性知识"应然"方面，关于教师实践性知识方面的实证研究偏少，关注职前的更少。（陈向明等，2012）故本文试图探究一种新的教育见习模式，并指出其对职前教师阅读教学实践性知识生成的影响。

二、阅读教学实践性知识

国内外学者对于实践性知识的定义、范畴及其特征存在较多不同看法。Maijier，Nico & Douwe（1999）以阅读教学为侧重点对教学实践性知识进行了深入研究，并将其具体至6个方面：学科、学生、学生理解能力、教学目的、课程及教学技巧。第一，关于学科的实践性知识，主要体现于教师对于阅读教学本质的

---

① 本文原发表于《牡丹江大学学报》2016年第9期。

理解;第二,关于学生的实践性知识,主要体现为教师对于学生的认识是否积极,对于学生所处的环境是否了解,以及对于学生的激励是否有效;第三,关于学生理解能力的实践性知识,是指不同教师对于个体的阅读水平的不同认识;第四,关于教学目的的实践性知识,是指不同类型的教师对于阅读教学原因有不同的解读;第五,关于课程的实践性知识,主要体现为教师对于阅读教学文本的选择;第六,关于教学技巧的实践性知识,是指教师对教学方式的取向。

三、研究设计

研究对象为某师范大学英语专业40名大三学生。在经过系统的教育理论培训之后,2015年4月,他们走进当地一所重点高中进行了"1+7"教育见习活动,即集中见习1周,分散见习7周。在集中见习周,部分学生观摩各种课型,部分学生上阅读课。同时,每名学生还要就见习经历进行3次集中反思,并撰写反思日志。本研究数据来源于对他们见习前后的问卷调查和其撰写的40篇反思日记。研究者先对数据进行编码并反复阅读,寻找逻辑关系,再将数据分类呈现并进行分析。定性研究方法能够全面动态地描述和分析研究对象。

四、结果与讨论

本部分主要基于问卷调查及学生反思日志等材料,分析比较并讨论学生见习前后在阅读教学实践性知识6个方面的变化及其产生的原因。具体情况如表1所示。

表1　学生见习前后阅读教学实践性知识6个方面的变化

单位:%

教学实践性知识	见习前后	以学科为重型	以学生为重型	以学生理解为重型
学科	前	22.3	58.3	20.4
	后	12.2	72.4	15.4
学生	前	4.4	60.2	35.4
	后	10.3	51.6	38.1

续　表

教学实践性知识	见习前后	以学科为重型	以学生为重型	以学生理解为重型
学生理解能力	前	16.2	0	83.8
	后	15.1	0	84.9
教学目的	前	12.6	11.0	76.4
	后	10.4	8.9	80.7
课程	前	13.4	33.8	52.8
	后	6.3	41.9	51.8
教学技巧	前	7.1	31.0	61.9
	后	16.3	8.0	75.7

1. 关于学科

见习前58.3%的职前教师[①]认为帮助学生掌握阅读技巧、关注学生阅读能力发展最为关键,而认为阅读的内容主题及其中所包含的知识点是次要的。22.3%的职前教师认为阅读所教授的内容与技巧应当与考试直接挂钩,阅读教学内容及课程都是为更好的成绩而服务的。20.4%的职前教师则认为阅读教学是为了剖析阅读技巧及有效阅读的可能方式。经过8周的见习后,他们对于同一份问卷有了不同的选择。原来看重学科短期目的的比例有了10.1%的下降,以学生为重及以学生理解为重的比例也各有升降。总体而言,见习后,阅读教学以学生为重的观点占了绝大多数。

这种变化也可以在他们的反思日志中得到体现。

S1:在我高中的时候,老师上阅读理解课总是三句不离高考,我觉得上阅读课很没有意思……但现在的学生好像比我们那时候幸福。至少在Mrs. Zhuang的阅读课上,我觉得结合文本,学生的个人思想得到了充分展示,真正体现了阅读教学是interactive的。

这可以说明学生对于阅读教学在学科方面的实践性知识变化源于中学较好

---

① 本文中提及的"学生"一般指某师范大学英语专业的40名大三学生,当与授课对象"学生"同时出现时,为了区分,本文统一改用"职前教师"这一名称。

的阅读教学理念。在自我的学习经验、大学的教育，以及见习的体验交互中，学生形成了对阅读教学实践性知识的重新认知。而这样一种改变，笔者认为是很重要的，也显示了见习的重要作用。

2. 关于学生

见习前有4.4%的职前教师对于学生持消极态度，而其余职前教师都认为学生的积极性能够被调动。60.2%的职前教师表示他们了解学生的知识水平、认知特点，但是在结合文本设置不同难度的课堂任务上存在困难。仅35.4%的职前教师表示他们能根据自己对于学生的了解设置不同难度的课堂任务。

职前教师在体验了阅读课教学后，对学生方面的实践性知识有了新的选择。他们对自己能完全把控学生产生了怀疑（从4.4%上升到了10.3%），在设计符合学情的教学活动方面有了变化（从60.2%下降到了51.6%）。与此同时，对于因材施教有了更多的理解。

究其变化原因，笔者认为有以下两点：一是大学教育崇尚鼓励为主。职前教师们也认为鼓励能改变学生；二是教学实践经验缺乏。在见习中次数不多的阅读教学经历，改变了职前教师对学生理解方面的实践性知识的认识。

> S2：原来认为阅读课最容易上。我也研读了新课标，熟知了该阶段学生的知识水平、认知特点。指导老师允许我们上阅读课，当时我还挺开心的。今天上完，感觉自己的问题很多，尤其是学生老回答不上来我设置的问题。在反思时，Mrs. Zhu让我们重点反思了学情的内涵。至此，我才明白课标里的学情过于宽泛，我得重新了解我的学生。

3. 关于学生理解能力

见习前16.2%的职前教师认为学生的阅读能力差异是个人天赋造成的，而83.8%的职前教师则认为是其他因素造成的。见习后的调查数据变化不大。他们在反思日志中提到了以下原因。

> S3：我觉得学生英语成绩差也不能完全怪学生自己，在观摩过程中，我发现有些老师根本就没有对学生一视同仁，对于英语成绩不理想的学生，老师是允许他们上课睡觉的。

4. 关于教学目的

根据见习前后的问卷，笔者并没有发现职前教师在阅读教学目的方面实践性知识的根本变化。绝大多数（见习前后分别为76.4%和80.7%）职前教师认为阅读教学的目的是培养学生的阅读能力与阅读兴趣，体现以学生理解为重。见习前11.0%及见习后8.9%的职前教师认为阅读教学是为了引发学生的思考。这些职前教师以学生的发展为重，属于以学生为重型。见习前12.6%及见习后10.4%的职前教师认为阅读教学之所以重要是因为其在考试中所占比例较大，阅读技巧等的教授是为了帮助学生在考试中取得更好的成绩。这一部分教师属于以学科为重型。

5. 关于课程

见习前13.4%的职前教师认为教材的选择是根据教材能否提供应试所需要的知识而定的。一般而言，他们会选择之前已经使用过的教材。33.8%的职前教师则认为教材的选择应充分考虑学生的兴趣。52.8%的职前教师认为教材的选择应当考虑两者的结合，这样才能达到所希望的教学效果。

见习后，职前教师们对教材作用的认识有了变化。93.7%的职前教师认为教师的作用不仅限于帮助学生通过考试，教材也不仅限于教科书，而应是有利于学生对生活的理解的各种阅读材料，这样才有助于学生的发展。

> S4：死抠教材不一定对高考有利吧。阅读是为了发掘学生的思想，语言应该是工具性和人文性的融合。学生在课外应该多多摄入各种有用的阅读内容，否则，短期内学生之间或许没有差别，但时间一长，肯定会出现巨大差异。

6. 关于教学技巧

见习前，7.1%的职前教师认为阅读课应采用讲解式教学方式，教师作为课堂的主导，学生以听记为主。31.0%的职前教师认为整堂课会以学生小组讨论的形式进行，学生是课堂的主体。61.9%的职前教师则认为他们会根据不同的教学内容，采取不同的教学形式，将课堂讨论与课堂讲解相结合。见习后，认为整堂课都应采用讨论形式的职前教师占比明显下降（从31.0%下降到了8.0%）。即使是这部分职前教师，他们也认为在整个阅读教学过程中，整堂课的讨论形式只适用于某种观点辩论型的课。而认为阅读教学中应采取讲解式教学方式的职前教师占比有所上升（从7.1%上升到了16.3%），其他75.7%的职前教师认为教学方法的选择应根据教学内容和教学对象的不同而有所变化。

> S5：原来想着在阅读课中讨论是必不可少的，现在发现也不尽然。

教学方法的选择总是要考虑学生水平甚至是上课时间的。我们学过那么多种阅读的教学方法,有的时候Bottom-up teaching model也适合那些成绩不太理想的学生。教师讲解,甚至用中文讲解也是必要的。

五、结论及启示

本文探讨了教育见习"1＋7"模式中各种见习活动对职前教师在阅读教学实践性知识方面的影响。结果发现,就阅读教学而言,该模式能更好地帮助职前教师形成更加真实的实践性知识,使其更了解微观方面的教育实践。基于此,笔者提出以下3点建议:第一,高等师范院校作为教师的培养机构,应重视学生实践性知识的生成,尤其是要通过规范有序的见习和实习环节来探究职前英语教师实践性知识的生成;第二,职前教师不仅应该观摩优质课堂,还应经常观摩常态课堂,只有这样,职前教师在入职时才能更快地适应课堂教学工作;第三,职前教师在见习后也应有中学教师和大学导师联合指导下的反思。总之,这样的模式不仅能缩短合格教师培养的周期,促进职前教师更快地成长,而且必将为其入职后的专业发展奠定良好的基础。

参考文献

陈向明,等,2012. 搭建实践与理论之桥——教师实践性知识研究[M]. 北京:教育科学出版社.

郭新婕,王蔷,2009. 教育实习与职前英语教师专业发展关系探究[J]. 外语与外语教学(3):28-33.

MEIJIER P, NICO V, DOUWE B, 1999. Exploring language teachers' practical knowledge about teaching reading comprehension[J]. Teaching and teacher education, 15(1): 59-84.

新时代RICH理念引领下课改实践探索:职前教师课堂

浅析RICH教学法口头报告课中存在的认识误区①

胡美馨

（浙江师范大学,金华:321000）

摘　要:口头报告课是RICH教学模式中课题小组把本组课题向全班同学呈现的一个必要环节。该环节要实现的教学目标涉及扩大知识面、训练思维、培养教师基本功等多个方面。目前存在的认识误区阻碍了该环节教学目标的顺利实现。该文着重分析RICH教学法口头报告课中现存的典型认识误区及其对实现教学目标的阻碍,并探讨教师在RICH教学的实施中如何帮助学生避免陷入这些认识误区。

关键词:RICH教学法;口头报告课;认识误区;有效教学

一、引　言

(一)RICH教学法及其基本教学环节

RICH教学是浙江师范大学外国语学院英语系目前正在基础阶段综合英语课中进行的教学改革,它以人文主义、建构主义思想为指导,以发展学生的综合素质、提高学生英语运用能力、培养学生的教师基本素质为主要目的。(黄爱凤、郑志恋、胡美馨,2000)

RICH教学是一种以学生为中心、以教师为主导的新型教学方法,在教学中,引导学生以英语为工具去自主获取知识。在RICH教学中,以内容为中心的话题研究是主要的教学方式。

在RICH教学中,学生以合作完成小组话题研究为主要学习方式,它的基本教学环节可分为:形成小组、确定话题、查找资料、编辑资料、制作海报、口头报告、教学评估和撰写书面论文。在具体实施过程中,第一个环节和第二个环节可以互换,制作海报与撰写书面论文这两个环节可酌情省略。

(二)口头报告课及其在RICH教学中所要达到的教学目的

口头报告课,即课题小组采用适当的课堂教学方式,结合相关材料,把本小

---

① 本文原发表于《浙江师范大学学报》(社会科学版)2001年第6期。

组话题向全班同学做详细介绍。

此环节所要培养、训练的是学生的逻辑思维能力,课堂组织、教学语言、教学仪态、提问技巧、讲解技能、合作学习等方面的能力,以及尊重他人劳动成果和观点等方面的素质,从而扩大学生知识面,完善学生知识结构。

(三)现存认识误区对实现口头报告课教学目标的阻碍

目前,许多老师和学生对口头报告课的认识存在一些误区,这使得口头报告课的课堂资源得不到充分的挖掘和利用,导致这一教学环节的教学目标无法更好地实现,从而阻碍了RICH教学目标的实现。

下文将着重分析口头报告课中的典型认识误区,并探讨教师在RICH教学的实施过程中应如何帮助学生避免陷入这些认识误区。

二、目前口头报告课中存在的几种典型认识误区及其纠正办法

(一)误区一:认为口头报告课只是一项课堂复现练习,而没有理解它作为创造性学习活动的本质

从本质上而言,口头报告是一系列教学活动中的一个环节,从学生的角度而言,它是创造性的学习活动,而不仅仅是机械的复现练习。

复现练习注重的是学生对所学知识的消化和理解,并以某一方式把所学知识复现,以达到巩固理解的目的。而在RICH教学的口头报告课上,报告人所要完成的学习任务有:①以小组合作的方式将话题内容以易于理解的语言加以阐述,而不是照本宣科;②结合话题内容提出个人在该课题研究中,通过对事实性信息的综合、对观点性信息的比较分析后得出的个人观点;③通过讲述、提问、短剧等多种途径,确保全班同学理解话题的全部内容;④以合理的教学手段充分调动听报告人的思维。

要完成以上任务,报告人必须在充分理解小组话题的全部内容后,创造性地把话题内容融合到适当的教学方式当中向听报告人加以呈现,并用有效的教学使学生投入口头报告课中。也就是说,在这一过程中,除将话题内容加以复现之外,报告人还必须完成一个"有效教学"的任务。要达到有效教学的目的,报告人必须具备创造性。

若师生将口头报告课单纯理解为一种机械的复现活动,则报告人容易忽视对自己所负责的话题内容的充分理解,在报告中照搬材料上的语言,对其他成员所负责的话题内容缺少必要的参与,这一状况十分有碍于该环节教学目标的实

现和对学生严谨治学态度的培养。

口头报告课作为创造性的学习活动，其要求教师在辅导中必须首先保证报告小组充分理解所研究的话题内容，并结合口头报告课的教学目标，对学生的备课工作进行辅导、审查，确保学生所组织的授课活动能达到"培养学生有效组织课堂教学的能力"的目的。

(二)误区二：认为口头报告课只对报告人有益，对听报告人而言是浪费时间

从口头报告课中受益的学习者绝不仅是报告人，它是一项面向全体学生的学习活动。在这一环节中，报告人是全班学习活动的直接组织者，教师则是该学习活动的终极策划者和组织者，而全体学生是这一学习活动的参与者、受益者。

如前所述，在口头报告课中，报告小组在把话题内容向全班加以阐述的同时，还必须通过一定的途径，保证其他同学在理解该话题内容的基础上，以积极投入的状态，参与到口头报告课中来，参与到为引发全体同学思考而设计的讨论或其他形式的学习活动中来。

在这一过程中，报告人以能被同学理解的英语语言将话题加以复现，与此同时还得到了课堂组织、教学语言、教学仪态、提问技巧、讲解技能、合作学习等方面的锻炼。而听报告人则同时得到语言的锻炼和信息的积累，并且参与了讨论。在语言方面，一方面由于报告人必须保证所用的英语能被同学理解从而达到成功复现的教学目的，另一方面又由于话题内容势必涉及大量新的词汇、结构等方面的语言知识，因此听报告人在课堂上可以得到大量"可理解性语言输入"（Krashen，1994）。而为了能参与报告小组所组织的各项课堂活动，听报告人必须用英语来表述自己的观点，从而也锻炼了其使用英语的能力。在信息方面，每个小组的话题内容各不相同，全班同学所学习的话题涉及方方面面，如1998级（1）班在话题学习中所涉及的话题就有"Classroom Assessment Techniques" "Effective Teaching""How to Give Good Speeches""English Learning Skills"等，而2000级（3）班在大学一年级第一个学期所学习的话题就有"Special Animals" "Wedding Customs""Olympic Games""Advertising""Enter the World of Cars"等，全班同学可以从自己和其他小组的话题中学习到大量新的信息，扩大知识面。

为了使报告小组和听报告人在口头报告课中均学有所获，教师在课外辅导报告小组备课时须注意审查以下几个方面。①该小组是否完全理解了课题内容——报告小组对话题内容的完全理解是小组成功复现、其他同学有所收获的第一前提。②该小组是否可以用易于理解的英语把话题内容讲解清楚。在学生自编的学习材料中，通常有几百个生词，加之其他同学对别的小组的话题内容并不熟悉，若在口头报告课中报告人大量引用资料上的原文，则势必造成其他同学理解上的困难,使其在听报告时无法跟上报告人的思路,继而失去信心、兴趣,如此则无法达到口头报告课的有效教学。③报告小组有无设计提问、讨论、辩论、课堂练习等教学活动,并借助各种教学工具,最大限度地让听报告人积极地参与学习活动。在口头报告课上,报告小组所担任的是课堂学习活动具体组织者的角色,他们在让同学们接受英语信息的同时,必须保证其在课堂上有用英语思考、表达的机会,以达到英语学习的目的。若报告小组整堂课采用的是自己讲解的方式,则不利于全班同学的英语学习。另外,教师在口头报告课上还应注意适当地介入,掌握课堂的气氛和节奏,帮助形成相互合作、共同探讨的学习氛围。

(三)误区三:认为口头报告课只是锻炼学生口头表达能力的口语课

口头报告课是以内容为基础的。逻辑思维能力,课堂组织、教学语言、教学仪态、提问技巧、讲解技能、合作学习等方面的能力,以及尊重他人劳动成果和观点等方面的素质的培养和提高,均为口头报告课的重要教学目标,口头报告课要在完成此目标的基础上扩大学生知识面,完善学生知识结构,改变英语专业学生知识结构单一的滞后局面。口语锻炼只是口头报告课最表层的教学效果。

除英语口头表达能力之外,做报告的小组在口头报告课中还应得到的锻炼有以下几个方面。①逻辑思维能力。为了科学、严谨地把话题内容向全班同学加以复现,报告人必须以条理清晰、重点突出的方式来组织话题内容。除在课前进行精心准备之外,在课堂上也必须以严密的逻辑思维来调控自己的思路,把握授课的条理和重点。②教师基本功。它包括课堂组织、教学语言、教学仪态、提问技巧、讲解技能、合作学习、处理课堂突发事件等方面的能力。对于师范专业的学生而言,这些能力是培养的重点。③教师角色意识。口头报告课充分调动了学生的教师角色意识,使他们尽早具有"做一名好教师实为不易"的体会,从而促使他们更加努力地为当一名好教师做准备。在各年级学生做的学习日记中,不少学生均提到了这一点。在学生的口头报告课日记中,出现最多的是"I thought it was easy to be a teacher—just prepare the materials and read them to the students in the class. Now after teaching for the first time in my life, I have learned that it is really hard to be a good teacher. I need more practice."。④信心。口头报告课也培养了报告人当一名好教师的信心,因为绝大多数学生通过充分的准备都顺利地完成了上课任务,在学习日记中,许多学生提到"I believe I can do better next time."。此外,不少初次接触RICH教学的学生在上课前有很大的忧虑:"我从来没有用英语连续讲那么长时间的话,恐怕我无法顺利完成上课任务。"课后他们则高兴地表示:"没想到我也能上好一堂课!"

听报告人在口头报告课上还应得到的锻炼有以下几个方面。①接受全新的信息。许多话题的内容是同学们从未接触过的，如前文提到的"Classroom Assessment Techniques""Effective Teaching""How to Give Good Speeches""English Learning Skills""Special Animals""Wedding Customs""Olympic Games""Advertising" "Enter the World of Cars"等等。这些全新的信息，除增加同学们的语言知识之外，更重要的是扩大了同学们的知识面，改善了同学们的知识结构，改变了英语专业学生知识结构单一的滞后局面，为师范英语专业学生将来当一名好教师打下了基础。②接触到不同的教学方法。在口头报告课上，各个小组为了上好课，无不想方设法、别出心裁，用独到的方式来复现话题内容。如：在"Special Animals"课上，报告人戴上面具，把自己打扮成动物，增强了授课的趣味性；在"Wedding Customs"一课中，报告小组精心编排了几个微型短剧来表现各个国家各个民族的不同的婚礼习俗；在"Olympic Games"一课中，学生策划了一个知识竞赛，巧妙地通过知识竞赛来帮助同学们巩固话题内容；在"Advertising"的口头报告课上，报告小组通过"征集苹果牌牛仔裤促销广告"的方式，让听报告人明白了英语广告的形式和特点；在"Enter the World of Cars"的课堂上，报告小组采用辩论的方式来帮助同学们理解话题内容。听报告人可以对这些不同的教学方式进行选择、比较，并把优秀、有效的教学方式运用到自己将来的教学当中。③尊重他人劳动成果和观点的素质。由于上课人是自己的同学，听报告人目睹了报告小组备课的辛苦和上课的不易，加之自己上课的切身体会，能够更好地理解劳动的价值。此外，由于在口头报告课上学生可以接触到各不相同的观点，他们更能形成开明的思想，从而可以更好地接纳异己观点。④思维能力和锤炼个人观点的能力。在口头报告课上，报告小组通常要设计各种各样的问题请全班同学讨论，在集体讨论的热烈气氛中，学生很容易表明自己的观点，并为了跟上小组讨论的步伐，在不知不觉中用英语进行了思考。

口头报告课旨在培养和提高学生逻辑思维能力，课堂组织、教学语言、教学仪态、提问技巧、讲解技能、合作学习等方面的能力，以及尊重他人劳动和观点等方面的素质，扩大学生的知识面，完善学生的知识结构，改变英语专业学生知识结构单一的滞后局面等，教师在辅导学生备课时除检查上课的小组能否把问题以科学、严密的形式讲解清楚之外，还须注意审查报告小组所设计的提问、讨论、辩论等活动，尤其要注意其所提出的问题的深度，确保这些问题能在口头报告课上充分调动学生记忆、组织、评价、创新等各个层次的思维能力，并通过课堂上的讨论及辩论等有意义、有深度的活动，逐步促使学生形成锤炼个人观点的能力。

三、结　论

RICH教学中的口头报告课是一项面向全体学生的,培养学生思维能力、教学能力、合作能力等综合素质的学习活动。仅把它当作一项机械的话题内容复现练习活动,是没有充分理解它作为一项创造性学习活动的本质;认为它只给做报告的学生提供了锻炼机会,是没有认识到该教学环节作用的广度;认为它只训练了学生的口语能力,是没有认识到它所起作用的深度。

只有正确理解RICH教学中口头报告课的本质和作用,纠正现存的认识误区,口头报告课的课堂资源才能得到充分的挖掘和利用,从而更好地实现RICH教学的教学目标,促进学生综合素质的发展。

参考文献

黄爱凤,郑志恋,胡美馨,2000. RICH教学模式——师范英语专业综合英语课改革探索[J]. 国外外语教学(2):7-13.

KRASHEN S D, 1994. The input hypothesis and its rivals[C]//ELLIS N. Implicit and explicit learning of languages. London:Academic Press:45-77.

RICH教改的学习档案评价个案研究[①]

罗美娜

（浙江师范大学，金华：321000）

摘　要：该文以浙江师范大学英语专业RICH教改的学习档案评价实践为案例，以质化的研究方法，通过个人和小组焦点访谈、学习日志、观察记录（即教师日志）、学习档案等获得反馈信息，探索英语专业综合英语课程学生的学习过程评价方式，分析存在的困难，并提出改进的建议，以实现评价、指导与学习相结合，更好地促进学生的自主学习。

关键词：学习档案评价；RICH教改；学习过程

一、引　言

随着专业英语课程改革的不断深入，新的课程理念需要一种新的评价方式与之相适应。学习档案评价又叫档案袋评价，它以当前提倡的质性评价理论为依托，是一种以过程为主的发展性评价，符合专业英语教育改革的理念和目标。目前，我国中小学正广泛使用学习档案评价的方式。然而，国内对高校英语专业学生进行学习档案评价的尝试并不多见，对英语专业学生的评价多为终端考试评价，如全国高校英语专业四级考试和八级考试在学生学习的评价中仍处于核心地位。

RICH是Research-based learning（研究性学习）、Integrated curriculum（综合性课程）、Cooperative learning（合作学习）、Humanistic outcomes（人文素质发展）的缩略词。RICH是一种让学生在丰富的学习活动中经历、体验、反思和发展的教学，它旨在培养学生在语言学习的同时，学会学习和应用，学会反思和批判，学会合作和研究，学会做一个富有同情心和责任感的人。（黄爱凤，2004）在RICH教改中，教学方法、教学内容、教学观念都发生了深刻的变化。在学习成果的评价上，RICH教学也一改过去单一的终端考试评价制度，建立了利用学习档案进行过程评价的制度。

---

① 本文原发表于《山东外语教学》2007年第2期。

学习档案评价兴起于20世纪80年代后期的美国,最早是为了取代传统的标准化考试的评价,以体现学生学习实际水平。Cole et al.(1995)把学习档案称为一部学生学习的成长史,是学生在教师的指导下根据一定的评价标准,对某一时期内的学习产品有选择地进行归类、编辑、反思、整理而成的一个集合体。它能够给人提供一个真实的、有意义的学习过程。学习档案评价就是收集学生学习过程、学习成果、教师的观察等相关信息的档案式评价方法。(Batzle,1992)它强调学习过程中学生的参与及建立自我价值判断力的重要性。其与教学密切配合,能更完整、深入地了解学生的学习历程及进步情况。(Owings & Follo,1992)在美国很多州,如宾夕法尼亚州已将档案评价视为最重要的评量工具之一。美国监督和课程开发协会(Association for Supervision and Curriculum Development, ASCD)更是将其视为重要课程与教学的改革之一。(Vavrus,1990)

在国内,熊梅(2001)从学习档案评价的目的、设计、作品收集、评价等方面做了系统介绍。李雁冰(2002)将学习档案评价融入课程评价的大环境中加以研究。黄光扬(2003)则进一步从学习档案评价的方法层面展开系统介绍。在理论的指导下,国内英语界开始将学习档案评价应用于教学实践中。教育部2001年7月颁布的《全日制义务教育普通高级中学英语课程标准(实验稿)》阐述了学习档案的作用,指出学习档案能比较全面、合理地评价学生的学习,全面体现学生在语言学习中的个体差异和风格、学习态度和观点,以及在学习中运用学习策略的能力。随后,学习档案评价在中小学英语教学中迅速展开,如方秋萍(2003)、张玉蓉(2004)等对小学三年级英语课进行的学习档案评价。然而,在高校英语专业开展学习档案评价的实践还是很少。高校基础英语学习阶段的综合英语课程非常需要学习档案评价,因为基础阶段综合英语课程是英语专业的主干课,它担负着培养大一、大二学生良好的学习习惯,为学生进入高年级打下扎实的听、说、读、写、译专业知识基础,发展学生的综合能力等重任。学习历程表现应该成为体现学生学业表现的重要方面。本研究关注的问题是:在综合英语课程中,如何应用学习档案评价?其效果如何?存在哪些问题?如何解决?

二、研究方法

本研究拟采用质性研究法和个案研究法,本研究中的个案系指一个班级。研究者从个人和小组焦点访谈、网络课程讨论、学习日志、观察记录(即教师日志)、学习档案及评量表等方面收集资料。以下笔者就研究者的背景、个案背景、研究历程等方面做出说明。

（一）研究者背景

教师即研究者。笔者在攻读硕士研究生期间，深入了解了学习档案评价制度和质性研究法方面的知识。从 2000 年至今，笔者一直教授综合英语课程，在多个班级中实践了学习档案评价制度，并获得了一定经验。

（二）研究对象

研究对象为我校英语材料专业 2005 级（06）班的新生（共 28 人），他们来自浙江省各个地区，均为全国普通高等院校招生考试第一批录取的本科生。选择他们为研究对象的原因是他们的英语素质普遍较高，均具备较强的自主学习能力。本次对英语材料专业 2005 级（06）班的新生的学习档案评价持续了一个学期。

（三）研究历程

1. 实施前

学习档案评价是以学生为主，搭配教学，兼顾历程和结果、反思与组织的持续性活动。教师和学生在实施前做充分的沟通，明确学习档案评价的理念、依据，说明预期的好处及操作方法。

2. 实施中

（1）研究时间

本研究从 2006 年 2 月开始至 2006 年 7 月结束，为期约 6 个月。

（2）实施程序

①构建评价内容

学习档案的内容构建是通过教师和学生共同协商完成的。根据大学一年级综合英语课程不同阶段的培养目标，我们将该课程的平时学习作业从知识、应用和反思 3 个层面去思考和划分，分别为语言知识学习类、语言知识运用类、经历反思学习类（黄爱凤，2004），具体如图 1 所示。

本研究通过多元化的评价内容来挖掘学生的多元潜能。在评价中，注重对学生的生活、课堂和课外活动进行"多维观察"。学习档案评价对学生而言是崭新的事物，每个人对其的反应各不相同。一小部分学生觉得压力大了许多。下面是一名学生在日志中表达的心情，极具代表性。

> 没想到我们也能决定该学习什么，该如何评价。和中学里每天围着试卷做题相比，大学的课程内容丰富精彩多了，好像评估也人性化了一点。老师还把创建学习档案的预期好处告诉我们，很有诱惑力。只要朝着这个目标去做，就会有很大进步。可是，我也觉得压力大了很

多,不知道能否完成,一下子很难适应。——Lora

学生们对评价内容的讨论非常热烈,教师通过反复说明预期的好处,学生们最终愉快地参与了进来。

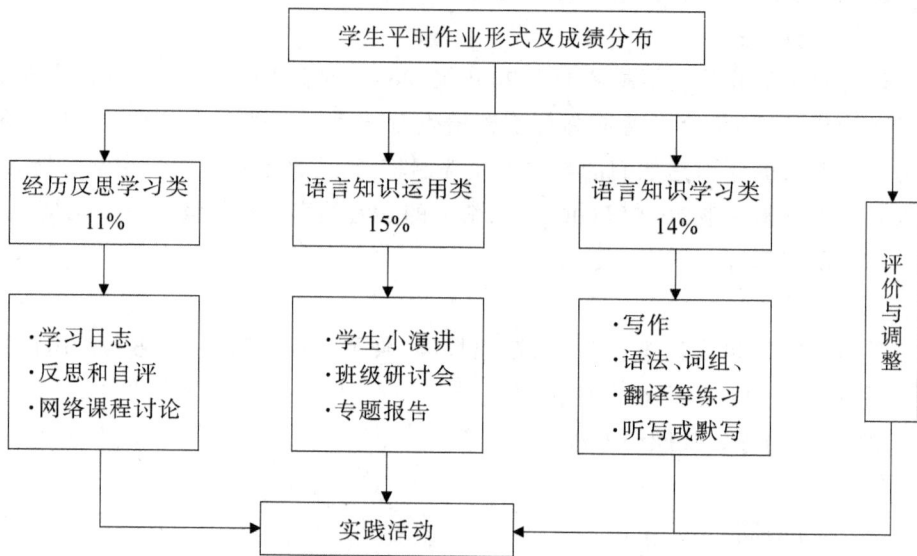

图1　RICH综合英语课程学生学习档案评估项目示意图

注:学习档案评价的平时成绩占学期总分的40%。(改编自黄爱凤,2004)

②制定评价标准

采用弹性化的标准来评价学生,改变了以往用"一把尺子量所有人"的评价方式。注重评价项目完成的质与量,构建一个立体式、差异式的类评价体系,使评价标准既有基准,又有发展空间,激励学生开发自身潜能,向更高的目标攀登。

下面是评价表上对评价标准的描述:

本课程评价一共包括8项,每一项都有具体的分数比例。在每一项的"评价内容"下面都有"其他"二字,旨在让大家"各显神通"。为了使每一个人的潜能、智慧、特长都能得到充分的激活和利用,同时考虑到人与人之间的不一致性,我们把评价标准(有的已经给出)留给了大家,由大家自己来确定。希望大家都能根据自己的实际情况认真思考、量力填写。我们相信:只要我们认真"耕耘","收获"就会在其中。

　　将评价标准交给学生自己来制订后，学生们进行了积极的讨论。下面列举对语言知识学习类内容"语法、词组、翻译等练习"的评价标准：

> ·对所学词组和语法能否自如地运用；
> ·内容是否丰富；
> ·翻译和造句的质量；
> ·英语语言能力通过语言练习材料的学习是否有较大提高。

　　评价等级分成"优秀""良好"和"及格"，在计算总分时换算成相应的分数比例。虽然制订评价标准很复杂，但在学生和教师的共同协商下，大家一致认为这样得出的评价标准比较合理。下面是一名学生的反馈意见：

> 　　评价标准好复杂啊！每一项内容的评定都与质和量挂钩，但比"一次考试决定终身"的制度要好得多。只要我们平时做个有心人，就一定能做好。——Candy

　　③实施多样评价法

　　评价采用自评、互评和教师评价3种方式。评价全程体现自评与他评相结合，并强调评价过程中教师与学生之间、学生与学生之间的交流。学生 Lily 在日志中写道：

> 　　学习档案评价督促我更加自觉地去学习。同学之间互评后，我看到了差距，动力也来了。老师给我的反馈和评价让我知道哪些方面还有待提高。——Lily

　　多样的评价方式唤起和激发了评价对象的主体意识，让他们意识到评价对自身发展的价值，从而促使他们成为评价过程的积极参与者和真实受益者。

　　3. 实施后

　　收集资料，分析评量，撰写研究报告，分享研究成果。

三、研究结果与讨论

经过一个学期运用学习档案对学生的过程学习进行评价,发现它不仅能促进学生的英语语言能力及其他综合能力的提升,培养学生自主学习的能力,还能帮助学生养成良好的学习习惯和掌握有效的学习策略。学习档案分享起到了很好的交流作用,增强了学生的成就感和自信心,激发了学生的学习动力。

下面是在分享会上,两名学生看过同班同学 Jane 的学习档案后写下的体会:

> 我个人觉得做 portfolio 是一种比较好的总结自己学习过程的方式,和同学之间的交流也可以很好地拓展自己的视野和思维,也为自己的进一步提高提供了很宝贵的借鉴。看过 Jane 的 portfolio,我就知道自己同她的差距,有比较才有进步,很希望有一天我也能像她那样。——Vivi

> 看了咱们班 Jane 的 portfolio,我想很少有人会不惭颜的……这里我并非在帮她做宣传,真的,她真真切切地记录了自己一学期以来学习的点点滴滴,很值得大家学习!我认为只有用像她那样的或接近她那样的学习方式,portfolio 才有它真正的价值。不是到学期结束了去"赶工"似的完成,而是真实的学习过程的写照,这样才有意义!我想这也是老师让我们做 portfolio 的真正目的!唉……很多时候道理大家都懂,能真正付诸实践的却很少……也只好朝着目标一步一步向前走了,不要好高骛远,一点一滴积累了就好,对吧?——Vera

当然,在整个学习档案的制作和评价过程中也出现了一些问题,主要表现在以下几个方面。

(一)时间分配问题

在学习档案制作上,少数学生出现了期末"临时抱佛脚"的现象,他们在几天之内草草赶出了学习档案。通过小组焦点访谈得知,出现这一现象的原因主要是时间分配不均。学生从中学学习生活向大学学习生活转变需要一个过程,其还不能合理分配完全由自己支配的大块自由时间。此外,较多的大学课外活动和一些突发事件,扰乱了学生事先拟订的计划。Judy 就是因学院的英语短剧比赛而荒废了学习档案的制作。

> 刚开始时还好啦,每周都会放很多东西进去。可是,到4月份时,大家都搞短剧什么的,那段时间把 portfolio 荒废掉了。于是,最近这段时间,我都在狠命地补,谁让我以前做得少呢。——Judy

(二)资料堆积、消化不够

部分学生的学习档案原创性内容较少,网上下载资料堆积的痕迹明显。学习日志、作文和翻译等原创作品比复制打印的背诵精华、四级考试习题等内容要少。尽管收集的学习材料很多,但学生对部分材料并没有进行仔细学习和消化,未充分利用好学习资源。除了教师规定的学习内容,一些学生自主选择的材料都荒废了。

> 我喜欢自己的 portfolio。看着它一点点"长大",我就觉得自己的知识在一点点地丰富,它能让我真真切切地看到这个过程(我是不是有点太陶醉了)。但是 portfolio 是不是越丰满越好呢?有时候,我们会为了丰富而去丰富,很多 portfolio 里的资料我们都没有掌握。与其那样,我觉得还不如完完全全地掌握一份资料。就如同读书一样,泛读十本书不如精读一本书。——Cherry

(三)混淆学习档案制作的历程取向和成果取向

有的学生上交的学习档案非常厚,甚至有人做了两大本。这些学习档案资料繁杂、内容散乱,一大堆草稿往往遮盖了优质的成果。反思这一现象出现的原因,或许是在学生制作学习档案前,教师未向学生充分解释学习档案制作的历程取向和成果取向。历程取向是以事件先后发生的时间为呈现顺序,将学习过程中重要的内容以草稿、摘记、日志、随感等形式记录;成果取向是以呈现最佳的内容排列为顺序。明确这两个取向后,学生们能选择呈现学习档案的更好方式。

(四)评量费时

与传统的纸笔测试相比,学习档案评价的过程相当费时。无论是规划活动还是设计标准或评分,都需要大量时间。学生需要时间制作、整理和选择如何呈现学习档案。教师需要时间——查看学生厚厚的学习档案并做记录。在某种程度上,工作量的增加会导致学生和教师的意愿降低。

（五）评分困难

与传统的"以一张卷子的分数为评分标准"相比，学习档案评价要难得多。下面是学习档案评价结束后，一位教师在日志中记下的感想：

> 这个学期即将过去，回想最开心的日子莫过于和学生们一起探讨问题、解决问题，与学生们一起反思教学，看着他们不断进步和成熟。我最痛苦的时候就是这两天了——给学生打分数，分出高低。他们个个都是那么优异，有些真是不分伯仲。这时，我往往会留恋通过传统的一张卷子、标准答案，然后计算出成绩的考试方法。此外，的确很难把握好尺度。我必须反反复复、仔仔细细地查看他们的学习档案，生怕出现不客观和不公平的现象。学习档案评价的确耗心、耗时和耗力。——Diana

四、建　议

通过反思学习档案评价实践中存在的问题，本文提出以下建议。

①给学生们以学习策略的指导。学习档案的制作需逐日、逐月、逐年的长期积累，而非一日之功。在时间的分配和调整上，学生们往往在学习和课外活动繁忙时会出现忙乱又茫然的情况，此时，教师应给予及时帮助，让学生们学会自我规划时间，当自己学习的主人，以培养他们的自主学习能力。

②制作过程资料型学习档案和最佳成果型学习档案。学生们可以制作两本学习档案：一本以学习历程为取向，记录整个学期的学习过程；另一本以学习成果为取向，记录在专业发展上的进步轨迹。

③完善监控系统，定时监控，及时反馈。通过小范围抽查，如每周抽取部分学生上交学习档案，及时进行监控以督促学生。下面是Summer的建议：

> 我发现自己原来写了挺多的小文章，在网上复制下来许多信息。在此，我建议老师以后中途多查几次，这样就不至于出现许多同学到最后几天猛补，既伤神又伤脑的情况。此外，老师还可以要求我们在一定时间内多写几篇文章。呵呵，毕竟人是有惰性的嘛，我们需要督促。这样，整个portfolio就不会出现打印的篇幅比手写的还要长的情况了。——Summer

④将学习档案中的材料纳入考试范围,将资料学习与期末考试挂钩,这样学生们会及时学习和复习,更充分地吸收学习档案中的知识。

参考文献

方秋萍,2003. 利用学习档案对学生进行形成性评价的尝试[J]. 江苏教育(4):
35-36.

黄爱凤,2004. RICH教学学生学习档案评估模式研究[J]. 浙江师范大学学报
(社会科学版),29(1):79-83.

黄光扬,2003. 正确认识和科学使用档案袋评价方法[J]. 课程·教材·教法(2):
50-55.

李雁冰,2002. 课程评价论[M]. 上海:上海教育出版社.

熊梅,2001. 当代综合课程的新范式:综合性学习的理论和实践[M]. 北京:教育
科学出版社.

张玉蓉,2004. 英语学习档案夹的应用[J]. 上海教育科研(4):71-72.

BATZLE J, 1992. Portfolio assessment and evaluation:developing and using
portfolios in the K-6 classroom[M]. Cypress, CA:Creative Teaching Press.

COLE D J, RYAN C W, KICK F, et al., 1995. Portfolios across the curriculum
and beyond[M]. Thousand Oaks, CA:Corwin Press.

OWINGS A, FOLLO E, 1992. Effects of portfolio assessment on students'
attitudes and goal setting abilities in mathematics[M]. Michigan:The University
of Michigan Press.

VAVRUS L, 1990. Put portfolios to the test[J]. Instructor(100):48-53.

自主学习中的态度和行为变化：一项纵向研究①

何晓东

（浙江师范大学，金华：321000）

摘　要：该文研究了一个自选阅读项目对英语专业大学生在自主学习活动中的态度、行为的影响。研究显示，通过一个学期的自选学习及学习者训练活动，参与者对自主英语学习产生了积极的态度、行为变化，不过他们在计划阶段仍然对教师的角色抱有较大期望，希望教师能保持权威性，并且其行为变化仍然落后于态度变化，主要原因有：许多参与者没有将元认知策略的使用迁移到其他语言技能的学习中去；元认知策略使用中计划阶段的模糊性及自我监控、评估阶段对计划检查的回避。

关键词：自主学习；态度变化；行为变化

一、引　言

自20世纪80年代以来，国内外学者对自主学习进行了大量研究，有关自主学习的定义也大量涌现。综合 Holec(1981)、Dickinson(1993)等的研究，自主学习者在学习任务的计划、执行、监控和评估阶段分别有以下特点：能在了解自身需求和风格的基础上确立学习目标并制订切实可行的计划；能根据学习任务有效使用学习策略；能使用监控策略，对学习过程及时做反思改进。

促进学习者自主学习就需要为学习者营造适宜的环境，"使其（至少暂时）能够为全部或部分的语言学习活动担负责任，帮助（而不是阻碍）他们更好地行使自主权"（Esch，1996）。自主学习能力的培养途径有很多，自选语言学习和学习者训练是常用的两种。

自20世纪90年代以来，随着世界各地自选学习中心的大量建立，自选学习逐渐成为自主学习的研究重心。(Miller & Ng，1996)建立自选学习中心的目的是给不同外语水平的学生提供一个固定的学习场所，提高他们的自主学习能力。（华维芬，2003）但要注意的是，建立设施齐备的自选学习中心并不是促进自主学

---

① 本文原发表于《外语界》2005年第6期。

习的充分或必要条件：在中心学习不一定形成自主学习（Sheerin，1991）；在硬件不具备时，我们完全可以借鉴其运作方式，利用现有资源在教室、图书馆引导学生开展自主学习（Gardner & Miller，1999；Sheerin，1991），如 Hedge（2000）举了制作阅读卡片作为学生自选阅读材料的例子。自选学习中心提供的是一种自主学习的形式，学习者能否在语言学习的同时提高计划、监控、评估的水平则是我们应关注的重点。

让学习者训练的目的是帮助学习者，尤其是帮助那些学习效果较差的学习者更加积极有效地学习（Dickinson，1992），训练的内容有认知和元认知策略训练、语言知觉训练、语言学习知觉训练等。元认知策略训练可分为计划、监控和评估 3 个阶段。计划是指学习者在对自己的能力、需求做了分析的基础上对学习的目标、资源、策略等做决策，监控和评估则是将学习情况与预期目标相对照并随时反思改进的过程。Dickinson（1992）认为语言学习中的自我监控和自我评估本质上是同一过程，区别在于自我评估的周期相对较长，并且以自我监控为基础。

近年来，学习者自主学习成了国内语言教育界的一个热门话题。在自选学习方面，陈琳（1996）在英语专业学生中实施了"真实材料兴趣自读"项目[①]，调查表明该项目有助于提高学生的阅读兴趣和水平，项目组的阅读测试成绩也高于控制组。在学习者训练方面，元认知策略训练作为促进自主学习的主要方法在国内得到较多应用，比如张彦君（2004）和王笃勤（2002）的研究分别涉及英语专业和非英语专业学生，两项研究的问卷调查均表明，实验后实验班的元认知策略使用频率高于实验前，实验班学习的计划性、自我监控性、评估性优于控制班，并且学习成绩也有所提高。另外，纪康丽（2002）通过元认知策略训练、彭金定（2002）通过自行设计的教学项目进行了促进学习者自主学习的研究，训练结束后的调查均表明训练取得了积极的效果。

综合国内的研究状况可以发现如下特点。①实证研究尤其是基于纵向性质实验的研究比较缺乏（何晓东，2004）。由于自主学习是一个长期、动态的过程（何莲珍，2003），并且涉及学习者观念、行为的变化和社会角色的转换（Benson，1994），设计纵向性质的实验可以更全面、客观地研究学习者的自主学习状况，对在自主学习能力培养过程中出现的问题也可以有更充分的探讨。②实证研究一般把学习者计划性、自我监控性、评估性及测试成绩的提高作为自主性提高的依据，而对学习者在训练过程中的观念、行为变化缺乏系统的分析。③所有实证研究都着重汇报了积极方面的成果，而对项目实施过程中可能出现的种种问题关注不够。

---

① 该项目没有把提高自主学习能力列为目标之一。

二、研究设计

本研究旨在探讨一个自选阅读项目对参与者课外自主性英语学习活动的影响,元认知策略中的监控和评估体现为对课外学习活动的自我监控和自我评估。与其他研究一样,本研究把参与者元认知策略的使用情况作为评价自主学习能力的重要标志,但本研究不准备把测试成绩作为变量,原因是"自主学习是一个长期的过程,和学习成绩之间的关系不是一种简单的因果关系"(庞维国,2000)。

（一）研究问题

本研究主要回答两个问题:①参与者在元认知策略的使用方面是否会产生态度和行为的变化? ②参与者的态度和行为是否会有差距?

（二）项目设计

本研究中自主学习环境的营造主要通过笔者自行设计的自选阅读项目来实现。Hedge(2000)指出,在阅读过程中学习者有大量独立学习的机会,让学生参与阅读项目是培养学生自主学习能力的重要手段,可见基于阅读促进自主学习是可行的。该项目的目标是:①通过计划、监控和评估自己的课外阅读活动,培养参与者独立学习的能力和信心;②加大课外阅读量,为学习者提供大量语言输入。这两个目标与自选学习中心的两个基本功能——提供学习材料、促进学习者养成更加独立学习的能力(Gardner & Miller,1999)是相吻合的。笔者设计该项目是为了解决两个现实问题:①学生的学习自主性不强;②学生的课外阅读量较小,并且其他课程也没有采取有效措施督促他们开展课外阅读活动。

该项目由两个部分构成,即自选阅读①和学习者训练②。自选阅读部分有3个阶段。①计划阶段(签订学习者合同):学习者通过确定自身需求和兴趣、考虑自身能力、确立学习目标、考虑可利用的时间等步骤,制订切实可行的阅读计划。②执行阶段:学习者根据计划大量阅读自选材料,同时尽量尝试不同的阅读方式和学习策略,如记笔记、写评论、定期做口头报告等。③自我监控和评估阶段:学习者通过做阅读记录、记日志(每周一次)、建立学习档案等方式,总结、反思、改进自己的学习过程。

给学习者训练的目的是帮助他们做好自主学习的心理和方法上的准备,内

---

① 主要依据(Gardner & Miller,1999)。

② 主要依据(Dickinson,1992)。

容主要有认知和元认知策略训练、语言知觉训练和语言学习知觉训练。训练材料由教师选编,涵盖语言学习的各个方面,而不仅仅局限于阅读本身,部分内容则是针对学生在日志中提到的问题编制的。每周用 1—2 堂课的时间介绍一个主题,贯穿整个学期。具体步骤参照 Dickinson(1992),即:choosing a topic→glossing the topic→individual reflection→results from surveys→pairs→group discussion→class discussion。

　　为配合该项目的实施,笔者同时就原先的课程内容与学生进行了充分协商,目的是希望学生意识到自己在学习中的积极推动作用。这种课堂教学决策与学生在课外学习中面临的种种决策性质上是一致的。

(三)研究对象

　　自选阅读项目于 2003 年上半年(第二个学期)实施,笔者任教综合英语课程的英语专业二年级两个班级共 62 名学生参与了本项研究。

(四)研究工具和数据收集、分析

　　为了更全面、客观地考查学生的自主学习状况,研究同时采用定量、定性两种方法,分别通过问卷调查、学习者日志和访谈实现。

　　1. 问卷调查

　　问卷共两份,由笔者自行设计。问卷一有 6 个变量,问卷二新增 2 个变量,题目全部采用五级选项(1＝完全不同意;5＝完全同意)。题目的来源有 3 个:一是 Holec(1981)、Dickinson(1993)等对自主学习特点的描述;二是 Benson(1994)关于自主学习中态度、行为变化的论述;三是笔者在项目执行过程中观察到的问题。表 1 描述了 8 个变量的名称、内容和 Alpha 值等。

表 1　对问卷中 8 个变量的描述

变量名称	描述	题目数量	Alpha
(1)态度 1—计划	对课外学习中计划重要性的认识	4	0.873
(2)态度 1—自我监控和评估	对课外学习中自我监控和评估重要性的认识	4	0.903
(3)态度 2—计划	对教师在课外学习中计划阶段的期望	4	0.439
(4)态度 2—自我监控和评估	对教师在课外学习中自我监控和评估的期望	4	0.826
(5)行为—计划	课外学习中的计划性[内容同变量(1)]	4	0.834
(6)行为—自我监控和评估	课外学习中的自我监控和评估性[内容同变量(2)]	4	0.817
(7)项目中的问题 1	参与者是否将元认知策略运用到其他语言技能的学习中去	3	0.435

变量名称	描述	题目数量	Alpha
(8)项目中的问题2	计划的模糊性、对自我监控和评估的回避	3	0.646

笔者使用问卷先在随机抽取的10名学生中进行了预测,然后根据答题情况对若干项目做了改进。两份问卷分别于学期初和学期末在课堂上发给学生完成,有4名学生缺席了第二次问卷调查,若干题目被漏填。本研究将Alpha值的统计要求定为0.70(张文彤,2002),对于低于0.70的变量,将对其中的项目做个别分析。对第1—6个变量进行配对t检验以检查一学期后学生对问卷的回答是否有差异。对最后2个变量使用描述统计,为解释方便,分别对这些单项中的"完全不同意"和"基本不同意"、"基本同意"和"完全同意"进行合并。

2. 学习者日志和访谈

①学习者日志:本项目要求参与者根据写日志时可供参考的两组提示问题[1]记录他们在课外阅读方面做了什么、有何感受,所有参与者从第3周开始每周以Email形式上交日志1篇,共16篇。教师反馈以赞扬、鼓励、建议为主。出于研究需要,阅读时笔者将所有日志拷贝到同一个Word文档中,加上恰当标记以方便日后查找、总结。比如某个学生在日志中只写了几件国内外大事,却对自己的学习情况只字不提,笔者就在旁边用红色字体标注上"[problem] not mention own reading"。教师每周需花费5小时以上完成这部分工作。所有日志要求学生用英文撰写,为便于论述,本文将引用的例子全部译成了中文。

②访谈:访谈主要有两类。第一类是根据两次问卷调查抽取元认知策略使用频率最高和最低的学生各6人进行的访谈。第二类是根据参与者在日志中提到的典型问题对撰写者进行的访谈,将访谈内容以教师日志形式记录,并使用与上述相同的标注方式供以后分析。

三、结果与讨论

表2和表3列出了学期初和学期末参与者在课外学习中使用元认知策略的态度、行为对比情况。

---

[1] 主要改编自(Pang,1994)。

表2　学期初和学期末参与者在课外学习中使用元认知策略的态度、行为对比

Questions		N	M	SD	t	p
态度1：对重要性的认识	计划	58	4.34/4.65	0.44/0.49	−3.67	0.001
	自我监控和评估	58	4.24/4.62	0.68/0.50	−3.26	0.002
态度2：对教师的期待	计划			（见表3）		
	自我监控和评估	58	3.72/2.82	0.56/0.81	8.49	0
行为：策略的实际使用	计划	58	3.09/3.39	0.67/0.61	−3.00	0.004
	自我监控和评估	57	2.96/3.27	0.75/0.68	−2.84	0.006

表3　学期初和学期末参与者对教师在计划阶段的期待对比

Questions	N	M	SD	t	p
教师应该对学生有清楚的了解	58	4.12/3.90	0.80/0.89	1.90	0.063
教师应该对学生课外学习中需提高的方面做分析	58	3.86/3.50	1.08/1.39	2.02	0.049
教师应该给出学生课外学习的长期和短期计划	58	4.29/3.00	0.80/1.23	7.84	0
课外学习中希望教师能给予一定压力，使学习更加有效	58	3.74/3.59	0.95/0.96	1.01	0.315

（一）态度变化

表2中学期末"态度1"的值大大高于学期初（学期初和学期末 p 分别为0.001和0.002），说明经过一个学期，参与者对元认知策略在课外学习中的重要性有了更深的认识。对日志、访谈材料的分析可以进一步证实该变化：①在过去，学生更多地把元认知策略与语言知识、测试相联系，比如学期初的访谈发现，学生认为"评估"就是指根据自己在考试中的表现来发现、改进薄弱环节，或者检查学到的语言知识是否有明显增长，而经过一个学期，参与者有了更强的语言和语言学习意识，比如一名学生在日志中写道："这学期我学会了课外自学、合理安排学习时间、有效使用阅读技巧，我觉得这些东西和书本知识一样重要。"（学生35，日志16）②在以前，学生的课外学习主要围绕教师布置的作业进行，学习主动性不

强,对学习的监控、评估则更加薄弱,而一个学期后,学生能更主动有效地利用课外的种种学习机会,比如一名学生写道:"这学期很明显和上学期不同,刚开始时老师布置的作业这么少,我感到无所适从,但慢慢地我适应了自己管理自己的模式。"(学生16,日志16)③对元认知策略的作用也有了新的认识,比如一名当初认为"制订计划是多此一举的"的学生在期末写道:"我对计划、做学习记录的重要性有了不同的认识。每个星期我都要努力完成自己规定的任务,现在回过头来看,觉得很有成就感。"(学生38,日志16)

相应地,参与者对教师在课外学习活动中的期望也经历了若干变化。表2和表3显示,在学期初,学生对"计划""自我监控和评估"两组问题的认同度很高(平均值在3.72—4.29),说明即使在课外学习中,学生对教师也有很强的依赖性。一个明显的例子是,笔者在学期初征求学生对课程安排的意见时,许多学生写道:"You can find … for us to read(或study)。"这种依赖性导致的结果是项目实施初期许多学生对教师所给予的更多的课外支配时间感到不适应、不理解,以下是两则典型的日志:

"这学期老师留的空余时间多了,但实际上我并没有充分利用起来……老师如果没有明确的要求,大部分人是不会认真做作业的。"(学生39,日志4)

"上学期老师布置的作业很多,虽然有时不知道在忙什么,但感觉很充实。这学期老师给的自由太多了,也许有的同学会喜欢,但我想大部分人被弄糊涂了。"(学生16,日志3)

而表2第5行的 t 检验表明,经过一学期的实践,参与者对教师在自我监控和评估阶段的期望大大降低($t=8.49, p=0$),但是对教师在计划阶段的期望则基本不变,仍持肯定态度:表3显示4个单项在学期末的平均值在3.00—3.90,并且一个学期后对第一、第四个单项的认同程度没有明显变化(p 分别为0.063和0.315),即学生希望教师对他们的优缺点有清楚的了解,并在课外学习中能给予一定的压力,使他们更有效地学习。比如一名学生在学期末的日志中写道:

"这学期我最不满意的地方是词汇量没有明显增加。我觉得老师不应该取消上学期的听写,真正有用的,即使很多人不喜欢也应该坚持,不能过多地听学生的意见。"(学生8,日志16)

也就是说,该学生把词汇量没有明显增长的一个原因归于教师取消了原先的听写,使得她失去了学习的动力。这些结果反映了相对复杂的一种情况:学生不希望教师降低其在计划阶段的权威性,可能他们把这种权威性看作外部动机的来源,但一旦计划启动以后,他们就可以较好地朝既定方向努力,接下来不需要教师过多的介入。当然,这并不是说学生能够对学习过程及时进行监控和评估,这一点将在后文说明。

上面提到的 3 则日志都和教师压力有关,Ur(1996)在论及动机时说:"学习者的积极性常常是由教师的压力带来的……过分强调学习者的自由和自主而缺少教师相应的权威性会明显导致努力程度、学习成效的降低,并常常引起学习者的不满,这是一种矛盾。"

本部分的讨论支持了 Littlewood(1999)的预测,其认为东亚地区的学生反应性自主程度较高,课程或教师往往需要为学习者制订具体的努力方向,但只要目标清楚,他们就会朝着这一目标自主地组织学习。

(二)行为变化

表 2"行为:策略的实际使用"一项的 t 检验显示,经过一个学期的实践后,学生在课外英语学习中的元认知策略使用频度明显高于以前(p 分别为 0.004 和 0.006),比如一名学生说道:"参与该项目后,除了合同中的计划,我每天还要制订一个小计划,包括做什么、怎么做,这样就能迫使自己去完成任务。"(学生 42,日志 16)这些说明只要给予一定的机会,学生是可以改进其学习方法并成为更有效的学习者的。这一结果和文秋芳(2001)的一项调查有出入。文秋芳(2001)的跟踪调查表明,英语专业学生的管理策略使用频度在大一、大二没有变化,研究者认为他们的管理策略在高中毕业时已经趋于成熟。不过,该结果是在研究者未实施任何训练的情况下获得的。本研究表明,大学生在对元认知策略的应用、对学习的自我管理方面仍有较大提升空间,其他人的研究(如:纪康丽,2002;王笃勤,2002;张彦君,2004)也证实了这一点,当然前提是要有必要的培训、指导。正如 Nunan(1995)在论及学习者训练时所说的,学习者很少天生具备做知情选择的能力,大多数学生的能力是在培训过程中发展起来的。在期末的访谈中,一名学生深有感触地说:"上学期我们就应该这么做了,最好大一时就开始做,那时候课外浪费的时间太多了,如果一开始就学习怎样合理地计划,就不会感到毫无目标了。"这说明恰当的训练对提高大学生的策略水平也有巨大的价值。

总之,通过参与自选阅读项目,学习者对元认知策略的重要性有了更深的认识,他们愿意为课外学习承担更多的责任(态度变化),使用元认知策略的频度及管理课外学习的水平也都有所提高(行为变化)。

(三)态度和行为的差距及其产生的原因

对比表 2 中"态度 1:对重要性的认识"和"行为:策略的实际使用"这两项的平均值可以发现,无论是学期初还是学期末,后者的值都要低于前者。表 4 中的 t 检验表明两者确实存在显著差异(所有 p 均为 0),说明尽管参与者认同元认知策略在课外学习中的重要性,但这并不意味着他们会真的去使用这些策略。本部分试图探讨态度和行为之间存在差距的原因。

表4　参与者对元认知策略重要性的认同及实际使用的对比

	Questions	N	M	SD	t	p
学期初	计划	61	4.33/3.09	0.43/0.67	12.84	0
	自我监控和评估	60	4.25/3.00	0.68/0.74	8.99	0
学期末	计划	57	4.65/3.36	0.49/0.62	12.92	0
	自我监控和评估	57	4.61/3.25	0.51/0.71	11.31	0

1. 学期初态度和行为产生差距的原因

从对日志、访谈材料的分析中可以发现以下几个原因。①缺乏相应的技能：尽管参与者不满自己在课外学习活动中被动的地位，但他们对如何才能扮演更积极主动的角色并不清楚，比如"我听说过计划、监控的重要性，但不知道具体应怎样着手"。②对元认知策略的误解：比如有的学生认为"制订计划属于多此一举，要做的事情自然会做，没有必要写下来"，还有的学生认为"计划确定后，就必须遵照执行，这样会给平时的学习带来很大的心理压力"。课外学习中目的性、计划性的缺乏导致了一种常见现象——学生总是觉得自己很忙，但不知道在忙什么，由于看不到进步，学生的积极性很容易受挫，于是他们常常"感到很郁闷"。

2. 学期末态度和行为产生差距的原因

经过一个学期的实践，参与者的行为进步仍然落后于态度进步，原因主要有两类：①许多参与者没有将元认知策略的使用迁移到其他语言技能的学习中去；②元认知策略使用中计划阶段的模糊性，以及自我监控、评估阶段对计划检查的回避。具体情况如表5、表6所示。

表5　参与者是否将元认知策略运用到其他语言技能的学习中去

Questions	N	M	SD	DA	Neutral	A
这个学期为了提高听力水平，我制订了学习计划并经常检查计划执行情况	58	3.07	0.95	16(28%)	24(41%)	18(31%)
这个学期为了提高写作水平，我制订了学习计划并经常检查计划执行情况	58	3.16	0.91	10(17%)	30(52%)	18(31%)
这个学期为了提高口语水平，我制订了学习计划并经常检查计划执行情况	58	2.38	0.93	35(60%)	16(28%)	7(12%)

注：DA=disagree；A=agree。

从表5可以看出，只有近1/3的参与者明确表示在课外学习中为提高听力或写作水平制订了计划并经常检查计划的执行情况，而只有12%的参与者表示为提高口语水平制订了计划并经常检查计划执行情况。访谈中发现出现这一现象有两个主要原因：①教师没有对其他语言技能学习中的元认知策略使用做要求和提供指导；②学生担心过多地明确课外学习任务将会加重学习负担，不过他们表示如果其他任课教师有要求，他们仍会努力去做，当然用于课外阅读的时间会相应减少。这些结果一方面证实了自主性在不同语言技能学习中有不平衡性（Gardner & Miller，1999），另一方面也说明教师应提出具体要求，帮助学习者把元认知策略的使用迁移到其他语言技能的学习中去。

表6　元认知策略使用中的一些问题

Questions	N	M	SD	DA	Neutral	A
我不喜欢在制订计划时明确自己的课外阅读量（如"Read about ... pages each day/week."）或完成阅读任务的时间（如"Finish reading ... before..."）	58	3.38	1.11	14（24%）	13（22%）	31（54%）
像上面这样的计划对我来说不够灵活	58	3.48	1.00	10（17%）	18（31%）	30（52%）
在日志里我喜欢写些其他东西，而不是阅读计划中的内容	58	3.72	1.09	8（14%）	14（24%）	36（62%）

注：DA＝disagree；A＝agree。

该项目实施过程中的另一类常见问题是学生在计划阶段的模糊性，比如许多参与者喜欢写类似"Read magazines or newspapers as much as possible."和"From April 1 to 15, try my best to read more."这样的计划，造成的结果是制订者对接下来应该学什么、怎么学仍然没有一个清楚的概念，在自我监控和评估时制订者也难以确定自己是否已经达到了预期目标，这样一来，计划对学生就起不到应有的导向、督促作用。期末的问卷调查证实了这类现象的普遍性。表6的统计结果显示，有54%的参与者不喜欢在制订计划时明确自己的课外阅读量或完成阅读任务的时间，有52%的参与者认为"像上面这样的计划对我来说不够灵活"。在课堂讨论中，学生普遍认为像"Read about ... pages each day/week."和"Finish reading ... before..."这样的计划不够灵活，因为他们认为实际执行时会遇到许多不确定因素，所以计划不能定得过于死板。实际上，这两个计划是学生在充分了解自身能力和学习需求以后确定的，对制订者制订下一阶段的任务提出了明确要求。

那么,计划的模糊性为什么会这么普遍呢? 在访谈中笔者发现学生中普遍存在这样一种心态:学生承认他们实际上是知道制订具体阅读计划的重要性的,但同时又担心计划具体了会给自己造成太大的压力,而一旦完不成就意味着失败、丢面子,所以他们就有意让计划看起来模糊不清,以便执行时留有一定余地,比如"Try my best to read more.""Read magazines or newspapers as much as possible."等。计划的模糊性可能还与文化有关,比如有学者认为中国文化偏于感性,与美国文化相比更具模糊性,即使制订了计划,执行时也往往会发生变动。(贾陆依,2003)

表6第三项的统计表明,62%的学生(36人)喜欢在日志中写其他东西。原因之一是部分学生无法按时完成计划中的任务,更重要的是他们没有充分认识到日志作为一种有效的反思工具的价值。Matsumoto(1996)的研究也表明,许多学习者在使用日志时"只顾朝前走,不顾往后看",不会自动地反思其学习过程,因此教师的引导很重要。为了解决该问题,笔者对日志的形式做了改进:首先要求学生将合同中的阅读计划原样写出,其次列出本周阅读过的材料名称及数量,再次写计划执行过程中的感受,最后对照清单检查日志中是否写明了计划的执行情况、原先的计划是否具体、有无改进必要等等。实践表明,该措施有助于学生在没有执行或完成计划时去面对事实,找出问题的根源和解决办法,而不是采取回避的态度,写一些与阅读计划内容无关的东西或诸如"I did a lot of meaningful things this week.""I found it much more interesting than before."这样笼统又没有根据的话应付了事。该措施也可以看作教师压力的一种形式,目的是促使学习者在反思中去面对自己的学习,意识到自己和语言学习的紧密关系(Ridley,2003),并至少暂时地为部分语言学习活动担负起责任(Esch,1996)。至于以后在没有明确要求的情况下,学习者是否仍然能够主动反思、改进其学习过程,本研究目前尚无法得知。

本文有关态度和行为的差距的讨论有如下启示。①在促进学生自主学习时,教师要给予足够的技术、心理支持(Dickinson,1992)。②Ridley(2003)指出了元认知和动机的复杂关系:学习者可能知道什么样的学习方法有效,实际行动却会落后于这种认识,即使是有经验的大学生也可能这样。结合前面有关教师压力的讨论,笔者认为教师有必要采取措施督促学习者进行有效的自我监控和评估,加速学习者由认识向实际行为的转换。③在研究自主学习时仅仅关注态度这一层面是不够的,因为学习者认同自主学习理念或承认某些策略的重要性并不等于他们会相应地付诸行动,而两者间的差距恰恰是我们应认真研究的。

四、结　语

　　本文采用纵向性质的研究及定性、定量手段相结合的方法，综合考察了参与者在自主学习中的态度、行为变化。研究者的全程参与及和学习者的充分接触可以较好地发现自主培训过程中的问题并找出根源。但是，由于该研究仅持续了一个学期，因此不足以反映自主学习培训的长期结果，比如，与传统教学相比，自主学习是否更有利于提高学习者的语言水平乃至应试成绩，本研究尚无法验证。在缺乏支持的情况下，学习者是否仍会继续有效使用元认知策略，不断提高自主性？这也是有待今后继续研究的课题。

附注

①"Self-access learning"有"自主学习""自选学习"等不同译法，本文在项目设计部分将"Self-access"翻译成"自选"，如采用"自选阅读项目"这一表述。

②管理策略涉及目标的制订、策略的选择、时间的安排、策略有效性的评估和调整等等，从定义可以看出其与本文的元认知策略基本相同。

参考文献

陈琳, 1996. 真实材料兴趣自读在外语学习中的作用[J]. 外语界(3):15-21.

何莲珍, 2003. 自主学习及其能力的培养[J]. 外语教学与研究(4):287-289.

何晓东, 2004. 国内自主英语学习研究中的若干问题[J]. 外语界(4):10-14.

何晓东, 2005. 培养英语自主学习能力的实例[J]. 中小学外语教学(中学篇),28(1):5-8.

华维芬, 2003. 关于建立英语自主学习中心的调查报告[J]. 外语界(6):43-48.

纪康丽, 2002. 外语学习中元认知策略的培训[J]. 外语界(3):14,20-26.

贾陆依, 2003. 中美高校外语专业师生定位关系比较研究[J]. 外语界(4):27-31,39.

庞维国, 2000. 90年代以来国外自主学习研究的若干进展[J]. 心理学动态(4):12-16.

彭金定, 2002. 大学英语教学中的"学习者自主"问题研究[J]. 外语界(3):15-19,46.

王笃勤, 2002. 大学英语自主学习能力的培养[J]. 外语界(5):17-23.

文秋芳,2001. 英语学习者动机、观念、策略的变化规律与特点[J]. 外语教学与研究(2):105-110.

张文彤,2002. SPSS 11统计分析教程:基础篇[M]. 北京:北京希望电子出版社.

张彦君,2004. 通过学习者训练培养学习者自主性的实验[J]. 外语界(1):54-61.

BENSON P, 1994. Self-access systems as information systems: questions of ideology and control[C]//GARDNER D, MILLER L. Directions in self-access language learning. Hong Kong: Hong Kong University Press: 3-12.

DICKINSON L, 1992. Learner autonomy 2: leaner training for language learning [M]. Dublin: Authentik.

DICKINSON L, 1993. Aspects of autonomous learning[J]. ELT Journal, 47 (4): 330-336.

ESCH E, 1996. Promoting learner autonomy: criteria for the selection of appropriate methods[C]//PEMBERTON et al. Taking control—autonomy in language learning. Hong Kong: Hong Kong University Press: 35-48.

GARDNER D, MILLER L, 1999. Establishing self-access—from theory to practice [M]. Cambridge: Cambridge University Press.

HEDGE T, 2000. Teaching and learning in the language classroom[M]. Oxford: Oxford University Press.

HOLEC H, 1981. Autonomy and foreign language learning [M]. Oxford: Pergamon Press.

LITTLEWOOD W, 1999. Defining and developing autonomy in East Asian context[J]. Applied linguistics, 20(1): 71-94.

MATSUMOTO K, 1996. Helping L2 learners reflect on classroom learning [J]. ELT Journal, 50(2): 143-149.

MILLER L, NG R, 1996. Autonomy in the classroom: peer assessment [C]// PEMBERTON et al. Taking control—autonomy in language learning. Hong Kong:Hong Kong University Press: 133-146.

NUNAN D, 1995. Closing the gap between learning and instruction[J]. TESOL Quarterly, 29(1): 133-158.

PANG T T, 1994. A self-directed project: a critical humanistic approach to self-access[C]//GARDNER D, MILLER L. Directions in self-access language learning. Hong Kong: Hong Kong University Press: 29-38.

RIDLEY J, 2003. Learners' ability to reflect on language and on their learning [C]//LITTLE D, RIDLEY J, USHIODA E. Leaner autonomy in the foreign language classroom: teacher, learner, curriculum and assessment. Dublin: Authentik: 78-89.

SHEERIN S, 1991. Self-access[J]. Language teaching, 24(2): 143-157.

UR P, 1996. A course in language teaching: practice and theory[M]. Cambridge: Cambridge University Press.

浅论RICH教学中学生自选话题学习[①]

郑志恋

（浙江师范大学，金华：321000）

摘　要：在高师英语专业教学过程中，如何突出学习者的中心地位，激发其学习兴趣，将直接关系到教学质量的提高。RICH教学中学生自选话题学习已发展成RICH教改的重要授课形式之一。该文在分析其理论依据的基础上，主要阐述了自选话题学习的内涵与特征、操作程序，以及选题标准与范围。

关键词：自选话题学习；RICH教学；以学习者为中心

一、引　言

在高师英语专业教学过程中，应突出学习者的中心地位，在教学目标的制订、教学内容的选择和教学评估的参与等环节都要充分考虑学习者的因素，只有这样，学习者的学习热情才能最大限度地被激发，从而提高教学质量。以此为原则，我院英语专业基础课程——综合英语课在教学内容、教学方法、教学评估等方面进行了RICH教改。RICH是Research-based learning（研究性学习）、Integrated curriculum（综合性课程）、Cooperative learning（合作学习）、Humanistic outcomes（人文素质发展）的缩略词。它是以研究式、合作式的学习方法和教学形式为核心，通过综合性和开放性课程内容的建构，运用人文主义思想的评价方式建立的一种新颖的外语教学模式，这种思想与近年来国际上极为活跃的建构主义理论是完全一致的。2001年5月，在北京举行的第三届中国英语教学国际研讨会上，课题负责人对此做了介绍，与会著名语言学家大卫·努南（David Nunan）认为RICH教学法是一种"Organic teaching approach"。正因受教育者完全置身于教育的核心地位，教学内容与教学方法也要"因人而异"。迄今为止，以小组为基本形式、以话题为依托的学生自选话题学习，通过二十多年的实践，已发展成我院RICH教学的重要授课方式之一。在该方式实践过程中，同学们的学习热情普遍较高。本文就"自选话题学习"进行探讨，首先分析其理论依据，然后依次阐述其

[①] 本文原发表于《宁波大学学报》（教育科学版）2002年第2期。

内涵与特征、操作程序,以及选题标准与范围。

二、自选话题学习的理论依据

学生自选话题学习作为RICH教学的主要授课方式之一,主要有以下4个方面的理论依据。

(一)以学生为中心的教学理论

近年来,在英语课堂教学中,采取以学习者为中心的模式的重要性是不言自明的。(Waters,1998)而在教学过程中强调以学生为中心的理论与实践是从成年人学习理论与实践发展而来的,只是在20世纪70年代末80年代初,它才被运用到成人语言学习领域。语言教学圈内具有相当影响力的研究成人学习理论的专家布伦戴奇(Brundage)和迈克罗彻(MacKeracher)在他们的合著 *Adult Learning Principles and Their Application to Program Planning* 中所提出的诸多重要原则中,对我们特别有指导意义的主要有以下3条:

(1)成人已经知道如何有条理地进行集中学习、吸收和加工信息;

(2)成人学生都是以自己的方式去理解一切事物,而不会受教师的知识呈现影响而改变;

(3)当学习内容与某个人过去经历或当前忧虑、学习过程和生活经历有关时,成人学习效果最佳。

以上3条原则充分证明了学生既已成人,他们的认知方式已发展成熟,完全有能力挑选与自己过去经历有关、对自己目前有用的学习内容,知道如何集中学习、吸收和加工学习材料。而且,他们对事物的理解不会因为教师的知识传授而改变,他们也特别注意把自己的学习心态调整到最佳状态。事实上,在教育过程中要体现学生的中心位置,还应让学生参与教学的各个环节,正如布伦戴奇在进行成人语言学习者研究时提出的:"包含在永久教育观念下的基本原则之一是教育在于培养个人控制自己命运的能力,因此学习者应被视为教育过程的中心。"对教育机构及教师来说,这就意味着教学大纲应以学生的需求为中心,学习者个人在学习目标的制订,学习内容、学习方法及学业成绩的评价手段的挑选等方面都应享有权利。(Nunan,1988)

(二)图式塔理论

所谓图式塔(Schemata)是指我们已经储存在长时记忆库中的已知知识和经验。这些已知知识和经验会影响我们的兴趣和对新知识的获取。因每个人的图式塔不同,学生学习自选材料与学习由语言专家或教师给他们挑选的材料相比,前者更有利于新知识的构建。因此,学生自选话题进行学习有利于他们充分利用原有的知识,从而提高学习质量。我们周围诸多可供学习的刺激物中,不是所有的信息都能进入感觉登记器的,而是像奈瑟尔(Neisser)所言"察觉者只要察觉到他们已经有图式塔的内容,定会忽视其他内容"(Neisser,1976)。因此,学生在自选话题时应充分考虑该话题的趣味性。回顾近年来我院学生所选的部分话题,例如"Hollywood""Music""Stamps""National Flags""Fairy Tales""Travel""Money""Camping""Environmental Science""Computer""Cloning""Unemployment""AIDS"等等,很大一部分是与学生的年龄特征、兴趣爱好息息相关的,因为这些话题更能引起学生的兴趣,激发他们的学习热情。

(三)大脑学习理论

学生以话题为依托进行学习是一种科学的学习方式,符合大脑自身的工作方式。人类的大脑是人体中最为复杂的器官,人类复杂的认知能力如推理能力、语言能力和音乐能力皆来源于大脑皮层。为了提高学习效率,我们必须了解大脑是以何种方式存储信息的。罗斯在《快速学习新概念》中写道:"你一千亿个活动神经细胞中的每一个都将信息存储在树枝状的树突上。"沃斯、德莱顿(1998)告诉我们,大脑不是用清清楚楚的一行行或一栏栏的方式存储信息的,它是以分类和关联方式存储信息的。每个人的大脑有一个联系皮层,它按照不同的记忆库将相似的信息连起来。何兆熊、梅德明(1999)也指出,当有人叫患失语症的病人朗读一系列单词时,部分患者会找其他词来代替所列单词,替代词又常常与单子上所列单词近义或有联系。由此可知,人脑中实际存储的是词汇的意义,而非词汇之形式,是归属于某范畴的信息,而非互不相关的信息。

(四)信息加工理论

在自选话题学习过程中,注重言语的输出(做口头报告与撰写书面论文)有利于学生内化加工新信息,从而使其转化为自己的知识。把学习看作信息的加工和储存,是近些年认知心理学家最为强调的一个观点。许多心理学家认为信息可以在3个记忆库中储存并转移,它们分别是感觉登记器、短时记忆库和长时记忆库。Snowman & Biehler(2000)指出,信息要从短时记忆库进入长时记忆库,必须经过操练,尤其是阐述性操练。阐述性操练是指有意识地把新信息与已经储存在长时记忆库中的知识发生联系,具体可表现为利用旧知识给新知识增加细节、给新思想阐述意义、做一些引证、构建新形象和创设类比。(King,1992)该过程的两大特点是学生要对新知识重新编码、综合加工,使得新知识条理化,并根据自己的已知知识和经验来衡量他人所提供的各种知识并赋予其意义。因为要做口头报告，学生必须对有关的材料内容进行加工，即进行分析、比较、推理、预测、具体化、系统化等思维过程，加深记忆，把有关信息由短时记忆库转移到长时记忆库，使信息保持更长时间。同伴教学是一种很好的深化知识的手段。作为语言学习者，学后能运用语言进行交流，对于目标语的习得有着重大的意义。言语的书面表达能促使学习者对目标语进行反思，让更多的语言知识进入长时记忆库，成为自己的知识，并在日后可以做到运用自如。

三、自选话题学习的内涵与特征

在 RICH 教学过程中，为了充分调动学习者的学习积极性，学习者可以根据自己的兴趣、需求来决定学习内容。学习内容一般以话题或主题为依托，学生以小组为单位，通过各种途径获取学习材料，编辑加工学习材料，向全班同学做口头报告，最后撰写书面论文。话题材料的讲解主要由学生来完成，注重对材料内容的学习和理解。一个由 25—30 人组成的自然班，一般可分成 6 个小组。如每周为 6 课时的话，那么一轮话题学习所需时间短则 3 周，长则 6 周。在整个话题学习过程中，英语真正成为学生丰富知识、创造知识、表达思想、进行交流的一种工具。话题学习中的师生角色分工有别于传统课堂中的师生角色分工。教师不再是课堂上的唯一知识权威，也不再是知识的灌输者，而是学生的学习伙伴、顾问、激励者和活动的组织者。学生具有良好的语言学习心理状态，每个人皆因属于某个小组而具有知识拥有感，同时，他们还会因为小组间的竞争而具有完成学习任务的责任感。语言活动围绕一个话题展开，与学生的认知活动充分结合起来，有利于学生思维能力的发展。自选话题学习具有以下 3 个主要特征。

（一）学生拥有学习内容的决定权，突出学生的中心位置

学生可以自选话题，即学生拥有学习内容的决定权（包括学什么，以及如何获取话题内容）。现在的学生大多已经习惯由教师负责安排学习事宜，如初次授权某学生，让其来决定学习内容时，其会感到不知所措。至于通过何种途径获取材料，对其来说则更是难上加难。在西方人看来，获取知识的能力也是知识的一种体现形式，它本身就是一种宝贵的学习经历，有很大的迁移性。该特点可以增强学生的主人翁意识，使其在学习上拥有自主性，有利于激发学生的学习热情。

（二）学习材料以主题为依托加以拓展，注重其意义的相关性

学习过程以话题为依托，即由过去英语学习只重视语言形式转变为关注材料思想内容。此时的语言使用者在语言活动中，不断地将自身的社会经历、文化背景和文化知识作为思维活动的重要依据。(Brown,1995)语言被赋予了思想,交流就不再空洞乏味,而是思想火花的一种碰撞,是一种有意义的交际活动。这种语言活动与认知活动的结合是获得语言交际能力的必经之路。只有经常不断地使用目标语进行思索、讲述交流和书面表达训练等有意义的语言活动,才能达到用目标语进行符合交际要求的思维活动这一语言学习的最高境界。(邹为诚,2000)

(三)突出言语输出的两个环节——做口头报告和撰写书面论文

言语输出有助于学生注意到"想说"和"能说"之间的差距。换言之,在某些情况下,目标语的输出会让学生突然清晰地意识到自己的一些语言问题,从而驱使他们进行进一步探索。它也可能引发一些为解决新的语言点而进行的认知活动,或者能对原有知识起到巩固作用。(Swain,2000)言语口头输出有助于培养语言教师的讲解技能。

四、自选话题学习的操作程序

学生自选话题学习通常以小组形式进行,故也可将其称为学生合作进行小组课题研究。该学习活动可粗略地分为以下8个环节:

(1)形成小组;

(2)确定话题;

(3)查找资料;

(4)编辑资料;

(5)制作海报;

(6)口头报告;

(7)教学评估;

(8)撰写书面论文。

以上8个环节的具体做法前面的章节已有研究(如:黄爱凤、郑志恋、胡美馨,2000),在此不再赘述。下面我们试以"美国总统选举"(American Presidential Election)这一话题为例来具体说明一下"自选话题学习"的过程。美国总统选举的一系列竞选活动正在紧张而又激烈地进行着,各家媒体包括电视、报纸、杂志及广播等都在报道评论这一重大历史事件,很多学生也非常关注选举新闻。出于对"美国总统选举"这一话题的兴趣,班上每5名同学组成一个小组。这次与往常不同的是,首先确定话题,然后形成小组。在小组确定话题之后，还得在全班同学面前论证选择该话题的意义所在，当有一半以上同学投赞同票时，就可以把话题确定下来。接着，该小组成员在课后开始进行材料的收集工作，包括收听 VOA，查阅报纸、杂志及相关书籍等。经过小组共同协商，在教师的指导和把关下，小组成员有选择性地把一部分材料打印出来，由学校文印室统一油印或胶印，然后作为"教材"提前发给班上每位同学。其余小组的同学出于对这一话题的兴趣，会迫不及待地进行阅读即材料预习。同时，"美国总统选举"这一话题主讲小组成员在课后忙于准备口头报告，既有分工讲解又有合作活动。如果该小组是首次做口头报告，那么任课教师应在正式上课前给该小组"彩排"一到两次。教师鼓励学生积极思考，要求其报告形式尽量做到新颖、有创意。在轮到该小组做口头报告时，课堂气氛活跃，话题内容包括美国总统选举的历史、几位总统的介绍、美国总统制的优缺点，以及其与我们国家的政治制度的区别。由于当时美国总统大选结果尚未揭晓，同学们还对"下一届总统会是谁？"进行了激烈的讨论，发表了自己的见解，把课堂气氛推向了高潮。口头报告结束后，其他小组成员以小组为单位对该小组所编辑的材料和口头报告进行评议、打分，教师也参与评分。课后该小组成员把课堂上所讨论的各个支话题写成书面小论文。然后，教师负责对学生自编材料中出现的重要生词、短语及句型结构进行讲解，当然也对学生未提及的一些重要背景知识及隐含的文化内涵加以解释。最后，由教师对该小组在整个活动中的表现进行讲评。

下面就自选话题学习过程中的有关环节加以说明。①第一个环节和第二个环节在必要时可调换顺序。一般来说是首先形成小组，由小组成员来确定话题，有时会出现意见不一致的情况，这就需要学生学会妥协，学会合作。如遇特别的话题且同学态度非常明确（例如上述"美国总统选举"的话题），则可先确定话题，再形成小组。②确定话题环节应包括向全班同学论证话题。话题确定之后，在查找资料的过程中确实发现所需材料不易找时，可考虑更换话题，但千万不要轻易更换。③材料进行编辑之前，教师要严格把关文章的难易程度并给学生提供编辑成形的材料样本，以免日后造成材料的浪费。④第五个环节制作海报可有可无，视具体情况而定。海报较直观，可以让学生发挥想象力，因其图文并茂，介绍话题的效果较好。⑤第七个环节教学评估一般都被放在口头报告之后，评估包括对所编辑的材料、所做的口头报告和所制作的海报的打分。此外，它还包括对书面小论文的评分，该项评分由教师一人负责。

五、选题标准与范围

在自选话题学习过程中,话题的选择是一个重要方面。话题选择的好坏,在很大程度上决定了学生学习的效果。笔者曾在我院英语专业(2000级)进行自选话题学习的73名(3个自然班)学生中做过一次问卷调查,结果显示,学生自选话题的依据因人而异。有64%的学生认为趣味性是他们选题的最大依据;有59%的学生认为选择话题是为了学习知识,因此,知识性是他们首要考虑的因素;有33%的学生认为内容的时代性应是最重要的选题依据;教育性较强的材料通常比较枯燥且讲解困难,所以只有14%的学生将其作为最主要的选题依据。回顾近年来我院英语专业学生所做的话题学习情况,发现学生所选话题很大一部分是与其年龄特征、兴趣爱好息息相关的,因为这些话题更能引起学生的兴趣,激发学生的学习热情。

在此,笔者根据调查问卷中话题选择的依据,将我院学生近些年所选话题粗略地分成四大块。第一块,根据兴趣和爱好挑选的话题,主要有"Hollywood""Movies""Music""Sports""Stamps""National Flags""Fairy Tales""Travel""Money""Camping"等等。第二块,根据知识性这一重要标准所选的话题,主要有"Shakespeare""Lincoln""Ancient Egyptian Civilization""Roman Culture"等等。第三块,根据时代性所选的话题,主要有"Environmental Science""Computer""Telephone""Cloning""Unemployment""AIDS"等等。第四块,作为师范生,他们还希望所选话题具有教育性,此类话题包括"Western Education""English Teaching""Effective Teaching""Classroom Discipline""Questioning Skills""Harvard University"等等。当然,以上分法不尽合理,有些话题具有多重性,如根据兴趣性、时代性所选的部分话题同时也具有知识性和教育性。

六、结　语

学生自选话题进行学习是我院RICH教学中的一种主要教学方式。它具备三大特征:学生拥有学习内容的决定权,突出学生的中心位置;学习材料以主题为依托加以拓展,注重其意义的相关性;突出言语输出的两个环节——做口头报告和撰写书面论文。只有把学生置于教育的中心位置,才能充分调动学生的学习积极性。由于学生基于自己的图式塔去构建知识,而不是被动地接受知识,在整个学习过程中其表现出极大的学习热情;学习以话题形式展开,注重其思想内涵,是符合大脑本身工作方式的;突出言语的输出也与认知心理学有关信息的加工和储存原理相一致,其加工的深度越深,信息在长时记忆库中保持的时间越长,因此学习效果也更加理想。自选话题学习自在我院试验以来,表现出了极强的生命力。

参考文献

何兆熊,梅德明,1999. 现代语言学[M]. 北京:外语教学与研究出版社.

黄爱凤,郑志恋,胡美馨,2000. RICH教学模式——师范英语专业综合英语课改革探索[J]. 国外外语教学(2):7-13.

柯林·罗斯,2000. 快速学习新概念[M]. 郑州:河南人民出版社。

珍妮特·沃斯,戈登·德莱顿,1998. 学习的革命[M]. 上海:生活·读书·新知三联书店.

邹为诚,2000. 我们教什么?[J]. 国外外语教学(2):25-27.

BROWN G, 1995. Language and understanding[M]. London:OUP.

BRUNDAGE B H, MACKERACHER D, 1980. Adult Learning principles and their application to program planning[M]. Ontario:Ontario Institute for Studies in Education.

KING A, 1992. Facilitating elaborative learning through guided student-generate questioning[J]. Educational psychologist, 27(1):111-126.

NEISSER U, 1976. Cognition and reality[M]. San Francisco:Freeman.

NUNAN D, 1988. The learner-centred curriculum:a study in second language teaching[M]. Cambridge:Cambridge University Press.

SNOWMAN J, BIEHLER R, 2000.Psychology applied to teaching[M]. Boston:Houghton Mifflin Company.

SWAIN M, 2000. Three functions of output in second language teaming[C]//Principles & Practice in Applied Linguistics. Shanghai:Shanghai Foreign Languages Education Press:125-126.

WATERS A, 1998. Managing monkeys in the ELT classroom[J]. ELT Journal, 52(1):11-18.

以"看"为路径的英语教学设计：
从直觉思维到高阶思维①

付安权　宗　鑫

（浙江师范大学院,金华:321000）

摘　要:作为英语课程教学的实践者,英语学科教师的信息技术应用能力集中体现在糅合信息技术的教学设计与实施中,而"看"成为信息技术支持下发展英语语言能力和学科核心素养的独特路径。"看"从本质上来说是视觉与媒体素养的行为表现,是在信息技术支持下促进英语教学的有效发展路径。以"看"为路径的英语教学设计,从直觉思维向高阶思维迈进,在理念、设计和程序3个方面有具体的表达。

关键词:视觉媒体素养;教学设计;直觉思维;高阶思维

一、引　言

《普通高中英语课程标准(2017年版)》中提及"语言能力是指在社会情境中,以听、说、读、看、写等方式理解和表达意义的能力,以及在学习和使用语言的过程中形成的语言意识和语感",确立了"看"在英语语言能力发展中的重要地位。从英语语言能力的目标层面上看,"理解和表达意义的能力"指基于语言逻辑思维的理解和产出能力,"语言意识和语感"指基于语言学习经验的感知和判断,二者最终指向高阶综合语言能力发展。

在信息技术与外语教育深度融合的大背景下,"信息技术应用能力是新时代高素质教师的核心素养"(中华人民共和国教育部,2019)。英语学科教师的信息技术应用能力集中体现在糅合信息技术的教学设计与实施中。以"看"为路径的英语教学设计,在信息时代有其自身的特殊性和表达方式,这也是本文尝试探索的内容。

---

① 本文原发表于《英语教师》2020年第4期。

二、文献回顾

(一)"看"的内涵

教学层面上的"看"与其字面意思不尽相同,不仅指"看"的动作或能力,更多地表示获取、管理信息的能力和方式。21世纪的我们越来越倾向于"读屏"式阅读:屏幕由功能指示栏、图片(视频)和文字组成,并且具有超链接和编辑功能。相比于传统的纸质阅读,电子文本的多模态互动、超文本特性和可编辑特征等,促使读者具备一种"视觉素养"或"媒体素养",将屏幕阅读转化为知识生成和管理的有效行为。因此,本文中的"看"与"视觉素养""媒体素养"具有相同的内涵特征。

美国大学与研究图书馆协会(The Association of College & Research Libraries, ACRL)对"视觉素养"的定义是"一系列的能力,这些能力使个人能有效地寻找、解释、评估、使用和创造图像及视觉媒体"(Visual Literacy Standards Task Force, 2011)。美国媒介素养教育协会(The National Association for Media Literacy Education, NAMLE)对"媒体素养"的定义是"对多种不同形态的信息进行获取、分析、评估和交流的能力,其本质是跨学科的"(National Association for Media Literacy Education, 2007)。不论是"视觉素养"还是"媒体素养",都指向一种应对21世纪信息技术发展的专业能力,这种能力首先借"看"为媒介表达。"看"作为眼睛器官的功能,其初始目的就是获取信息,而在信息技术支持下的学习中,"看"首先是对已知信息的解读和对未知信息的搜索。在英语教学中,对教学资源的获取和使用是促进英语学习者语言输入的重要途径,因此英语教学中的"看"处于基础性地位,它刺激学习者对外语的经验感知,激发学习者的学习兴趣,然后再向逻辑化的语言形式和产出发展。

(二)直觉与直觉思维

《哲学大辞典》中对直觉的解释是:"人的一种创造性的心理活动和认识能力。"直觉具有突发性、内省性、非逻辑性、待证性的特征,是一种独特的智慧,是人文课程的"瑰宝"。(张楚廷,2003)在皮亚杰的研究中,2—4岁的儿童发展出一种前概念的符号思维;在4—8岁时,一种直觉思维就建立起来。(皮亚杰,2015)前概念指孩子将一些观念和他已经学会使用的一些最初的语言符号联系起来,像"这个月亮"或"这些月亮"的表达;而直觉思维在前概念思维上有所发展,直觉基本上是在整体的复合形象上进行的,它导致逻辑的雏形。(皮亚杰,2015)所以,直觉思维首先是基于"经验"的思维,它"是现象性的,因为它模仿现实的轮廓而不加以修正"(皮亚杰,2015)。

Epstein区分了两种认知,分别是经验的和理性的:经验性认知是直觉性的,而理性认知是理性的、分析的和言语的。(Myers,2004)经验性认知表现了直觉思维的特征,与逻辑思维形成鲜明的对比。布鲁纳(2011)认为:"通常,直觉思维是以对所学知识领域及其结构的熟悉为基础的,这样才能使思维跳跃,省略步骤,走捷径,以后再用分析的办法(演绎法或归纳法)来验证结论成为可能。"这说明直觉思维与逻辑思维实际上并不冲突,而是一种互补的关系,从直觉思维出发,是对学生个人生命经验的认可,而优秀的直觉思维离不开知识的积累,并且有向逻辑思维转化的潜力。

(三)高阶思维

高阶思维指"发生在较高认知水平层次上的心智活动或较高层次的认知能力"(钟志贤,2008)。国外受到普遍认可的是Lewis & Smith(1993)对于高阶思维的定义:"当一个人获取新的信息,并与存储在记忆中的信息相关联、重组并延伸以达成一个目的或找到可能的答案,这样高阶思维就发生了。"以上两个定义分别从高阶思维是什么和高阶思维发生的过程两个方面描述,最终指向一系列行为,即能够体现高阶思维技能。所以从实践意义上来说,培养高阶思维即培养高阶思维技能。

英语学科核心素养主要包括语言能力、文化品格、思维品质和学习能力,表明思维培养是与语言教学密不可分的核心内容。"思维与语言的关系不是一件事而是一个过程,是从思维到语言和从语言到思维的连续往复运动"(维果茨基,2010),因此,在英语教学过程中把握高阶思维的培养符合科学的教学规律。从直觉思维到高阶思维,是从实践思维向概念思维发展的统一连续体(Saifer,2018),在这个连续体中,英语语言承载着将思维技能内化和产出的功能,即利用语言培养思维、利用语言表达思维。在英语教学设计中亦是如此。

三、以"看"为路径的教学设计构想

Richards & Rodgers(2008)提出了语言教学研究理论模式的3个层面:理念、设计和程序。理念指的是在语言教学实践中参照的关于语言本体的理论和语言教学的理论;设计的内容包括教学目标、教学内容与顺序、任务类型与教学活动,以及师生和教材的角色;程序指的是实施教学时采用的技巧和方式。下文就从这3个方面陈述以"看"为路径的英语教学设计构想。

（一）方法理念

1. 语言与信息的共生性

在英语教学中，我们首先需要考察关于语言的理论，其次是关于语言教学的理论。以"看"为路径的英语教学设计首先是置于信息技术环境中的，因此，语言与信息的共生关系值得探讨。语言与信息具有共生性，语言之所以能完成交流的任务，是因为语言在信息传达过程中，其符号系统的功能被激活。语言被赋予"生命"，所以语言也就变成了信息的一部分。（胡加圣，2015）"语言和信息的关系首先是形式和内容的关系，当形式和内容不可分割甚至形式超越了内容时，形式本身也就成为信息的一种"（胡加圣，2015），故语言的呈现形式决定了其内容特征和表意，从而超越了语言本身的表意，扩充了其内涵。英语教学作为对语言本体的教学有其特殊性，它与信息技术的关系是一种封闭式的循环关系，"所有的教学内容、过程和环节都可以并仅仅只需借助于信息手段完成"（胡加圣，2015）。

2. 建构主义的学习环境理念

在"互联网＋"环境中，建构主义学习环境成为促进学习发生和知识生成的关键要素。建构主义学习环境包含许多促进有效学习的理念，包括以学习者为中心主动建构知识、合作学习、重视元认知与自我调节、提倡在情境中学习、支持利用技术创设学习环境等。（王永锋、何克抗，2010）在外语教学中，建构主义学习环境理念可为语言学习和思维培养提供理论支持，为直觉思维的发挥留下余地，为高阶思维的培养提供土壤。

3. 生态化的外语教学观

从外语教学系统来看，整个系统处于一种"生态化"的整合当中。理想的外语教学生态环境"一能稳定教学结构，兼容教学要素，二能制约教学运转，促进个体发展"（陈坚林，2010）。以"看"为路径，是将信息技术这一要素以独特的方式融入教学，使之成为信息时代串联外语教学各要素、促进个体发展的有效途径：在教学目标上，将培养学生英语学科核心素养作为终极目标，同时将培养学生的视觉和媒体素养作为过程目标；在教材上，教学内容不再局限于书本，转而向立体化教材发展，更多地注重数字化时代的"读屏"式阅读；在教具上，由传统教具转向电子计算机和交互式电子白板等多媒体教具，让师生的互动更高效，为学生的思考留下更多的时间；在教法上，活动和任务的组织更加灵活，使学生朝着更加个性化、综合化的方向发展，注重培养学生的高阶思维技能。

（二）设计内容

设计内容涵盖教学目标、教学内容、教学顺序、教学任务与活动、教材和师生的角色5个方面。本节就教学目标的过程与结果的整合、图形设计的教学内容、直觉思维先导的教学顺序、基于设计活动的任务组织和"教师主导、学生主体、教材为'源'"的角色观5个方面进行详述。

1. 教学目标的过程与结果的整合

在英语教学设计中,首先需要明确教学目标达成的过程与结果之间的分工与统一。视觉和媒体素养是一种跨学科的素养,它需要通过具体的学科教学来培养。以"看"为路径的英语教学设计则是将培育学生视觉和媒体素养融入英语教学的过程之中,让学生在学习过程中有意识地使用"如何看"的能力学习英语,这个过程最终指向英语学科核心素养的发展。

2. 图形设计的教学内容

在教学内容组织上,宜采用多模态的设计。多模态的设计涵盖了语言模态、听觉模态、视觉模态、手势语模态及空间模态,教师的作用在于指导学生整合多模态生成意义。(张德禄、刘睿,2014)在文本中,最为突出的是文字与图片的整合,即图形设计。图形设计是基于想法的建构和交流,将文字和图片结合成一种即时语言,其中文字和图片是视觉辨识的组合语言。(Sansone,2015)由于文字和图片组合的图形设计并不是简单的文字与图片的相加,它具备文字和图片的双重特征并在视觉的作用下产生交互作用,是一种"融合语言"(Sansone,2015)。图1为图形设计示例。

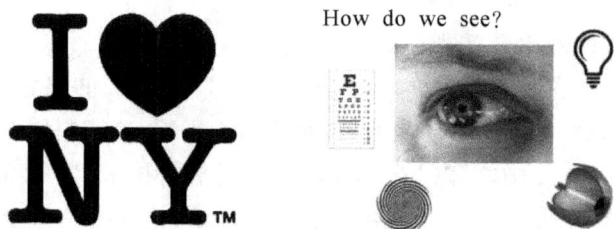

图1　图形设计示例

注:材料出自Sansone(2015)。

3. 直觉思维先导的教学顺序

直觉思维先导的教学顺序,首先为学生的直觉思维留下拓展空间,在直觉思维与高阶思维之间搭建起了一座视觉桥梁。例如,在"How do we see?"这一话题中,教师可以先让学生根据图片(如图1)进行猜测和联想,然后引导学生描绘思维导图,用多种可能性打开学生的思维,激发学生对话题的兴趣,这样学生在进行正式学习之前就打开了生活经验的盒子，调动了已有的知识，并据此向高阶思维发展。该教学设计以直觉思维为先导，将生活经验和学生脑海中已有的知识通过任务与活动代入，指向发展以"批判的、创造的"为特征的高阶思维，在此过程中发展视觉媒体素养，最终达到培育英语学科核心素养的目标，具体如图 2 所示。

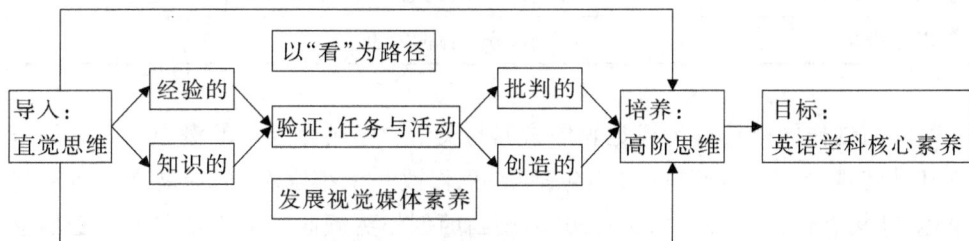

图 2 教学设计的目标过程

4. 基于设计活动的任务组织

在教学的任务与活动组织中，以"看"为路径具体表现在基于设计的活动之中。基于设计的活动本质上是一种建构主义的教学策略，主要指向解决问题，它将学习者置于一个具体的设计任务中，以期获得学习经验。（Dousay, 2015）在英语学科的设计活动中，基于一定的学习材料（通常是视觉材料，甚至是多模态的教材），学生被要求用创造性的思维来表达自己的观点，并用批判性的思维审视自己和他人的作品，这样就能为高阶思维培养搭建阶梯。在具体的设计活动中，最具代表性的有数字化故事讲述和漫画创作。

范吉尔斯（Van Gils）阐述了利用数字化的故事讲述方式促进学习的五大优势：有利于教法的多样化，使学生获得个性化的学习经验，使概念的展现或使用生动有趣，易于模仿，使学生学习更加投入。（Dousay, 2015）Lambert（2010）提出了数字化故事讲述的七个步骤，如表 1 所示，这些步骤主要强调了学习者的主观能动性，即根据自己的经验和理解选择故事并使用创造性的方式将故事呈现出来，其实质上也是以直觉思维为先导的任务。

表 1 数字化故事讲述的七个步骤

步骤	任务
表达见解	找到一个故事及其含义
寻找片段	找到你要分享展示的其中一个片段
表达情感	找到情感共鸣

续　表

步骤	任务
听你的故事	用叙述、音乐或其他音效展现你的故事
看你的故事	利用视觉媒体展现你的故事
组织你的故事	将故事中用到的结构、音效和媒体组织起来
分享你的故事	展示、分享你的故事

　　漫画创作同样具有将视觉媒体素养与英语教学结合起来的潜力。漫画创作有其独特规则，创作漫画的过程包括撰写、修改一个小剧本，选择展现的风格和角色，架构并修改故事。(Yolen，2010)漫画的创作更倾向于依靠学习者自身的生活体验和经历，因此创作的过程更是直觉思维发生的过程，它通过文字与绘图结合的方式呈现学生脑海中的奇思，并鼓励学生用英语语言表达出来。对于漫画创作来说，其目的并不是追求精细的绘画艺术，它可以是简笔画，也可以相对复杂，其核心在于文字与绘画的创造性结合，以及用英语语言表达，如图3所示。

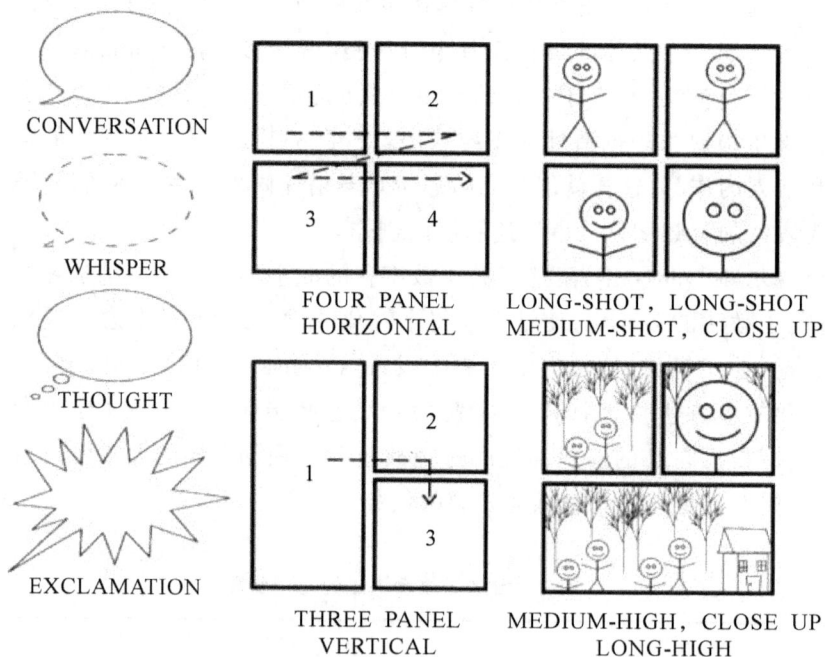

图3　漫画创作的元素

注：材料出自 Dousay(2015)。

5. "教师主导、学生主体、教材为'源'"的角色观

从上文可知,无论是教学理念还是任务组织,始终都是以学习者为中心的,因此学生在以"看"为路径的英语教学设计中始终处于主体地位。在学生的英语学习中,教师始终是学习材料的组织者和促使学习发生的引导者。如果没有精心的设计和适时的引导,基于设计的活动就会变成效率低下的负担。英语教师的活动任务设计是联系教学大纲和学生学习的桥梁,但是教材并不主导学习的内容,在信息技术支持下教材是设计活动的"母体"——它既是教师教学既定的教学大纲,又是在此基础上进行素质拓展的"源文件"。

(三)操作程序

教室是教学发生的场所,在建构主义学习环境理念下,教师应当为学生创设一个有助于知识生成的场所。在信息技术支持下,培养高阶思维主要依靠交互式电子白板的应用和"过渡性"问题的提出。

1. 交互式电子白板的应用

课堂中的交互是教学的核心部分,而"概念性的交互"是最有价值的交互(汪琼等,2013),高效的课堂交互加快师生在课堂上的思想和概念交换的频率,提高思维品质。交互式电子白板进入中国的中小学课堂已十年有余,其优势在于支持多样的学习风格,让教师用新的方式将抽象概念介绍给学生,加深学生的理解,便于保存课堂上的生成性资源,发展学生的元认知,激发学生的学习兴趣,等等。(汪琼等,2013)对于英语教师而言,对以交互式电子白板为代表的信息技术工具的功能的理解和掌握,是他们熟练使用此类工具的前提。在英语学科中使用交互式电子白板可以促进合作的口头交互,或对其上显示的文本进行标注等,而常见的 Flash 动画播放则是为了听力练习、辅助理解与记忆。(汪琼等,2013)在实际操作中,英语教师需要根据英语学科特点和教学目标选择对应的功能,以促进有效教学。

2. "过渡性"问题的提出

在教学过程中,英语教师很容易向学生提出一些细枝末节的问题,甚至会提出一些学生无法回答的问题,而将直觉思维导向高阶思维"关键在于找到一个'过渡问题',他们既回答得出,又可以导入下一个问题"(布鲁纳,2011)。对于直觉思维来说,问题的答案往往在于对表象的判断,是学生基于学习和生活经验及个人兴趣得出的。"过渡问题"的作用在于将学生从对表象的思考层层深入到对问题本质的思考,其是在直觉思维和高阶思维间搭建起来的层层阶梯。值得注意的是,教师与学生的交互次数越多,产生高阶思维的可能性就越大,而课堂上良性的交互是由"过渡问题—回答—反馈"构成的,故教师的即时反馈是必不可

少的,它刺激学生进行更深层次的思考,从而推动学习向高阶思维"螺旋式"发展。而反馈的方式多元,根据不同模态的"映射"功能做出具有针对性的反馈,能够有效提高学生的英语学习和应用能力。

四、结　语

以"看"为路径的英语教学设计,是信息技术与外语教学深度融合的独特表达形式,它将信息技术这一要素融入外语教学的各个层面,与外语教学的其他要素共同组成一个良性的生态环境。语言与信息的共生性说明语言形式成为语言内容本身,因此需要视觉和媒体素养的介入以更好地理解信息时代的语言表达。信息技术是辅助"看"的重要工具,在外语教学中,信息技术不仅是支持培育英语学科核心素养的工具,更是变革学习方式、培养新时代的学习者的"加速器"。直觉思维与高阶思维本质上有共通的地方,从直觉思维出发,是对学习者生活经验的尊重,同时通过恰当的教学设计,能够将直觉思维转化为高阶思维。最后,高阶思维是信息时代必不可少的核心思维品质,而语言与思维间复杂的密切关系更说明从语言教学中培养高阶思维的价值与可能。

参考文献

陈坚林,2010. 计算机网络与外语课程的整合——一项基于大学英语教学改革的研究[M]. 上海:上海外语教育出版社.

冯契,2001.哲学大辞典[M]. 上海:上海辞书出版社.

胡加圣,2015. 外语教育技术——从范式到学科[M]. 北京:外语教学与研究出版社.

杰罗姆·布鲁纳,2011. 布鲁纳教育文化观[M]. 北京:首都师范大学出版社.

列夫·维果茨基,2010. 思维与语言[M]. 北京:北京大学出版社.

让·皮亚杰,2015. 智力心理学[M]. 北京:商务印书馆.

汪琼,尚俊杰,吴峰,等,2013. 迈向知识社会:学习技术与教育变革[M]. 北京:北京大学出版社.

王永锋,何克抗,2010. 建构主义学习环境的国际前沿研究述评[J]. 中国电化教育(3):8-15.

张楚廷,2003. 课程与教学哲学[M]. 北京:人民教育出版社.

张德禄,刘睿,2014. 外语多元读写能力培养教学设计研究——以学生口头报告设计为例［J］. 中国外语（3）：45-52.

中华人民共和国教育部，2018. 普通高中英语课程标准（2017年版）［M］. 北京：人民教育出版社.

中华人民共和国教育部，2019. 教育部关于实施全国中小学教师信息技术应用能力提升工程2.0的意见［EB/OL］.（2019-03-21）［2020-06-30］. http://www.moe.gov.cn/srcsite/A10/s7034/201904/t20190402_376493.html.

钟志贤，2008. 大学教学模式革新：教学设计视域［M］. 北京：教育科学出版社.

DOUSAY T A，2015. Reinforcing multiliteracies through design activities［C］// BAYLEN D M，DALBA A. Essentials of teaching and integrating visual and media literacy：visualizing learning. New York：Springer：27-47.

LAMBERT J，2010. Digital storytelling cookbook［M］. Berkeley：Digital Diner Press.

LEWIS A，SMITH D，1993. Defining higher order thinking［J］. Theory into practice，32（3）：131-137.

MYERS D，2004. Intuition：its powers and perils［M］. New Haven：Yale University Press.

National Association for Media Literacy Education，2007. Core principles of media literacy education in the United States［EB/OL］.（2007-11-25）［2020-06-25］. http://namle.net/wp-content/uploads/2013/01/CorePrinciples.pdf.

RICHARDS J，RODGERS T，2008. Approaches and methods in language teaching［M］. Beijing：Foreign Language Teaching and Research Press.

SAIFER S，2018. Hot skills：developing higher-order thinking in young learners ［M］. St. Paul：Redleaf Press.

SANSONE K，2015. Using strategies from graphic design to improve teaching and learning［C］//DANILO M B，ADRIANA D.Essentials of teaching and integrating visual and media literacy：visualizing learning. New York：Springer.

Visual Literacy Standards Task Force，2011. ACRL visual literacy competency standards for higher education［EB/OL］.（2011-10-02）［2020-06-26］. Association of College & Research Libraries. http://www. ala. org / acrl / standards / visual literacy.

YOLEN J，2010. How hard can it be?［J］. Voices from the middle，17（4）：15-18.

创新培养模式　厚植师范生教育情怀

——浙江师范大学外国语学院师范生培养的探索与实践①

俞明祥

（浙江师范大学,金华:321000）

摘　要: 教育情怀是教师对教育事业的一种深沉、持久、难以割舍的感情。新时代背景下,培养师范生教育情怀至关重要。浙江师范大学外国语学院夯实"课程思政主导、日常思政教育、文化浸润熏陶、榜样示范引领、实习实践养成"五位一体的培养模式,涵养师者匠心,厚植师范生教育情怀、仁爱情怀,着力培养家国情怀与国际视野兼具、专业知识与人文素养兼备、语言能力与创新能力皆强的卓越英语教师,为英语师范生的培养积极探索新路。

关键词: 教育情怀;师范生;五位一体;人才培养

国势之强由于人,人才之成出于学。教育兴则国家兴,教育强则国家强。教育是民族振兴、社会进步的重要基石,是功在当代、利在千秋的德政工程,对提高人民综合素质、促进人的全面发展、增强中华民族创新创造活力、实现中华民族伟大复兴具有决定性意义。浙江师范大学外国语学院深入学习习近平总书记关于教育的重要论述精神,紧扣立德树人根本任务,秉持"崇真尚美,博文弘道"院训精神,以"铸师魂、树师德、立师表、弘师道"为己任,积极参与"三全育人"综合改革国家首批试点省份建设,审时度势,登高望远,进一步夯实"课程思政主导、日常思政教育、文化浸润熏陶、榜样示范引领、实习实践养成"五位一体的培养模式,涵养师者匠心,厚植师范生教育情怀、仁爱情怀,着力培养家国情怀与国际视野兼具、专业知识与人文素养兼备、语言能力与创新能力皆强的卓越英语教师。

一、课程思政主导

课程思政建设是落实立德树人根本任务的战略举措。学院历来高度重视专

---

① 本文原发表于《中国教育报》2020年12月21日第6版。

业课程育人，课程思政建设可追溯至 1994 年的 RICH 教改。在 RICH 教改中，学院持续推进研究性学习、综合性课程资源的开发和利用、合作学习、人文素养全面发展，二十多年如一日坚定不移地致力全人教育。近年来，学院率先开展课程思政建设，强化每一位教师的立德树人意识，在每门课程中基因式融入思政教育元素。学院先后组织召开外语课程育人功能发挥专题研讨会、"思政课程与课程思政"同向同行主题研讨会，连续 4 年开展"课程思政教研展示周"活动，共同奏响学院课程思政的"主题曲"，形成课程思政的良好声势，强化传道授业的师者本色、教书育人的课程底色，涵育学生的教育情怀和人类命运共同体意识，受到省内外高校的广泛关注和好评。自 2016 年以来，学院持续深入开展导学思政，讲好导师育人故事，深受广大师生校友的一致好评。学院"师范英语口语"获批国家一流课程；两门课程作为课程思政示范课登上"学习强国"平台，多位教师获得"青年教学十佳""课程思政先锋""课程思政之星"等称号；青年教师应邀面向全国开设"外语课程思政"在线公开课，吸引 3000 多人观摩，师生表现广获赞誉；学院党委负责人多次应邀在全国高校德育工作课堂创新研讨会等会议上做课程思政主旨报告，创新做法被国家教育行政学院录制为在线课程。

二、日常思政教育

"凿井者，起于三寸之坎，以就万仞之深。"厚植师范生教育情怀亦应如此，不能单靠专业课程的传授，还要依赖日常思政教育的潜移默化，日常思政和课程思政要同向同行、同频共振。浇花浇根，育人育心。一直以来，学院致力全面构建协同育人体系，强化师生的使命自觉和行动自觉，尤其是加强对学生的价值引领、专业指导和人文关怀：党委成员结对党支部、教工党支部结对学生党支部、学生党支部结对学生寝室、教工党员结对大一新生的"四结对"助力师生互动交流；价值引领和资源匹配激励相容，专业教育和思政工作融合相长，专业教师和思政队伍协调互补，线下工作和在线活动统筹互动的"四融合"推动全员全程全方位育人。在开学典礼、毕业典礼、座谈会、学习会、日常寝室走访、学生社团活动等多个场合，学院领导、班主任、辅导员都会高频率、高密度地厚植学生教育情怀，倡导"情怀为舵"，让学生把家国情怀"揣在心里"，把育人信念"印在脑中"，把高尚品德"挺在前面"。近年来，学院入选第二届全国高校"两学一做"支部风采展示工作案例、首批浙江省高校党建特色品牌，获得"浙江省三八红旗先进集体""浙江省巾帼文明岗"等荣誉称号。

三、文化浸润熏陶

潜移默化,润物无声。学院高度重视文化浸润对教育情怀的养成作用,因地因时制宜,改造、布置学院外围和学院楼内环境,使全国教育大会精神、社会主义核心价值观、"四有"好老师标准、高校教师十项准则等醒目标语及时上墙,提醒广大师生时刻以身作则,学高为师,身正为范,内化于心,外化于行。通过设计院标、凝练院训、美化内墙等,努力让每一面墙都会说话,让每一个细节都有文化味儿,让每一个特定空间都成为育人载体,让教育会呼吸,在润物无声中传播大学精神、办学理念,实现以文化人、以文育人,并凝练"向上向善的思想文化、追求卓越的梦想文化、潜心问道的学术文化、同心奋进的家园文化",致力打造学术共同体、文化共同体、育人共同体、事业共同体。"爱院爱家、同心同德、向上向善、共建共享"成为师生共同的价值追求,学院被誉为"前有梦想、后有书香"的"别人家的外院"。积极打造新媒体品牌文化,坚持"守正为基,扬正为美,壮正为功"原则,充分利用新媒体、新技术,把育人工作变得动感十足、活力四射,让学院独有的教育理念、教育情怀得到充分释放和广泛传播。学院持续二十多年举办外语节,每年举办丰富多彩、格调高雅的外语特色文化活动。近年来,我院学生蝉联6届全国师范院校师范生教学技能竞赛一等奖,4名硕士研究生获全国全日制教育硕士学科教学(英语)专业教学技能大赛一等奖,4人获全国大学生英语辩论赛一等奖。

四、榜样示范引领

"学所以益才也,砺所以致刃也。"榜样是看得见的哲理,是新时代"鲜活的价值观、有形的正能量、生动的暖力量"。榜样的力量是无穷的,要善于向先进典型学习,在一点一滴中完善自己,从小事小节上修炼自己。"天边不如身边,道理不如故事。"学院以"最美教师""'三育人'先进个人""优秀班主任""弘道奖学金""我最喜爱的导师"等评选活动为抓手,挖掘教师先进事迹,强化榜样对师范生的引领作用;通过每年开展"青春榜样""十佳学生党员"等评选活动,持续培养塑造身边榜样;通过打造师友文化沙龙、"北山问道"研究生论坛、英语名师讲坛、"双创"讲堂"四论坛",组织学生倾听知名校友讲座,向榜样学习,找差距、补短板，坚定教育信仰，坚守教育情怀，坚持不懈努力。身边榜样就是最好的"引信"，近日学校举行的"时代楷模"陈立群校友报告会就深深感动了广大师生。师生们表示，一定要以陈立群校友为榜样，坚守师范教育本色，涵养不忘初心、心怀大爱的教育情怀，肩负起服务浙江教师教育的使命。此外，学院还大力加强对优秀教师、学生、校友等典型的宣传，利用校内外全媒体平台，宣传师生校友的为师之道、青春之路、奋斗之旅，营造浓郁向上向善的榜样教育氛围。

五、实习实践养成

"学之之博，未若知之之要；知之之要，未若行之之实。知行常相须，如目无足不行，足无目不见。"不仅要在"第一课堂"对学生的教育情怀和使命意识进行熏陶和引领，还要让学生走进"第二课堂""第三课堂"，强化实践养成。学院一直强调"现场是最好的教学，实践是最好的课堂"，实施"契合社会需求，突出专业特点，激发个性发展"的实践育人模式，做到全员全程全覆盖，增强实践能力。同时，学院还强调建成稳定的专业实习实践基地86个，落实生均经费2000元，完善见习、实习、研习及评价考核机制。组织师范生分赴杭州、宁波、温州、绍兴、金华等地的知名中学，开展教育见习、实习、研习"三习"工作，跟学教学名师，站上讲台体会教师事业的崇高；通过观摩、体验、交互、感悟、反思、改进等方式，师范生不断形成传统理论学习无法给予的教师实践素养，在实战中涵育教育情怀，在专业学习与实战之间结成学习、研究和发展共同体；鼓励学生积极参加研究生支教团计划、大学生志愿服务西部计划，并利用假期组织支教小分队分赴广西山区支教，为当地的孩子带去丰富的知识和对未来无限的向往，至今已有数十名学生前往广西龙州等地支教，仅2020年就有4名学生在龙州支教；支持学生积极参与大学生职业规划大赛、微型党课大赛、英语演讲比赛、辩论赛等活动，帮助学生主动关心、了解并熟知国家大事，以赛代练，以赛促学，进一步厚植家国情怀和教育情怀；把"情怀课"搬进嘉兴红船、江南第一家、浙东革命根据地纪念馆、陈望道故居及王阳明故居、衢州孔庙等教育基地，让学生身临其境，触动心灵，切身感受前辈先哲的民族情怀和文化担当，助力学生成为有大爱、大德、大情怀的时代新人。

学院强调师道传承，涵养师德文化，育人传统厚实，培养模式扎实，涌现出全国先进工作者、全国五一劳动奖章获得者、国家级教学成果奖一等奖获得者和全国首届青年教师教学竞赛冠军等一大批德才兼备的优秀校友代表;培养出特级教师、教研员、知名校长、省政府督学等60余名。近几年,我院学生在国家级、省级各类学科竞赛中获奖100余项。同时,我院毕业生因教育情怀深、育人理念新、专业素养强、综合素质高,而深受用人单位的欢迎。

职前教师教育研习类课程开发与实施的
探索与反思①

罗晓杰　　谢利民

（温州大学，温州：325035；上海师范大学，上海：200234）

　　摘　要：师范毕业生上岗适应期长，入职后专业发展缓慢，根源在于教师职前教育阶段忽视对教研能力的培养。作者尝试开设教育研习类课程"课型研究"，配合教育见习和实习，对英语专业师范生的课堂教学研究能力的培养途径进行实践探索。该文介绍了该课程的教学目标、教学内容选择与组织、研究活动设计，以及学业成绩评价方法等方面的改革措施，描述了该课程的教学过程和教学效果。在反思教育研习类课程的实践效果的基础上，对《教师教育课程标准（试行）》的出台将从源头上解决职前和在职教师专业的可持续发展问题进行了前景展望。

　　关键词：课堂教学教研能力；研习类课程；教师职前教育；行动研究

一、引　言

　　"教学研究能力是教师根据现实的教育活动情境，综合运用现有知识与经验，进行创造性开发，解决教学问题的能力"（游安军，2002），"是为了有效地解决一定的教育科学问题而应具备的个性心理特征的总和，它和认知能力、教学能力一样，是教师能力结构的重要组成部分"（张国胜，2001）。众所周知，在"教师即研究者"的新课程理念下，教研能力已经成为教师专业发展水平的主要标志，在教师评价中占有重要地位。然而，长期以来，我国在教师培养中存在着重教学能力培养、轻教研能力培养，重在职教师教研能力培养、轻师范生教研能力培养的倾向。检索中国期刊网，上面的相关文献也证实了这一判断。自 1981 年至 2010年，以"教学研究能力"或"教研能力"为题目，以"教师"为全文主题的论文有 200余篇。以"教学研究能力"或"教研能力"为题目，以"师范生"为全文主题的论文

---

① 本文原发表于《教师教育研究》2011 年第 3 期。本文系 2010 年浙江省新世纪高等教育教学改革项目"师范生'一体化'实践教学模式创新与实践"（编号：zc2010073）的研究成果之一。

仅有20余篇。近30年来,教学研究能力或教研能力相关论文的发表数量呈上升趋势,尤其是近10年来发表在教育类核心期刊上的相关论文逐年增多。然而,无论是论文数量还是发表刊物级别,针对师范生教研能力培养的研究显然不够,从源头上探讨师范生教研能力的发展问题的研究较为罕见。

随着我国基础教育课程改革的不断深化和教师教育改革的不断推进,师范毕业生上岗适应期长,入职后专业发展缓慢的问题逐渐暴露出来,其教研能力培养越来越引起社会的关注。1997年,有研究者主张把"优化课程设置,充实教研内容,改革教学方法,建立'课题教学模式'作为师范生教育教学研究能力初步培养的基本途径"(方安明,1997),但当时并未引起教师教育界的足够重视。自《教师教育课程标准(试行)》开始实施以来,陆续有研究者指出"高师小学教育专业学生教研能力的培养要从教研意识入手,结合实践经验,要制订激发学生'问题感'的行动策略"(尹芳,2007)。也有研究者敦促"高师院校应从课程设置、科研管理、教师素养培养和教育资源优化等方面强化师范生的教育科研意识,提高其科研能力"(顾群,2008)。许多学校把教育科学研究方法纳入教育学的重要章节,希望通过教学研究方法的理论学习强化师范生的教研意识。

为探索发展师范生教研能力的有效途径,笔者尝试开设教育研习类课程"课型研究",配合教育见习和实习,对英语专业师范生课堂教学研究能力培养进行实践探索。本文拟对该课程方案进行简要介绍并对课程实施过程及其实践效果进行反思,抛砖引玉,以期引发同行思考。

二、教育研习类课程"课型研究"的课程设计

"课型研究"属于教育研习类课程。该课程理论部分采用专题讲座形式,实践部分则以小组课型研究为主,与教育见习和实习相互配合,采用开放式课程教学,为师范生教研能力的发展提供了平台。该课程在教学目标、教学内容选择与组织、研究活动设计和学业成绩评价等方面进行了全方位的改革。

(一)依托学科,确定具体明确的教学目标

"课型研究"课程的教学目标是:使学生了解课堂教学研究方法,亲历英语学科课型研究过程,初步形成教学科研意识和课堂教学研究能力。该课程开设时间为9周(本科第7学期前4周和后5周,中间8周为教育实习),共18课时,1学分。该课程主要向学生传授教学行动研究方法(4课时)和进行学科教学行动研究案例分析(4课时)。教育实习期间,学生以小组为单位具体实施课型研究。

学期后 5 周（10课时），学生交流课型研究成果（多媒体辅助呈现研究成果）和进行现场答辩，接受教师和同伴的质疑。

（二）立足学科，选择与组织教学内容

"课型研究"课程的教学内容主要侧重教学行动研究中最基本的概念原理知识，包括行动研究的概念和流程、数据收集方法、教学反思、行动研究报告撰写等等。案例选择重点放在学科课堂教学行动研究上，选择那些能够在案例分析过程中向学生提供过程方法和知识的经典案例，帮助学生在课型研究（研习）过程中学会学科课堂教学研究方法。

（三）依托见习、实习，开展研究活动

"课型研究"的课程实施与教育实习同步，以保证研究活动在真实的教学情境中展开。见习前，教师按照学生对学科常用课型的研究兴趣划分小组，明确研究方向。学生在教育见习期间进行课堂观察，与指导教师共同探讨学科常见课型的有效教学方法及教学中存在的问题。在任课教师的指导下搜集、整理、分析和处理与该课型相关的信息，自学相关理论，开展调查研究，分析问题产生的根源，并提出旨在改进该课型教学的行动研究方案。在教育实习期间，以小组为单位具体实施行动研究方案，实习后撰写研究报告，交流研究成果。

（四）关注过程，实施多元评价

"课型研究"实施过程评价，以便真实、客观地反映"研究者"的课堂教学研究能力和为提高教研能力所付出的努力。评价要求研究小组建立电子档案，内容包括相关文献研究资料、调查问卷、访谈资料、教师日志、学生日志、课堂观察的数据及其分析、课型课例、行动研究报告和呈现报告的课件等。电子档案成绩占总成绩的 1/4，其他 3/4 的成绩评定主要依据从学生小组课型研究和成果展示过程中提取的表现性评价信息，评价主体由小组（自评）、他组（组际间互评）和教师3 部分组成，各部分所给成绩各占总成绩的 1/4。

三、"课型研究"的实施过程及教师的角色

"课型研究"属于教育研习类课程，主要针对学科常用课型实施行动研究，旨在从研究过程中学习和运用行动研究方法，促进师范生课堂教学研究能力的初步形成和发展。该课程贯彻"做中学"的原则，关注师范生在研究过程中研究方法的学得，即"强化"研究过程而"淡化"研究成果，师范生在课程实施过程中始终处于主体地位，教师要为其实施课型研究提供专业指导。具体课程实施过程和

教师的角色概括如下。

(一)"课型研究"的实施过程

"课型研究"的教学过程也是师范生课堂教学研究方法的学得过程:"研究方法讲座"侧重"方法学习",强调其工具性;"研究案例分析"关注"方法理解",强调方法在研究活动开展过程中的具体操作;"课型研究实施"重视"过程体验",强调体验行动研究开展过程中如何改进教学;"研究成果展示"则强调"成果共享"。(见图1)教育见习和教育实习与"课型研究"相互支撑的全过程是一个发现问题、探究问题、行动策划、行动实施和反思强化的完整的行动研究过程。(见图2)

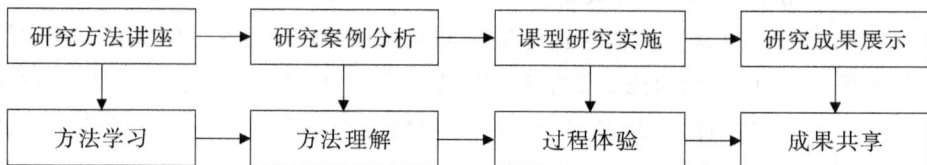

图1 课堂教学研究方法学得流程

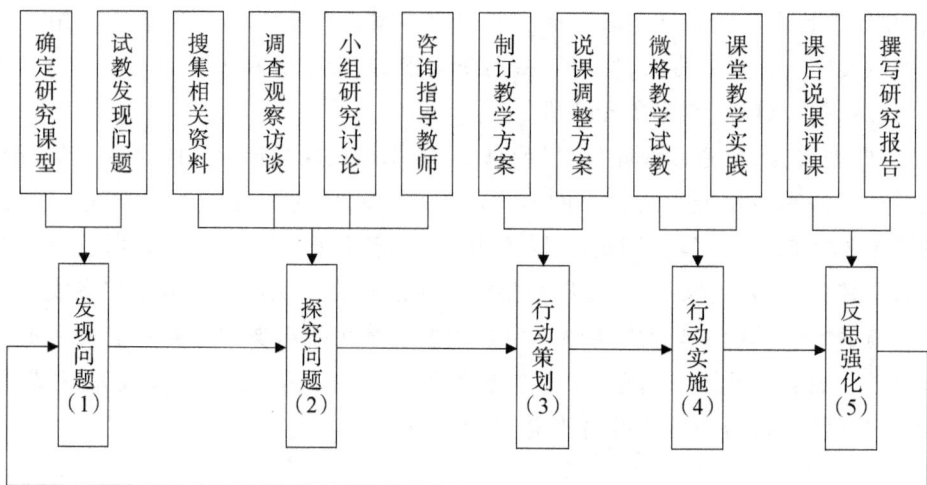

图2 师范生课堂教学研究能力培养的行动研究过程

(二)"课型研究"实施过程中教师的角色

在"课型研究"课程实施过程中,教师在不同教学阶段扮演着不同的角色。首先,教师是课程的设计者、资源的开发者和知识的传授者。教师根据学科特点和学生实际制订教学目标,根据学生课型研究需要适当调整教学内容,选编学科课堂教学案例和行动研究案例,通过案例分析向学生传授教育科研知识和方法。其次,教师是学生课型研究的指导者、监督者和研究成果的评估者。在学生选择和确定课题的过程中,教师要组织学生开展调查、访谈和课堂观察等活动,以发现研究问题,指导学生通过文献梳理确立课型研究的切入点,选择研究方法,设计研究方案等;在学生实施课型研究的过程中,监管、督促学生认真记录,及时梳理,定期进行集体研讨;在学生研究成果展示和评价的过程中,开发评价量规,组织学生对整个研究工作进行多元评价。总之,教师的角色是多重的,教师在学生主体作用发挥的过程中,其专业支持对学生课型研究的顺利实施十分重要。

四、"课型研究"课程实施效果与反思

开设教育研习类课程"课型研究",培养师范生课堂教学研究能力的实践探索证明,基于学科的课型研究活动对师范生教研意识和课堂教学研究能力的初步形成有诸多裨益。

(一)"课型研究"能同步培养师范生的教学能力和课堂教学研究能力

配合教育见习和教育实习开设的"课型研究",在培养师范生教学能力和课堂教学研究能力上效果明显。在课型研究报告的反思部分,学生们写了"通过参与研究,我们增强了教研意识和教研兴趣""我们发现枯燥的理论在指导实践的过程中活了起来""我们通过研究教学学会了教学,也学会了教学研究方法""我们取得了成功,获得了成就感""我们体验到了'做中学'的乐趣和真谛"等等。在学生成果展示过程中,普遍的反馈是"边研究边实习,教学能力与教研能力同步提高"。

(二)行动研究紧密联系教学理论与教学实践

在课程实施的具体操作中我们发现,向师范生传授行动研究方法并依托教育见习和教育实习开展英语学科课型研究活动,有助于师范生在课型研究过程中运用行动研究方法解决实际教学问题,在学习与实践的过程中积累研究经验。因此,笔者认为,"课型研究"实现了对教育类课程的内容整合,使教育实践与理论学习交叉进行,实现了教育见习、实习、研习一体化,实现了教学理论与教学实践紧密结合等目标。

(三)主体多元的过程评价有助于促进师范生的专业成长

如果说"课型研究"是亲历研究过程,那么研究成果展示与答辩则是亲历评价过程。在研究成果展示过程中我们发现,师范生在教师的指导和帮助下,既学会了如何评价自己小组的研究成果,又学会了对学习和研究活动进行自我管理,还体验了"在对自己和他人研究成果的评价中学习"的过程。这不但使评价为师

范生个人提供有益的反馈,还使评价本身成为促进师范生课堂教学研究能力发展的手段。可以说,研究成果展示与答辩既是师生互动评价的过程,又是生生、师生互相学习和分享经验的过程,主体多元的评价过程成为促进师范生专业成长的过程。

五、职前和在职教师专业的可持续发展的前景展望

《教师教育课程标准(试行)》对教师专业发展途径进行了准确的定位,建议教师教育机构在真实的教育情境中发展师范生"参与和研究教育实践"的教研能力。《教师教育课程标准(试行)》还在"教育实践与体验"课程目标领域专门设立了"具有研究教育实践的经历和体验"的课程目标,具体要求包括"在日常学习和实践过程中积累所学所思所想,形成问题意识和一定的解决问题的能力。了解研究教育的一般方法,经历和体验制订计划、开展活动、完成报告、分享结果的过程。参与各种类型的科研活动,获得科学地研究学生的经历和体验"(《教师教育课程标准》专家组,2008)。《教师教育课程标准(试行)》在"实践取向"的课程理念下,对师范生教研能力培养给予了极大的关注。

我国著名专家钟启泉建议,师范教育改革要"改变脱离实践、轻视反思的倾向,教师教育课程应重视个人经验,强化实践意识,关注现实问题,将理论学习与实践反思紧密结合;引导未来教师积极参与和研究教育实践,立足真实的教育情境,主动建构教育知识,发展实践能力;帮助教师通过合作与反思解决实践问题,发展自己的教学风格和实践智慧"(钟启泉,张文军,王艳玲,2008)。他主张教师教育机构应在真实的教育情境中发展师范生"参与和研究教育实践"的教研能力,主张设置"具有研究教育实践的经历和体验"的课程。笔者开设教育研习类课程"课型研究"与这一具体要求不谋而合。

《教师教育课程标准(试行)》的颁布标志着我国教师职前教育脱离教育实际、无法满足未来教师解决教育实际问题能力发展需求的现状将成为过去。随着《教师教育课程标准(试行)》的实施与推进,我们有理由期待我国教师教育领域"教与学方式过于单一、知识陈旧与脱离实际、实践性课程薄弱"(《教师教育课程标准》专家组,2008)三大突出问题将得到全面解决,师范生教研能力将得到有效发展,教师教育将从源头上解决教师专业的可持续发展问题。

参考文献

方安明,1997. 试论师范生初步教育教学研究能力的培养[J]. 湖州师专学报(哲学社会科学版)(1):82-84,93.

顾群,2008. 教研能力的培养要从激发"问题感"开始——谈高师小学教育专业学生教研意识的培养[J]. 继续教育研究(4):152-153.

《教师教育课程标准》专家组,2008. 关于我国教师教育课程现状的研究[J]. 全球教育展望(9):19-24,80.

《教师教育课程标准》专家组,2011. 教师教育课程标准(试行)[EB/OL]. (2011-10-8)[2020-08-01].https://wenku.baidu.com/view/5ab5f9a3d05abe23482fb4daa58da0116c171fe1.html.

尹芳,2007. 强化科研意识,培养师范生的教育科研能力[J]. 成都大学学报(教育科学版)(4):15-16,125.

游安军,2002. 论教师可持续发展的教育素质培训与研究[J]. 湖北教育学院学报(3):74-76.

张国胜,2001. 试论高师院校学生教育科研能力的培养[J]. 宁波大学学报(教育科学版),23(4):71-73.

钟启泉,张文军,王艳玲,2008. 教师教育课程标准的国际比较研究[J]. 全球教育展望(9):25-36.

新时代RICH学习共同体学生培养探究:学生核心素养

在专业英语口语教学中培养学生语用能力
——基于一项教学实验的分析和建议[①]

胡美馨

（浙江师范大学，金华：321000）

摘　要：该文是一份在英语口语教学中培养学生英语语用能力的实验研究报告。该文讨论了在口语教学中培养学生语用能力的必要性，介绍了实验研究中的研究问题和数据收集方法，通过 t 检验和 ANOVA 方差分析对所得数据进行分析，得出该实验研究未能有效提高相关语用能力的结论，并结合分析结果对实验设计进行了反省、讨论，对教学提出了改进建议。

关键词：口语教学；语用能力；问卷调查；t 检验；ANOVA 方差分析

一、引　言

《高等学校英语专业英语教学大纲》(2000)把英语口语课定位为"英语专业技能课程"，重点培训学习者用英语表达自己思想、观点的能力，或者说用英语进行口头交际的能力。由此出发，不难理解培养学生的英语语用能力是该课程的重要目标之一。英语作为一门外语，跨文化交际是它的重要功能之一。同时，由于英汉语用差异的客观存在，学习者只有拥有足够的文化意识和英语语用能力，才能与英语国家人士进行成功的交际。探索在口语教学中培养学生的语用能力的路径、方法，以更好地实现《高等学校英语专业英语教学大纲》(2000)所提出的专业口语教学目标，具有重要的理论和实践的意义。

二、文献综述

Thomas(1983)根据 Leech(1983)的研究把语用学细分为语用语言学和社交语用学，认为由于语用能力的缺失，学习者在跨文化交际中会产生"语用语言失误"

[①] 本文原发表于《外语电化教学》2004 年第 1 期。

和"社交语用失误"。前者主要是一个语言问题,是对语言标记所带有的语用含义的语法评价问题;后者则是不同文化对何为恰当的语言使用的不同理解所引起的,是关于强加程度、会话双方损益、社会距离、相对权利和义务等方面的社会语用评价问题。(Thomas,1983)从 Thomas(1983)对语用失误的分析出发,我们可以把语用能力相应地次分为"语用语言能力"和"社交语用能力"。Thomas(1983)深入剖析了语用失误的起因和本质,对英语教学,尤其是对 EFL(English as a Foreign Language,以英语为外语)教学具有很大的指导意义。故尽管其他学者如 Bachman(1990)对语用能力也进行过分析,本研究还是采用从 Thomas(1983)的语用失误分析而来的语用能力的含义。

洪岗(1991)、Kasper(1997)等研究表明,学习者的语用能力并不随着语法能力的提升而自然提升,它需要有针对性的教学、培养。此外,由于文化差异所引起的语用差异的客观存在,学习者在跨文化交际中容易出现跨文化语用失误,造成跨文化交际的失败。(Thomas,1983)因此,语用能力的培养在外语教学中得到越来越多的重视,在 ELT(English Language Teaching,英语教学)中进行语用能力培养探索的研究不断涌现(如:Thomas,1983;Stern,1999;Kasper,1997;Judd,2001;Weinert,1995;Bouton,2001;Prodromou,1992;等等)。这些研究或从 ELT 中的文化因素入手(如:Prodromou,1992),或探讨程式化语言在二语习得中对语用能力发展的作用(如:Weinert,1995),或通过实证研究来探讨显性教学对提高非母语者理解会话含义能力的作用(如:Bouton,1999),另有些学者从理论上对语用能力培养的方法进行了探讨(如:Kasper,1997)。这些研究对语用能力及其培养进行了非常有意义的探索,但遗憾的是,这些研究大多针对 ESL(English as a Second Language,以英语为第二语言/外语)教学展开,或者是仅从理论上对语用能力培养的必要性和可能途径进行探讨,就如何在 EFL 教学中进行语用能力培养开展实证研究的则几乎没有。我国学者也对英汉语用差异给予了越来越多的关注,并积极对中国学生的英语语用能力现状及其发展进行研究(如:王得杏,1990;洪岗,1991;杨文秀,2002;刘书英、张光明,2002;罗立胜、蔺启东,2003;等等)。这些研究提出了汉英语用差异及其可能引起的主要语用失误,并指出培养中国 EFL 学生语用能力的几个切入点,但是这些研究也没有就如何在教学中培养学生语用能力进行实证。迄今为止,在如何把语用能力培养融合到中国 EFL 教学实践中去这一方面,并未有丰富的实证研究成果面世。语用能力培养途径的有效性需要通过教学实践来检验、确认,因此本文将结合专业英语口语教学,通过教学实验,探索语用能力培养的可能途径。

下文着重介绍一项在专业口语课堂中培养学生语用能力的教学实验研究,

对实验数据统计结果进行讨论，并对实验研究设计和今后教学提出建议。

三、研究设计

在本研究中，主要研究针对性的讲授教学对培养学生的英语语用能力是否有效。洪岗（1991）强调在英语教学中必须重视对英语语用能力的同步培养，并提出要特别注意教授以下几个方面的内容：①特定的习俗化的语言形式；②中英实现言语行为和理解言语行为的差异；③英语中的禁忌话题及有损听话者面子的言语行为；④中英文化间谈话双方的主从地位或谈话双方的社会距离的差异；⑤中英文化价值观念和语用原则的差异。结合洪岗（1991）所提出的教学建议，本研究涉及的具体教学内容主要有以下8种言语行为：①道歉及回答；②邀请及回答；③夸奖及回答；④请求及回答；⑤提供及回答；⑥感谢及回答；⑦喜欢和不喜欢；⑧会话的开始和结束。这些在中英语言中都是常见的言语行为，但两种语言的表达方式之间存在相当大的差异。

本研究采用问卷调查的方法。前后测使用同一份语用能力问卷，在问卷中对学生理解可能有困难的词汇用中文标注，以排除语言因素对语用能力的影响。学生在填写问卷过程中可以使用词典，亦可以就词汇问题向教师求助。受试学生为由笔者承担口语教学任务的浙江师范大学行知学院2002级的60名学生。在前后测中均署名，并且可以作为配对样本分析原始数据的有效受试学生有38名，故本文的统计分析以这38名受试学生的数据为基础。

问卷共40题，其中有15题在针对性教学培训中得到了覆盖，本文称其为"实验内容"，其余25题在针对性教学中没有得到覆盖，本文称其为"非实验内容"。如此区分的主要目的是在数据分析中更容易进行对比。

前测后，我们进行了为期2个月的针对性教学活动，每周1次，每次用时约20分钟。实验教学主要采用讲授法，由教师对相关言语行为进行讲解，并指出中英语言在同一言语行为上存在的差异，提醒学生在交际过程中加以注意。

为使学生有均等的学习机会，本实验没有划分实验组与控制组。为弥补这一不足，使数据分析更严谨、可靠，笔者对前后测中获得的数据进行 t 检验和ANOVA方差分析双重检验。ANOVA方差分析和 t 检验均用以检测受试学生在前后测表现中的差异性，两者的结果可以互相验证。

四、主要发现

1. 相关分析结果

如表1所示，从相关分析结果来看，就同一项内容而言，受试学生前后测成绩之间存在明显相关关系，这一结果表明实验教学对受试学生的语用能力没有产生负面效果，或者说没有对学生的语用能力造成破坏。

表1 前后测的描述统计量

		N	Correlation	Sig.
Pair 1	前测非实验内容—后测非实验内容	38	0.327	0.045
Pair 2	前测实验内容—后测非实验内容	38	0.440	0.035

2. t检验分析结果

如表2所示，从t检验分析结果来看，实验内容和非实验内容的前后测成绩均无显著性差异。因此，虽然受试的实验内容及非实验内容的后测成绩总体平均分均略高于前测成绩总体平均分，但是教学实验对实验范围内受试学生的语用能力的提高没有统计学意义上的显著意义，对非实验范围内受试学生的语用能力没有产生显著正迁移影响。

为进一步确定这一结论，下面从方差分析角度对这一结论进行验证。

表2 Paired Samples Test前后测的t检验

		Paired Differences					t	df	Sig. (2-tailed)
		Mean	Std. Deviation	Std. Error Mean	95% Confidence Interval of the Difference				
					Lower	Upper			
Pair 1	前测非实验内容—后测非实验内容	−0.4211	10.3052	1.6717	−3.8083	2.9662	−0.252	37	0.803
Pair 2	前测非实验内容—后测非实验内容	−0.5266	11.0029	1.7849	−4.1431	3.0900	−0.295	37	0.770

3. 方差分析结果

如表3所示,从实验内容前后测方差分析结果也可看出,实验内容前后测成绩之间没有显著性差异,这一结果与 t 检验结果一致,故可以确定地得出结论:在本教学实验中,实验内容前后测成绩之间没有显著性差异,该实验教学对受试学生的语用能力的提高没有显著效果。

如表4所示,从非实验内容前后测方差分析结果来看,非实验内容前后测成绩之间没有显著性差异,这一结果与 t 检验结果也完全一致,故可以确定地得出结论:在本教学实验中,非实验内容前后测成绩之间没有显著性差异,该实验教学对受试学生的非实验范围语用能力没有明显的正迁移效果。

表3　实验内容前后测方差分析 ANOVA

	Sum of Squares	df	Mean Square	F	Sig.
Between Groups	5.268	1	5.268	0.058	0.811
Within Groups	6766.659	74	91.41		
Total	6771.927	75			

表4　非实验内容前后测方差分析 ANOVA

	Sum of Squares	df	Mean Square	F	Sig.
Between Groups	3.368	1	3.368	0.043	0.837
Within Groups	5835.789	74	78.862		
Total	5839.158	75			

五、讨　论

实验结果没有达到预期的效果,这是由于教学过程中没有处理好一些问题,还是说明在口语教学中通过显性教学来提高学生的语用能力是不可能的?下面笔者将反思教学实验过程,对以上问题进行讨论,并对今后口语语用能力教学提出建议。

1. 实验内容的选择

如表5所示,实验内容的前测平均分72.4561和非实验内容的前测平均分

53.8947之间存在极其显著差异(sig.=0.000),故可以认为问卷中实验内容对于受试学生来说难度远低于非实验内容,或者说受试学生在实验教学前对实验将要覆盖的内容的熟悉程度远高于他们对非实验内容的熟悉程度。这一实验内容的选择对于实验结果可能产生的影响是:实验内容测试中的部分受试学生的语用能力基础较好,起点较高,所以要在这一基础上有很大的提高,相对来说难度比较大。从这一点来看,本次教学实验内容的选择不够合理。

表5　实验内容的前测与非实验内容前测平均分对比

		Paired Differences					t	df	Sig.(2-tailed)
		Mean	Std. Deviation	Std. Error Mean	95% Confidence Interval of the Difference				
					Lower	Upper			
Pair 1	前测非实验内容—后测非实验内容	8.5613	13.1537	2.1338	14.238	22.8848	8.699	37	0.000

2. 实验内容的实施

在实验设计中,对实验内容的实施以讲解为主,教师列举各言语行为的相关句式,并花20分钟左右的时间来介绍这些句式的使用场合、正式程度等。在教学中没有提供相应情景的真实交际语言来加深学生对相关语言的印象,没有提供不同正式程度的社交场合的言语行为实施例子,也没有设计不同正式程度的交际任务让受试学生实施所学习的言语行为。在这样的情况下,受试学生虽然对不同的言语行为有了感性的了解,但是没有实际操练,不能达到深入理解和巩固的目的。

从这一教学实验结果来看,单纯的讲解性教学对提高学生的语用能力没有显著性效果,故如果想有效培养学生的语用能力,那么教师需要更为周全、科学地考虑教学设计。

3. 对在口语教学中培养学生语用能力的建议

从以上讨论来看,实验没有达到预期结果有实验设计不周全和实施过程不完善这两方面的原因。总结本实验教学过程的经验和教训,要在口语教学中培养学生的语用能力,只进行语言形式的讲授是不够的。为完善口语语用能力教学,可以从学生语用意识培养和交际任务设计两个方面进行改进。(Kasper,1997)

对学生语用意识的培养可以从以下3个角度入手。

（1）提供语料范例。影视剧本、会议录音、电话录音、生活录音等真实或仿真实语料可以给学生提供语言范例，可以让学生从中体会到不同社会角色在不同交际场所就不同话题内容进行交际时所使用的语言的特点。此外，还可以给学生提供富含某一言语行为（如请求、反驳等）的语料，为其具体言语行为的学习做范例。

（2）语料背景分析讲解。教师可以给学生解释语料中所涉及的人物、场合、话题等背景信息，从强加程度、相对权势、社会距离等方面，分析并比较不同语料中所用语言的直接和间接程度、用词的正式程度等。比如，电影《哈姆雷特》和《狮子王》在故事情节上有很大的相似性，但是两部作品的语言有非常大的差别。并且，同一部影视作品中的同一人物在不同场景中所使用的语言也会有许多不同。教师可以帮助学生分析这些差异产生的原因。现在市场上有丰富的音像资源，类似这样的语言材料并不难找，教师可以很好地加以利用。

（3）语料观察任务。教师除了对语料进行分析，还可以组织学生就一篇语料进行观察、分析。这种观察可以是半开放式的，由教师设计出任务清单，在上面列出要求观察、分析的语用特征；也可以是开放式的，由学生自由地对他们所观察到的语用特点进行讨论。半开放式的观察任务可以让学生逐步意识到哪些方面的语用问题值得关注、学习，并可以在就某一个语用问题进行教学，使学生的学习活动更有针对性。开放式的观察活动则可以逐步培养学生把握一个交际活动中所使用语言的总体特点的能力。

通过语言的观摩，以及观察和分析语料中的语用因素，逐步提高学生的社会语用意识。在培养学生的社会语用意识的同时，尤其在组织学生观察、分析某一语料语用特点后，教师需要设计相应的交际任务，来巩固学生所学的语言知识。交际任务需要结合交际场合和言语行为来设计，使学生逐步学会在特定的交际场合选用恰当的语言形式来完成所要求的道歉、邀请、夸奖、请求等言语行为。

六、结　语

作为一份教学实验研究报告，本文从研究设计入手，着重介绍了研究问题、研究内容和研究方法，对实验得出的数据进行了统计分析，其分析结果是：本次教学实验不能有效提高学生的相关语用能力。对此，笔者结合数据分析结果对实验教学的设计进行了反省、讨论，并对今后的专业英语口语教学提出了建议。

语用能力的培养需要贯穿专业英语教学全程，涉及各门专业课程。本文仅就在专业英语口语教学中如何培养学生的语用能力做了粗浅的探讨,希望可以起到抛砖引玉的作用。

参考文献

高等学校外语专业教学指导委员会英语组,2000. 高等学校英语专业英语教学大纲[M]. 北京:外语教学与研究出版社.

洪岗,1991. 英语语用能力调查及其对外语教学的启示[J]. 外语教学与研究(4):56-60.

刘书英,张光明,2002. 加强跨文化意识,提高外语交际能力[J]. 外语研究(6):64-66.

罗立胜,蔺启东,2003. 试论外语教学过程中的"适宜性原则"[J]. 外语教学(1):70-72.

王得杏,1990. 跨文化交际的语用问题[J]. 外语教学与研究(4):7-11,80.

王孝玲,2002. 教育统计学(修订二版)[M]. 上海:华东师范大学出版社.

杨文秀,2002. 语用能力、语言能力、交际能力[J]. 外语与外语教学(3):5-8.

BACHMAN L F, 1990. Fundamental considerations in language testing[M]. Oxford:OUP.

BOUTON L F, 2001. Developing nonnative speaker skills in interpreting conversational implicatures in English[C]//HINKEL E. Culture in second language teaching and learning. Shanghai: Shanghai Foreign Language Education Press:47-70.

JUDD E L, 2001. Some issues in the teaching of pragmatic competence[C]//HINKEL E. Culture in second language teaching and learning. Shanghai: Shanghai Foreign Language Education Press:152-166.

KASPER G, 1997. Can pragmatic competence be taught?[EB/OL].(2014-07-15)[2020-03-08]. http://www.nflrc.hawaii.edu/Net-Works/NW06/.

LEECH G, 1983. Principles of pragmatics[M]. London:Longman.

PRODROMOU L, 1992. What culture? which culture? cross-cultural factors in language learning[J]. ELT Journal, 46(1):39-49.

STERN H H, 1999. Issues and options in language teaching[M]. Shanghai: Shanghai Foreign Language Education Press.

THOMAS J, 1983. Cross-cultural pragmatic failure[J]. Applied linguistics(2):91-112.

WEINERT R, 1995. The role of formulaic language in second language acquisition: a review[J]. Applied linguistics, 16(1):180-205.

英语课堂思辨活动中的思辨欠缺现象的探讨①

何晓东　李威峰

（浙江师范大学，金华：321000；浙江省教育厅教研室，杭州：310014）

摘　要：该文分析了中学英语课堂教学中旨在培养评判性思维或高阶思维的若干教学实例，发现许多非评判性思维或低阶思维的活动认知层级被错误拔高，活动缺乏应有的思维含量，该文称之为思辨活动中的思辨欠缺现象。该文分析了其中原因，并指出教师应准确理解术语内涵，避免活动设计出现偏差。

关键词：评判性思维；高阶思维；思维品质

一、引　言

《普通高中英语课程标准（2017年版）》及之前的征求意见稿将思维品质列为英语学科的四大核心素养之一，作为外语教育的显性目标加以规定，相应地，评判性思维、高阶思维能力的培养也成为近年来中学英语教学中的探讨热点。然而，目前很多关于思维能力培养的教学实践中缺乏应有的思维含量，尤其是不少声称培养评判性思维或高阶思维能力的活动其实并不具备相应的思辨深度。黄源深教授曾于20多年前提出思辨缺席问题，认为国内部分外语专业学生批判性思维能力较为低下（黄源深，1998），引发了广泛探讨。本文将上述现象称为思辨欠缺现象，并以10余篇文章中的若干课堂教学片段为例进行分析说明。

二、问题的提出

首先有必要对评判性思维、高阶思维、思维品质等概念做一下说明。

评判性思维、批判性思维、思辨等是国内对"critical thinking"的不同翻译（文秋芳等，2009；杜国平，2014），译名恰当与否不在本文探讨之列，为行文方便，本文统称"评判性思维"。国外对评判性思维的定义不尽相同，目前较为权威的

---

① 本文原发表于《中小学外语教学（中学）》2018年第7期。

是法乔恩（Facione）聚集美国和加拿大的45位哲学家、科学家、教育家共同完成的《德尔菲报告》（*The Delphi Report*）中所给出的定义："有目的的、自我调节的判断，建立在对证据、概念、方法、标准或背景等因素的阐述、分析、评价、推理与解释之上。"（孙有中，2015）而中学英语教育界包括本文所考察的文章则更多引用Bloom et al.（1956）提出的Bloom认知水平框架作为佐证。该框架把认知目标分为知识、理解、运用、分析、综合、评价6个层级，这对此后的教育界产生了深远的影响。安德森（Anderson）等人对该框架进行了修订，修订后的框架将认知目标分为记忆、理解、运用、分析、评价、创造6个层级。但布鲁姆（Bloom）等学者并未明确解释该框架与评判性思维的关系，本文所考察的文章对此亦语焉不详。安德森等学者则将评价分为检查和评判两种子类型，并指出评判（运用外部准则和标准对事物进行判断）是评判性思维的核心，同时在解释为什么没有把评判性思维纳入其修订框架时指出，评判性思维可能还要涉及分析和创造，跨越多个层级，因此无法单独归入某一具体的层级。可见，如果引用该框架，那么评判性思维应以第五层级的评判为核心，同时还可能涉及第四和第六层级。比较法乔恩的框架与安德森的修订框架可以发现，两者均认同评判性思维的核心是评判，前者涵盖了更多的具体技能。鉴于本文考察的评判性思维活动采用的是Bloom认知水平框架，本文相应采用该框架对这些活动做分析。

高阶思维与低阶思维有不同的划分方法，一般将Bloom认知水平框架的后3个层级统称高阶思维，前3个层级统称低阶思维，这也是布鲁姆本人赞同的划分方式。（Anderson，1994）本文所考察的文章亦都采用了该划分方式。Facione（1990）则指出，评判性思维是高阶思维之一，其还包含了问题解决、决策、创新思维等。

思维品质是《普通高中英语课程标准（2017年版）》提出的四大英语学科核心素养之一，指"在思维的逻辑性、批判性、创造性等方面所表现的能力和水平"，具体包括辨析语言和文化中的具体现象、梳理概括信息、建构新概念、分析推断信息的逻辑关系、评判各种思想观点、创造性地表达自己的观点等方面的能力，基本涵盖了Bloom认知水平框架中的6个层级，尤其强调后3个层级，即高阶思维，或安德森指出的评判性思维可能涉及的层级。

总之，评判性思维与高阶思维是发展语言能力时需兼顾的重要教学目标，是思维品质的关键组成部分，而单纯的知识回忆、机械的活动操练、文本的浅层理解、不合逻辑和缺乏理性的思考均不属于评判性思维或高阶思维活动，不利于思维品质的发展。因评判性思维与高阶思维都是目前有关思维能力培养的教学实践所关注的热点，且两者具有一定共性，故本文拟将两者合并讨论。教学片段中一些声称培养评判性思维或高阶思维能力的活动,如果并不具备相应的思维深度,本文则统称思辨欠缺现象。

三、"思辨欠缺"现象

教学实例分析中频繁出现的一个问题是属于低阶思维的活动被错误拔高,即被当作评判性思维或高阶思维能力培养活动。下面是教学设计中使用较多的几种类型。

1. 猜测类活动

猜测在阅读教学中使用较广,如读前根据标题预测文章内容,读中根据部分内容、读后根据全文内容预测后续发展,根据上下文猜测词义……属于 Bloom 认知水平框架"理解"层级的第三种"推断",在 Anderson 修订框架中为"理解"层级的第五种,即"基于对交流中描述的倾向、趋势、情况的理解做出估计或预测"(Bloom et al.,1956)。布鲁姆认为准确的推断需要基于对文本的转译和解释,读者应意识到推断只是具有某种可能性的猜想,是有限度的。当然,文本所给信息越少,猜测的自由度就越大,例如根据标题预测比在读中预测有更多的发挥空间,但其本质上需要基于文本理解。另外需注意的是,如果学生事先已经得知了文章内容或单词的意思,那么在读前、读中预测后续发展和猜测词义就变成了知识回忆,即第一层级的活动。

还有的教学案例在导入环节借助图片或教师肢体语言要求学生猜测本堂课将要学习的话题,因从表面上看,问题具有开放性,学生可各抒己见,故极易与"想象创造""高阶思维"混在一起。程晓堂(2018)认为,这类课堂互动看似生动活泼,实际上却缺乏思维含量,因为学生的猜测往往无根无据。Stobaugh(2013)就指出,如果开放性问题只需要给出若干事实即可回答,而不需要产生新的思想,其实应属于低阶思维。

2. 归纳类活动

归纳类活动常用的方式有利用图表梳理文章脉络、课堂上提问"What is the main idea?"、口头概述、概要写作等,主要属于"理解"层级的"转化"或"解释"。"转化"是把一种交流形式转化成另一种,"解释"是对交流内容进行说明或概括。和猜测类活动一样,归纳类活动解决的是文本到底讲了什么、作者试图表达什么思想感情等问题,但归纳类活动的个性化阐释的空间有限,否则过度发挥就是对文本的误解了。

不过,大意的提炼和脉络的梳理等可能还需要涉及区分主次信息、区分观点与事实、辨别篇章组织方式、厘清各部分逻辑关系等,属于"分析"层次。那么,这是否意味着归纳类活动就属于高阶思维活动呢? 综合 Bloom et al.(1956)和 Anderson et al.(2001)的观点,"分析"有两种目的和表现形式:一是使理解更全面,是理解的延伸;二是在评判性分析时"自然过渡到评价"(Bloom et al., 1956),是评价和(或)创造的前奏。《普通高中英语课程标准(2017年版)》在思维品质的一级要求中就提出,学生要针对所获取的信息"判断信息的真实性,形成自己的看法,避免盲目接受或否定",三级要求中更明确提出要"形成自己独立的思想",就是为了把"分析"进一步推向更高层级的评价和创造。如果"分析"以后最终只是为了解决文本讲了什么的问题,就尚未涉及评判性思维的核心——评判(Facione,1990;Anderson,1994),同时课堂活动的认知层级轨迹表现为向下发展,并不利于学生评判性思维能力的培养(杨莉芳,2015),这些活动要被称为高阶思维活动也比较勉强。另外,有的作者认为概要写作时合并压缩原文句子、替换原文词句是评价类活动,根据逻辑需要添加新的连接词属于 Anderson 修订框架中的"创造"层级,还有的作者认为画图表呈现自己对文本的理解、分析文章的篇章结构也属于"创造"层级,但实际上他们均过高估计了此类活动的思维训练作用。

3. 文本重现类活动

文本重现类活动与归纳类活动相似,但侧重点是在"理解"的基础上回忆具体的信息,属于 Bloom 认知水平框架中的"知识"层级,如:根据关键词复述课文,就某一话题阅读、整理材料并做口头报告,根据课文内容并运用所学语言进行角色表演,等等。作为练习手段,它们有助于学生内化所学语言,教师也可以通过其"转译"看出学生对文本理解的准确与否。在这一过程中,学生也可以替换使用原文中没有的词句,但如果说这样做就体现了思辨能力中最高层次的创新活动,则明显欠妥。

以上活动的改进方式之一是通过增加评判环节将学生思维推向更高层次。例如,在猜测类活动中进一步提问"What makes you say that?""Why do you believe it is possible?""Which do you think is most possible(acceptable, reasonable),and why?"等等,要求学生给出自己猜测的理由,比较不同猜测的合理性,使其对自己判断所依据的参照体系有清晰的认识(Bloom et al.,1956);在归纳类活动中,师生可以首先共同探讨、明确优秀的归纳应具备什么特征,然后运用这些"清晰界定的标准"(Anderson et al.,2001)评价自己与他人的归纳;在文本重现类活动中,教师也可以将评判权交给学生,让他们依据若干标准对该类活动进行评判,提出改进建议。

四、原因分析

在英语教学中能否发展学生的思维品质,关键在于教师的认识和实践能力。(程晓堂,2018)大量低阶思维活动为什么会频频被当作评判性思维或高阶思维活动? 笔者认为可能有以下原因。

1. 阅读教学仍较传统

在日常教学中,教师讲解、灌输可能仍然偏多。王蔷(2015)认为,当前中学英语教学中传统教学理念还没有得到根本转变,教师关注教多于关注学,课堂教学表层化,缺乏对语篇文本的深入分析,忽视主题意义的深层探究和思维培养。在此反衬下,但凡带有启发引导性质的提问,需要学生更深层次思考、更主动参与以建构知识的活动,都容易成为"新颖"的教学方式,并一律与评判性思维或高阶思维活动画上等号。

2. 混淆技术手段与学科内容

一些形式较新颖的教学辅助手段,如思维导图,容易造成凡使用就必定"高级"的假象。例如,教师出示一幅标有不同词性的思维导图,要求学生"Think of some different words to describe hobbies.",这与直接提问"Can you think of some adjectives(nouns, verbs...)to describe hobbies?"没有本质区别,均属于低层次的知识回忆,谈不上评判性思维活动。又如,课后阅读任务要求学生把思维导图中缺失的信息补充完整,也等同于传统的信息表填写,或者等同于"What other examples does the author give?"这类指向文本浅层理解的提问。当然,如果不给提示要求学生画出自己的思维导图,那么需要首先对文章结构做一定分析。但如果说这样做是将文字形式转换成了另一种"新"形式,实现了对原文的"超越",达到了"创造性思维培养"目标,就是错误拔高了。

再者,一些教学片段中的教学目标或课堂指令,如"Create a diagram showing the relationship between these parts." "Draw a creative picture to show your understanding of..." "Create a PowerPoint presentation on...",虽然有"create""creative"等字样,但究其本质,仍是要求学生使用图表、幻灯片等手段(属于技术手段的"运用"层级)展示对文本的理解(属于学科内容的"理解"层级)。因此,认知层级与指令中的用词没有必然关系,评价学生的产出时,学科内容(学生能否准确理解把握)与技术手段(能否熟练、创造性地使用,作品是否有

艺术美感,等等)也应区别对待。(Anderson et al.,2001;Stobaugh,2013)

3. 文献转引频繁,术语把握欠准确

对关键术语缺乏准确理解和把握应该是众多思辨教学实践研究出现偏差的一个根本原因。布鲁姆曾指出,其认知水平框架发布后虽然在美国教育界成为引用最广的文献之一,但真正读过的人非常少。(Anderson & Sosniak,1994)类似情况在国内教育界恐怕同样存在,例如本文考察的文章大多间接转引了Bloom认知水平框架。间接材料只能看到原作者的只言片语,难以准确了解原作术语的确切含义,而文献的不当使用则会进一步加剧这种混乱。比如,作者A转引作者B文章里面的Bloom认知水平框架,将分析、综合、评价3个层次统称高阶思维,但又转而引用作者C对分析、综合两个概念的定义(前者是将事物分解成各个部分并分别认识其特征,后者是把事物各部分的认识联系起来以形成整体认识),提出英语阅读教学中应培养"分析、综合"这一"高阶思维能力"。试比较Bloom et al.(1956)对分析、综合的定义:前者是将交流分解成各组成要素并厘清相互关系,如区分观点与事实、结论与证据等;后者是将各要素组合成之前不存在的整体,在安德森修订框架中称作"创造"。由此我们可以发现,作者A所称的"分析、综合"其实仍然是认识理解文本的一种手段,与高阶思维中的"分析、综合"完全不同。

文献转引有诸多弊端,而编造文献出处的后果就更严重了。比如,作者D引用了作者E于30年前发表在国外某期刊上的一篇英文文章中其关于评判性阅读的常用策略的论述。且不论该文章的时效性和权威性,根据作者D提供的页码或"引文",我们比对作者E的原文,并未发现这些策略分类,当然更没有有关各策略详情的说明。其实,这些策略中很大一部分与评判性阅读没有必然联系,但这些所谓的常用策略未经严格考证,又转而被国内众多作者引用,甚至被用于指导中学乃至大学英语教学中的文本解读、策略培训、量表编制、能力调查等。同时,这些后续的作者或不恰当地注明引用了作者D,或声称直接引用了作者E,或干脆未给出任何文献出处。

笔者以为,文献引用尤其是涉及关键术语的引用时,应准确把握原文作者意思,避免一次甚至多次转引造成断章取义、资料失真,更不宜根据他人翻译或转引内容自行揣摩关键术语的内涵。这些既是学术研究的起码要求,又是教师自身思维品质的基本体现。英语教师应充分利用自己能阅读英文文献的语言便利,根据需要尽量直接引用相关原文资料,否则,教学研究容易以讹传讹、误入歧途。

五、结　语

本文分析了中学英语课堂教学活动中几种常见的认知层级错误拔高的现象。需要说明的是,笔者并不否认这些例子中提问或活动的价值,也不是片面强调课堂活动的认知层次越高越好、高层次活动越多越好。其实,即使是最基础的知识记忆类活动,在今天英语教学中的重要性仍不可低估。当然,《普通高中英语课程标准(2017年版)》将思维品质培养提高到了前所未有的地位,而评判性思维或高阶思维的发展则是其中的重点。教师应该对各种课堂活动的认知层级、思维培养功能有清晰的认识,根据需要灵活运用,努力增加语言学习活动的思维含量,并在促进学生语言与思维能力协同发展的同时,不断提高自身的思维品质。

参考文献

程晓堂,2018. 在英语教学中发展学生的思维品质[J]. 中小学外语教学(中学),
　　41(3):1-7.

杜国平,2014. 批判性思维辨析[J]. 重庆理工大学学报(社会科学版),28(9):
　　1-5.

黄源深,1998. 思辨缺席[J]. 外语与外语教学(7):1,19.

孙有中,2015. 大学思辨英语教程精读1[M]. 北京:外语教学与研究出版社.

王蔷,2015. 从综合语言运用能力到英语学科核心素养——高中英语课程改革
　　的新挑战[J]. 英语教师,15(16):6-7.

文秋芳,王建卿,赵彩然,等,2009. 构建我国外语类大学生思辨能力量具的理论
　　框架[J]. 外语界(1):37-43.

杨莉芳,2015. 阅读课堂提问的认知特征与思辨能力培养[J]. 中国外语(2):68-79.

中华人民共和国教育部,2018. 普通高中英语课程标准(2017年版)[M]. 北京:
　　人民教育出版社.

ANDERSON L W, 1994. Research on teaching and teacher education[C]//
　　ANDERSON L W, SOSNIAK L A. Bloom's taxonomy: a forty-year retrospective.
　　Chicago: National Society for the Study of Education:126-145.

ANDERSON L W, KRATHWOHL D R, AIRASIAN P W, et al., 2001. A
　　taxonomy for learning, teaching, and assessing: a revision of Bloom's taxonomy

of educational objectives[M]. Boston: Addison Wesley Longman, Inc.

ANDERSON L W, SOSNIAK L A, 1994. Excerpts from the "taxonomy of educational objectives, the classification of educational goals, handbook I: cognitive domain" [C]//ANDERSON L W, SOSNIAK L A. Bloom's taxonomy: a forty-year retrospective. Chicago: National Society for the Study of Education: 9-27.

BLOOM B S, ENGELHART M D, FURST E J, et al, 1956. Taxonomy of educational objectives: the classification of educational goals. handbook I: cognitive domain[M]. New York: David McKay Company Inc.

FACIONE P A, 1990. Critical thinking: a statement of expert consensus for purposes of educational assessment and instruction[M]. Millbrae, CA: The California Academic Press.

STOBAUGH R, 2013. Assessing critical thinking in middle and high schools: meeting the common core[M]. New York: Routledge.

行动学习理论观照下的英语专业写作教学与思辨能力培养①

姚　倩

（浙江师范大学，金华：321000）

摘　要：基于英语专业学生写作中存在的"精晰性、逻辑性、深刻性"缺乏问题，该文建议在英语写作课程设置方面充分考虑衔接性。在教学实践方面，建议在行动学习理论观照下，注重实践、反思与小组合作，以"诵读""润色"辅佐"写作"。

关键词：英语写作；行动学习；思辨能力；课程设置；教学实践

就外语教育而言，其关键就是要通过发展师生的综合认知能力来提高师生对已知世界的认识水平和增强他们对未知世界的探索能力（吴本虎，2009）。吴本虎（2009）在论述语言观的变化引发外语教育目标与语言测试方式变革的历史趋势之后，对外语教育目标及其评价方式提出了质疑，接着从理论与实践两个方面探析了"以培养交际能力为目标"的外语教育的局限性，进而倡导"以发展综合认知能力为目标的外语教育"，并主张通过"以超越—创新为取向的第六代评价"促使师生共同发展综合认知能力。思辨能力是综合认知能力之一，发展思辨能力的重要性日益凸显，而思辨能力正是目前国内英语专业学生英语写作中亟待提升的。

一、引　言

文秋芳（2008）基于双维模型、三元模型与三棱模型，提出了层级理论模型。层级理论模型主张将思辨能力细化为两个层次，即元思辨能力和思辨能力。第一层次元思辨能力是指对自己的思辨进行计划、检查、调整与评估的技能；第二层次思辨能力包括与认知相关的技能和标准，以及与思维品质相关的情感特质。层级理论模型将三元结构模型中的 10 条认知标准精简为 5 条，这 5 条认知标准

---

① 本文原发表于《语文学刊（外语教育教学）》2014 年第 9 期。

分别为精晰性、相关性、逻辑性、深刻性与灵活性。层级理论模型有关思辨能力的细化及其5条认知标准,对英语专业写作教学及学生思辨能力培养有一定的借鉴作用。教师可结合教学实际,确定教学重难点。

思辨能力培养的具体操作则可在行动学习理论观照下进行。行动学习理论是源于英国管理学家瑞文斯(Revans)"通过实践行为来促进学习"观点的一种学习和培训理论。Revans(1998)认为:"学习(Learning)是理论知识(Programmed knowledge)的学习与行动中的探索(Questioning insight)的结合,即L=P+Q。"行动学习强调的是通过行动中的探索来学习。因此,行动学习是建立在具体环境中学习者反思与行动相互联系的基础上的,而且强调在反思中积累经验,从而达到个人和集体的共同发展(阮全友,2012)。在英语专业写作教学中,学生可在教师指导下,以小组合作方式展开反思性实践。教师通过"写作"前"诵读"、"写作"中"实践"、"写作"后"润色"等实践方式,培养学生思辨能力。

二、主要问题

笔者回顾多年来的学生作文评阅实践后发现,英语专业学生在写作中主要存在3个方面的问题:其一,精晰性缺乏,突出表现为措辞不够精准,语体搭配不当;其二,逻辑性不强,主要体现在行文条理不够清晰,存在穿凿附会、主观片面情况;其三,深刻性不够,主要表现在行文缺乏深度,剖析问题视角较为单一,观点阐述较为简单。

三、对　策

鉴于上述问题,笔者试从课程设置和教学实践两个方面提出建议。

在课程设置方面,笔者建议英语写作课程的设置应充分考虑衔接性,使之更有针对性。课程设置可根据学生的发展需求,对不同年级学生教学各有侧重。"行动学习"并不仅限于课本研习、文本品读。教师应开阔视野,突破课堂教学的封闭性,灵活使用文本、视频、音频等多种工具,在教学内容中渗透多学科知识,为思辨能力培养奠定基础。笔者建议在大一开设"基础英语写作"课,重在夯实英语写作基础,提高思辨能力。注重基本写作技巧和规范,加大经典作品赏析力度,文体可以以记叙文、说明文、应用文等为主;教学中可结合与文本赏析相关的影视资料,生动再现原文风貌,让学生更好地体悟异域文化。建议在大二设置"新闻阅读与写作"课,重在增强思辨能力之逻辑性。"新闻阅读与写作"课可按财经、政治、社会、艺术、健康等不同板块开展新闻阅读,并尝试让学生写新闻体短文及时评,文体以记叙文及议论文为主。建议在大三开设"学术论文写作"课,重在加强思辨能力之深刻性,也让学生加强论文写作规范,涉猎一些相关原版学术专著,完成书评及学术论文写作。建议在大四开设"英语创作"课,重在综合培养学生的思辨能力。在"英语创作"课中,学生可赏析不同领域的优秀作品,包括诗歌、散文、小说、戏剧等,并加以借鉴,进行相关创作。

在教学实践方面,笔者建议在行动学习理论观照下,采取"诵读""实践""润色"辅佐"写作"的方式。其一为"诵读"。"诵读"在"写作"实践之前,可包括词根积累、分类词汇积累、佳句赏析、美文品读等。词根积累与分类词汇积累有助于学生扩大词汇量,加强思辨能力之精晰性。佳句赏析与美文品读则可让学生在诵读中反思、内化,有助于增强学生思辨能力之逻辑性与深刻性。虽然懂得句读,文章大意就可了解大半,但对于非母语学习者而言,仅靠朗读,更多的是达到流利的目的。在跟读原版音频的基础上进行"诵读",学习者能更准确地理解文本,亦能体悟异域文化的韵律美、节奏美。"诵读"要求文本地道、经典,并尽可能有原声音频可跟读模仿。此外,"诵读"资料需提供一定语境,包括词根积累与分类词汇积累。学习者可组织小组,在教师引导下定期参加读书报告会。报告会可包含新词介绍、口头报告、佳句听写、提问环节等。口头报告为内化并再现的过程;佳句听写则有利于同伴互进;提问环节,通过小组提问、即兴回答等,促进学生思辨能力发展。其二为"实践"。此环节要求学生在内化"诵读"文本的基础上,完成相似主题"习作"。"写作"要求学生在规定时间内,尽量不翻阅参考资料,独立完成。"写作"内容包括习作提纲及正文。提纲及正文要求紧扣主题,加强逻辑性。其三为"润色"。本环节可在行动学习理论观照下,组织小组活动,通过教师引导、同伴互评、典型问题研讨、习作修改、反思报告等方式进行。小组活动以同伴互助为主,教师指导为辅。教师在"润色"中以引导为主,在同伴互评前,教师提供学习者常见问题列表。在同伴互评时,学习者互相交换习作提纲及正文。学习者参阅提纲,结合常见问题列表,对习作做出简要点评。对习作中出彩之处用波浪线画出,对需改进之处用下划线标示,并参照常见问题列表,明示问题类别。在同伴互评后,学生对习作中需改进之处,参阅词典或参考资料予以"润色"。学生修改后,教师对存在的问题予以归纳整理,对典型问题进行集中剖析研讨。学生结合同伴评价及教师建议,完成反思报告。在"润色"环节之后,形成美文库,供学习者相互交流。

四、结　语

当今国内英语专业学生英语写作的思辨能力仍有极大提升空间。写作应是一种具有思辨性的创造,即以深厚的积淀、开阔的视野、精准的措辞、明晰的阐释表达思想。基于英语专业学生英语写作中存在的"精晰性、逻辑性、深刻性"缺乏问题,笔者建议在英语写作教学中,借鉴行动学习理论,注重实践、反思与小组合作,以"诵读""实践""润色"辅佐"写作"。此外,笔者建议充分考虑英语写作课程的衔接性,使课程设置更有针对性,同时使用创新的教学方法,培养学生的思辨能力。

参考文献

吴本虎,2009. 以发展综合认知能力为目标的外语教育评价:以超越—创新为取向的第六代评价[J]. 外语界(6):36-42.

文秋芳,2008. 论外语专业研究生高层次思维能力的培养[J]. 学位与研究生教育(10):29-34.

文秋芳,王建卿,赵彩然,等,2009. 构建我国外语类大学生思辨能力量具的理论框架[J]. 外语界(1):37-43.

阮全友,2012. 构建英语专业学生思辨能力培养的理论框架[J]. 外语界(1):19-26.

REVANS R, 1998. ABC of action learning[M]. London:Lemos & Crane.

以"创新思辨"为核心的多元互动英语演讲教学①

章　莉

（浙江师范大学,金华:321000）

摘　要:高校英语演讲教学在"教学"和"成效"等方面都面临着诸多困难和挑战。高校英语教学要达到有效化、多效化、长效化的目的,需要在教学平台和教学重点等方面进行创新。该文以"多元互动"的教学平台为硬件,以"创新思辨"为软件,尝试构建新形势下英语演讲教学新模式。

关键词:多元互动;创新思辨;英语演讲;教学模式

一、引　言

演讲的历史可追溯到2500多年前的古希腊,年轻人必须修习如何在众人面前演讲,发表观点。苏格拉底和柏拉图同时教授学生"哲学"和"演讲"两门课程,使思维以有声的形式发生碰撞。各个国家历史的各个关键时期都出现了无数知名的演讲名篇,这些演讲对于改变历史、让人们铭记历史有着重要意义。到了现当代,演讲能力成为"领导力"的重要组成部分,而英语演讲能力更是成为中国学生提高职业竞争力、成为"国际人"的重要条件之一。

英语演讲能力的提升是一个缓慢而长期的过程,需要教师引导学生在课堂内外多方面地输入、输出,全方位地思考、辨析、应用、创新。现在,大多数高校已全面开设"英语演讲"课程,而短短一学期或一学年的课程并不能改变中国学生存在的"哑巴英语""思辨缺失症"等状况,更无法满足学生的个性化需求。如何使课程内容实用化、个性化,课程形式灵活化、多元化,课程成果有效化、多效化、长效化,是当下英语演讲教学需要解决的问题。

---

① 本文原发表于《阜阳职业技术学院学报》2017年第4期。

二、面临的挑战

当下,英语演讲教学在"教学"和"成效"等方面都面临着诸多挑战。

(一)"教学"的问题

在教师教学层面主要有以下三个问题。一是教学资源杂乱。英语演讲教材有很多,然而权威实用的依旧缺乏。从欧美国家引进的原版教材虽地道,但未经过本土化的调整,很难应用于实际课堂,且由于视频、音频版权问题,演讲实例偏少。二是技术设备难以保障。英语演讲课程需要频繁使用多媒体,对录音、录像,以及网络传输、存储、播放等一系列现代技术有一定要求。然而,现今的课堂设备不齐全,校园网络环境不稳定,难以一站式满足所有要求。三是学生个性化需求难以满足。由于时间紧、师资少、学生多等,老师很难对学生的讲稿写作、演讲呈现进行一对一指导,无法满足学生的个性化需求。

在学生学习层面主要有以下两个问题。一是实践时间少。作为实践性课程,英语演讲不能止于纸上谈兵。课堂上大部分时间教师需要讲授演讲理论和技巧,学生的演讲实践时间无法保证。二是实践机会少。除了少数几次演讲比赛,学生鲜有实践机会。

(二)"成效"的问题

1. 思辨能力缺失

英语演讲课堂不仅是学习用英语流畅表达的课堂,更是锻炼学生思辨能力的课堂。很多学生的词汇量较大、口语能力较强,然而在进行话题讨论、演讲时,其所讲内容空洞乏味、逻辑混乱,他们更无法理性地辨析他人的观点,这就是所谓的"思辨缺失症"。(黄源深,1998,2010)这是发生在外语学习者身上的一种由外语教学工作的偏颇和失误导致的在思维创造能力、研究能力和解决问题能力上的一种捉襟见肘的综合性思维能力缺失现象。(桂清扬、高歌、楼翎,2011)

2. 创新能力缺乏

创新能力是现代社会、经济、制度发展的核心动力,是指学生是否能够在特定环境中根据现实的需求,改进或者创造出新思想、新理论、新方法和新事物的能力。就英语演讲而言,创新能力是指学生能否用新的语言表达方式、新的思想和观点,以及新的演讲技巧,灵活创新地将演讲用于日常生活和职场竞争中。目前,大多数英语专业学生缺乏实践,往往局限于语言的学习,导致思维狭隘,创新能力缺乏。

三、英语演讲教学改革:"多元互动"+"思辨创新"

以"思辨创新"为核心的"多元互动"的英语演讲课堂需要一套硬件和一套软件。硬件就是一个"多元互动"的英语演讲教学平台,软件就是一套以提升学生"思辨创新"能力为目的的教学模式。

(一)硬件:"多元互动"的英语演讲教学平台

所谓"多元互动",就是指师生作为教与学活动的双主体,在课堂、学生课外活动场所、网络虚拟空间三维环境中,所进行的师生、生生、生机间的英语互动活动。(司显柱,2011)丰富的网络资源和快捷的信息传送方式正改变着学生知识获取的途径和方式。(张善军,2011)近年来,手机移动网络的普及,让学生能够随时随地上网查询资料,阅读文章,听音频,看视频,与教师、同伴沟通交流。方便快捷的移动网络环境十分有利于"多元互动"的英语演讲教学平台的开发和应用。如图1所示,在英语演讲教学平台上,学生不再单向地接受教师传授的知识,而是进入了一个多途径、多维度、多频度、多向的学习模式。

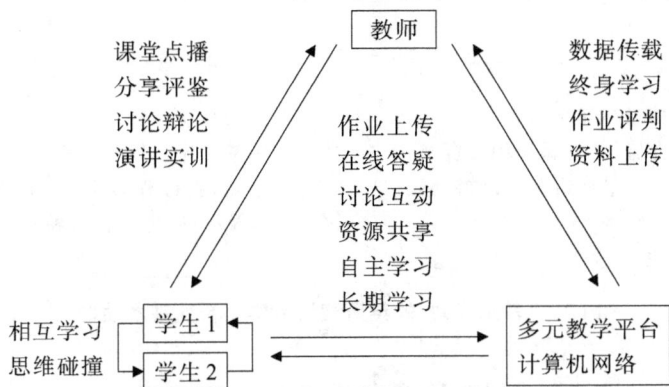

图1 "多元互动"的英语演讲教学平台

"多元互动"教学模式优势显著。首先,教学资源能够不断得到补充和更新。这就要求教师具备挑选资源、整合资源的能力,并将网络资源有机地结合到课堂教学中,引发学生思考、讨论。其次,"多元互动"教学模式以能力为本,注重培养学生解决问题的能力。教师不再大量"灌输"知识点,而是将知识整合后作为学生课前阅读材料,上传至学习平台。到了课堂上,教师只需适当点拨,组织实践和讨论即可。由此,教学效果得以增强。再次,"多元互动"教学模式能持续扩大课程的受益面。随着网络教学平台的完善,内容也会越来越丰富,在师资力量不足的情况下,它其至可以替代教师单独承担教学的任务。如此一来,这个教学平台就可以为无数需要帮助的学生提供不定时、无限期、免费的学习资源,使学习得以长效化。事实上,手机网络平台成功实现"多元互动"教学的案例已经不胜枚举,如App"叽里呱啦""英语趣配音"等。最后,"多元互动"教学模式支持和鼓励自主学习、终身学习。课堂的结束是自我反思、自主学习的开始。脱离了课堂后,学生有更高的自由度,可根据自己的兴趣来选择学习的材料,选择讨论的对象,甚至可以自设主题、自开论坛、自由组织相关活动。由此,演讲教学得以多效化。总之,"多元互动"教学模式反对千篇一律和传统的灌输式教学,既反对"人灌",又反对"电灌",而注重学员主动、互动的知识获取,注重"学会学习"和"终身学习"。(施斌,2004)

基于"计算机网络＋课堂"的"多元互动"教学模式,必须有多媒体网络语言实验室、网络自主学习中心等硬件环境的支撑。(司显柱,2011)"多元互动"的英语演讲教学平台最重要的两项功能就是信息存储和互动交流。因此,首先要建立一个信息存储平台和一个交流互动平台。两个平台交叉互动,融为一体,在教学的各个环节中起到了一个信息处理中心的作用。教师需要做的,就是努力将两个平台通过教学手段和技术手段无缝对接。如图2所示:

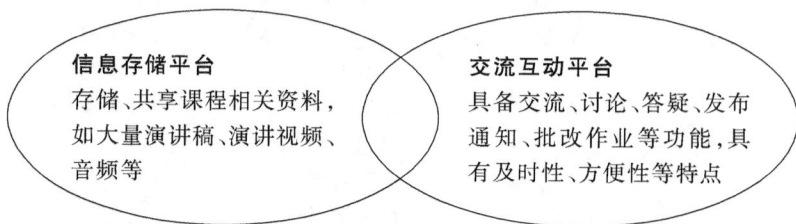

信息存储平台
存储、共享课程相关资料,如大量演讲稿、演讲视频、音频等

交流互动平台
具备交流、讨论、答疑、发布通知、批改作业等功能,具有及时性、方便性等特点

图2 "多元互动"的英语演讲教学平台的基本功能

(二)软件:推进"思辨创新"的教学模式

英语演讲是英语学习者综合语言能力的体现,要求学习者具备听演讲、说观点、读材料、写讲稿等全方位的能力。思辨能力则是演讲、辩论技能中的关键元素。演讲者必须逻辑清晰、重点突出地进行陈述表达,快速搭建思维框架,快速组织语句顺序,逻辑清晰地思考,用最短的时间讲清观点。(桂清扬、高歌、楼翎,2011)

正因如此,加强对学生思辨能力的培养,已是当前国内外语界的基本共识。(李明秋,2014)然而,长期以来,我国学生在"分析""推理""评价""综合辨析"等

思辨能力方面的表现不尽如人意,黄源深(1998,2010)指出,这种能力的缺失可谓"思辨缺席"。外语学习者的思辨能力更是长期受到诟病,已经引起一大批学者的关注和讨论(如:黄源深,2010;文秋芳、周燕,2006;孙有中,2011;等等)。究其原因,既有学习者本身学习目的和态度的原因,又有课程设置、教学模式及测试体系方面的原因。(李明秋,2014)

"思辨创新"教学模式对学生和教师都提出了更高要求。学生需要从更宽广的视角解释现象,对研究对象做出多维度的分析和判断,对问题提出更多的解决方案。就语言学习来说,拥有良好的思辨能力可以让学生的表达言之有物、逻辑严谨、分析深刻,让学生更加主动地去倾听和评判别人的观点,并提出有建设性的看法。教师则要抛弃照本宣科、灌输式的传统单一的教学模式。如图3所示,教师需要选用大量教学内容和素材,布置课前、课中、课后各个阶段的任务,灵活设计课堂内外的教学活动,并在各个环节都能引发学生主动参与、积极思考、灵活思辨、创新应用的意识。

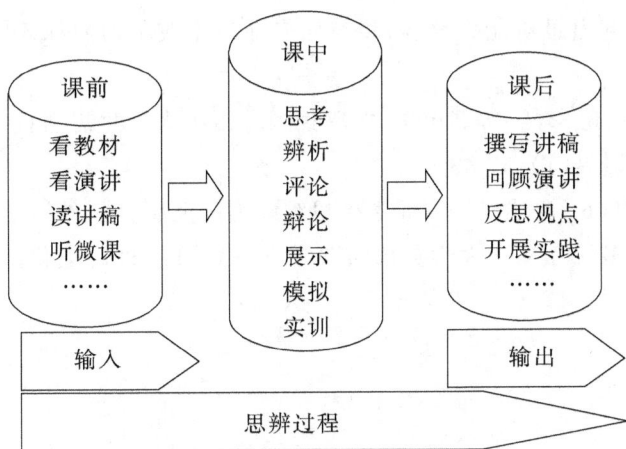

图3 英语演讲的"思辨创新"教学模式

四、结 语

近年来,中国经济发展迅速,在国家实力增强的同时,国人也越来越重视在国际社会"发出声音"。当今大学生要成为卓越的"国际人",不仅要具备语言能力,同时还要有批判思辨能力、应用创新能力及统筹管理的领导能力。作为大学课堂中训练学生语言能力、思辨创新能力的应用型课堂,英语演讲不仅需要一个科学有效的"多元互动"的平台,以增强教学的多效性、长效性,同时还需要以"思辨创新"为核心,引导学习者言之有物、言之有效。

参考文献

桂清扬,高歌,楼翎,2011. 以思辨训练、多元文化导入为特征的英语演讲 STUDIO培训模式[J]. 浙江外国语学院学报(2):6-11.

黄源深,1998. 思辨缺席[J]. 外语与外语教学(7):1-19.

黄源深,2010. 英语专业课程必须彻底改革——再谈"思辨缺席"[J]. 外语界 (1):11-16.

李明秋,2014. 创新人才培养视阈下外语专业学生思辨能力培养研究[J]. 中国 农业教育(1):87-90.

施斌,2004. 论多元互动教学模式[J]. 湖北广播电视大学学报,24(4):8-11.

司显柱,2011. 多元互动大学英语教学模式建构——建构主义视域[J]. 外语学 刊(1):110-112.

孙有中,2011. 突出思辨能力培养,将英语专业教学改革引向深入[J]. 中国外语 (3):49-58.

文秋芳,王建卿,赵彩然,等,2009. 构建我国外语类大学生思辨能力量具的理论 框架[J]. 外语界(1):37-43.

文秋芳,周燕,2006. 评述外语专业学生思维能力的发展[J]. 外语学刊(5):76-80.

张善军,2011. 多元互动式大学英语实验教学反思[J]. 外语电化教学(7):76-80.

英语专业师范生教学能力培养探究①

闻琴华

（浙江师范大学,金华:321000）

摘　要:该文分析了英语专业师范生教学能力的研究现状,以及《中小学和幼儿园教师资格考试标准》中教学设计、教学实践、教学评价3个方面对教师教学能力的要求,选取浙江师范大学英语(师范)专业2014级本科145班和146班两个平行班为研究对象,进行为期一年的关于英语专业师范生教学能力培养的研究。通过对调查结果的分析,该文认为改革课堂教学模式、变革课堂教学内容和方法、创新课堂教学设计、开展各类教学实践活动等能够增强英语专业师范生的自我效能感,提升其教学设计能力和教学实施能力。

关键词:英语专业师范生;教学能力;教学模式

一、引　言

自2011年教育部在浙江、湖北等省率先开展教师资格"国考"改革以来,先后已有15个省进入"国考"改革。按教育部要求,自2015年起,我国全面实行国家教师资格统一考试,不再分师范生和非师范生。从教不再是师范生的专利,师范教育面临着前所未有的冲击和挑战。从改革试点省市的考试情况看,考生通过率不足三成。自2015年实行全面"国考"以来,笔者所在学校已有好几届英语师范生参加了全国教师资格统一考试,考试结果不尽如人意。据不完全统计,英语专业师范生笔试、口试的一次性通过率不足70%。

究其原因,主要是英语专业师范生的教学课程设置不合理。就笔者所在学校的教学实际情况而言,教师教育类必修课程学分为24,占总学分的15%,实践教学课程学分为6,只占总学分的5%。再加上大部分课程为理论课程,实行大班授课,学生很少有真正参与教学的机会。大四教育实习的教育实践仅为6周,且并非所有学生都有机会实习,实习效果难以保证。据近几年实习学校反馈,笔者所在学校英语专业师范生在文本解读、教学设计、课堂组织、授课技巧、教学评

---

① 本文原发表于《英语教师》2016年第16期。

价等方面仍存在一些问题,因此,对他们的学科知识和教学能力的培养迫在眉睫。

国家教师资格统一考试的推行加大了对教学实践能力考核的比重,中小学教师资格考试不仅以笔试形式考查学科知识储备,而且以面试形式考查学科教学能力。2016年的中小学教师资格考试大纲之《英语学科知识与教学能力》(高级中学)中也对英语专业师范生应具备的学科知识与教学能力提出了明确的要求。因此,如何加强英语专业师范生的学科教学能力是当前师范院校英语课程改革亟待解决的问题。

二、英语专业师范生教学能力研究现状及要求

1. 教学能力研究现状

从中国知网检索关键词包含"英语师范生教学能力"的文献(1997—2015年外语类期刊10篇)发现,学者对英语专业师范生教学能力培养的研究大致可分为以下三类。

第一类是英语专业师范生教育课程改革研究,以吴宗杰(1997),韩刚、李庆(2005),罗晓杰、谢利民(2011)为代表。韩刚、李庆(2005)以海南师范大学自2000年以来实施的"3DR"(Description, Design, Demonstration, Reflection)英语专业师范生教师教育课程改革方案为基础,重点讨论了该方案中"描述课堂观察""设计课堂任务""演示教学思想""反思教学实践"这四种教学实践活动对师范生综合专业素质的发展的促进作用。

第二类是英语专业师范生学科教学知识及其养成研究,以邹为诚(2009),郑志恋、叶志雄(2013)为代表。郑志恋、叶志雄(2013)以浙江师范大学创设的"教育体验"课程为实践基础,提出了体现任务型、探究型和动态型的"3DT"(Designing, Describing, Decomposing, Theorizing)模式,以此来促进职前英语教师学科教学知识的养成。

第三类是职前英语教师教育实践能力的构成及培养研究,以洪明(2013),张威、孙永波(2012)为代表。张威、孙永波(2012)探讨了国家教师资格考试背景下师范院校对职前英语教师教育实践能力的培养问题。

2. 教学能力要求

2011年颁布的《中小学和幼儿园教师资格考试标准及大纲(试行)》(以下简称《考试标准》)对教师教学能力的要求主要体现在教学设计能力、教学实施能力与教学评价能力这3个方面,具体情况如表1所示。

表1 《考试标准》对教师教学能力的要求

教学设计能力	①依据学生现有的知识与经验,说明教学内容与现有知识联系的能力 ②依据学生认知特征与课标要求,确定教学重难点的能力 ③描述教学目标、选择教学方法、安排教学过程与内容、完成教学内容教案设计的能力
教学实施能力	①依据学科特点和学生认知特征,恰当地运用教学方法,帮助学生有效学习的能力 ②调动学生的学习主动性,组织探究性教学和研究性学习的能力 ③条理清楚地归纳总结教学内容的能力 ④运用现代教育技术进行教学的能力
教学评价能力	①对学生的学习活动进行评价的能力 ②对自己的教学过程进行反思,提出改进思路的能力

三、以实践为导向,构建英语专业师范生教学能力培养模式

本研究根据《考试标准》和2016年的中小学教师资格考试大纲之《英语学科知识与教学能力》(高级中学)对于"教学能力"的具体要求和考核标准,明确教学能力培养的重要地位,改革课堂教学模式,创新英语课堂设计,尝试构建英语专业师范生教学能力的培养模式。

此次研究对象为英语(师范)专业2014级本科145班(27人,男生2人,女生25人)和146班(26人,男生2人,女生24人)。两个班级为平行班,这两个班的学生均是全国普通高等院校招生考试第一批录取的本科生,就业基本面向浙江省中小学。研究方法为定性实证研究,研究手段为课堂观察、微课课件制作、教案设计、自我反思、同伴互评、问卷调查、访谈等。研究从2015年9月开始至2016年9月结束,历时1年。

1. 教学理念

以《考试标准》对教师教学能力3个方面的要求为理论依据,以韩刚、李庆(2005)中提到的"3DR"英语专业师范生教师教育课程改革方案为基础,本研究提出新"3DR"(Design,Demonstration,Discussion,Reflection)英语专业师范生教学能力培养模式,以教学能力培养为主要教学目标,依托基础英语课程,改革教学内容和教学方法,开展专业实践活动,融教学能力培养于语言技能训练中,全面提高师范生的实践教学能力。

2. 教学方法和手段

(1)改革课堂教学模式,营造民主和谐的氛围

教师应改变"以教师为中心"的单一教学模式,采用"以学生为主体"的教学模式,创造师生平等交流的课堂氛围,利用信息化网络教学环境,与学生共享开放式课程资源,创造性地利用相关教学材料,把对英语专业师范生教学能力的培养真正融入日常课堂教学之中。

(2)创新课堂教学设计,强化教学能力培养过程

教师应构建多媒体环境下的立体教学体系,采用探究式和启发式的教学方法,与任务型教学相结合,创新课堂教学设计,创设真实的教学情境,加强教学实践,开放教学过程,开展灵活多样的课堂活动,注重课堂呈现、师生互动、反思评价等教学环节。教师除承担知识讲授的责任之外,还要成为学生学习的组织者、指导者、督促者和评价者。

课堂活动主要为各种形式的课堂报告,包括课前演讲、名人名言评论、美文赏析、英语时事新闻播报和评论、各种微课教学、教材文本解读和讨论等。课外活动主要为每周热点新闻评论、课堂活动自我反思、微课反思和自评等。

本研究提出的新"3DR"英语专业师范生教学能力培养模式,由教学设计、教学展示、课内讨论与评价、课后反思等教学环节组成。以下以各种课型的微课教学为例加以论证说明。

微课教学从历年教师资格考试(高中英语)面试环节教学试讲的考核目标出发,从听力教学、阅读教学、口语教学、写作教学、语法教学、词汇教学、语音教学等10余种常考课型入手,以人教版高中英语课本1—4册为教材,让学生设计并讲授一堂10—15分钟的微型课。活动围绕3个方面展开,即:课前解读文本、设计教案和制作课件;课中以微课授课和师生共同讨论及评价为主;课后就整个微课教学过程进行个人自评和同伴互评。课前、课中、课后形成一个循环,鼓励学生尝试各种课型的教学实践,以巩固其英语学科知识,提高其英语实践教学能力,帮助其更好地应对国家教师资格统一考试,提高其就业竞争力。

(3)创新改革评估体系,实现教学能力的多元评价

本研究将发展性评价作为评估的重要方式,建立电子学习档案,实现学习过程记录与学习资源共享,建立过程性评估体制,实现以评促学,并引入自我评价、同伴评价和教师评价机制,实现评估模式的多元化。

除传统的期末考试之外,学生可以采取个人或小组课堂报告、课后反思评论、建立学习档案等多种形式提升自己的教学能力。值得一提的是,学习档案收入的内容应包括文本材料、课件、教案、教学反思、同伴互评、教师评价及教学小

论文等。此外，师生应共同明确教学能力评价标准，根据《考试标准》制订教学设计实施及教学评价的各方面细则。

四、研究结果与讨论

为期 1 年的教学实践证明，将教学能力培养引入基础英语课堂，创新课堂教学设计，开展各类教学实践活动，融教学能力培养于语言技能训练中，能大大激发英语专业师范生的学习兴趣，提升其教学设计能力，增强其教学实施能力，全面提高其自我效能感和反思评价能力。

1. 提升教学设计能力

教学设计是基于对教材的综合性理解进行的再创造。（朱红梅，2014）《考试标准》对教学设计能力的要求主要体现在备课能力、实现教学目标的能力及选择教学模式与教学方法的能力等方面。（周华，2013）

问卷调查结果显示，86.5% 的学生认为"在教学设计中能基本明确教学目标和教学重难点，体现学生的主体性，课堂活动设置有一定的梯度，突出互动"。Lan 在微课反思中写道：

> 这堂课的教学目标是让学生了解中美学校课堂结构和教室文化的差异，实现跨文化交际。教学重点是读中的完成任务环节，教学难点是读后的讨论与写作环节。在教学设计上，我主要抓"Classmates→Twist＋Feature＋Contrast＋Arrangement→Relationship"这一条线。综观整堂课的设计，我留给学生的时间较少。理想的状态应该是，教师给出适当引导，学生能像教师一样对文本进行分析，主动发展自己解读文本的能力。但到底要怎么做，对我而言还是个问题。——Lan

Lan 的教学设计思路清晰，重难点突出。在实际授课过程中，Lan 虽然能基本完成原定教学任务，但节奏过快，留给学生思考和互动的时间较少，不能充分体现学生的主体性。对文本的合理解读是教学设计的基础，但教师应如何引导学生全面深入地解读文本是更值得我们深入思考的问题。

> 在活动设计上，我们现在基本能做到关注活动内容和形式的多样性，但很难做到让活动的设计突出文本的特点和重点。课堂活动应该

> 是围绕一条主线展开的,而不是用看似丰富多彩的活动去拼凑成一堂课。主线的选择要基于教师对文本内容、主题、特色的深度分析和把握。另外,活动设计的目标不仅是帮助学生理解文本,更重要的是要引发学生思考,培养学生的思辨能力。——Monica

Monica是学院卓越教师养成班学员,与其他英语专业师范生相比,她拥有更多的理论知识和实践经验。她认为教学活动的设计应基于有效的文本解读,所有的活动应围绕文本主线展开。她对教学活动目标的制订超越了文本理解的范畴,上升到培养学生思辨能力的高度。通过一轮全班范围的微课教学实践,英语专业师范生从阅读文本走向了思考文本、超越文本,创新设计的过程对提高他们的思辨能力和思维品质有很大的帮助。

2. 增强教学实施能力

教学实施能力是教师对课堂中各种要素进行调整,使教学得以顺利进行的能力,它是教学能力的核心,主要表现为创设最佳课堂情境的能力、引导教学过程的能力、帮助学生学习的能力、教学应变的能力。(周华,2013)在这一轮微课教学中,每名学生都在课后进行了自我反思,92.5%的学生都在反思中认为微课教学具有挑战性和实践意义。

> 微课让我们真正从一名教师的角度考虑如何上课,而不是简单地传达信息,我们主动把控课堂,积极引导学生,完成预定目标。微课是我们实现从学生到教师的转变的良好过渡。——Ellen
>
> 通过微课实践,我对教师上课有了全新的认识,台下和台上完全是不一样的感觉,上课比我想的要难很多。我发现自己最大的问题是课堂时间分配不合理和师生互动不充分。在课堂时间分配上,我需要结合学生的学情调整时间。在师生互动上,有时学生的答案很新奇,但我只能勉强反馈。因此,如何让师生之间的互动更加自然、有效,并与课堂融为一体,对我来说有一定难度。——Cathy

通过实践,英语专业师范生对课堂教学实施过程中的各个环节,如教学内容呈现、教学情境创设、课堂活动组织、师生互动,以及教师解答等方面进行了全面深入的反思。他们认识到自身教学技能的不足,并对某些问题感到困惑,试图探寻解决和提升的方法。

作为英语专业师范生，我们却鲜有机会锻炼专业技能。微课虽然只有 15 分钟，但给我们提供了很好的实践机会。这是一个真正将课堂知识融入实践的过程。大家通过选取文本、解读文本、设计教案、制作课件、真实上课等，基本熟悉了教学的整个过程。我从观察、分析、总结他人的课堂教学中也学到了很多，这对我自己教学能力的提高有很大帮助。——July

July 在学院卓越教师养成班接受过指导并多次在见习互动中给高中生上课，对课堂教学和师生互动有一定的实战经验。在本次微课教学中，她的文本解读全面透彻，教学设计目标明确、新颖独特，课堂教学主线分明，活动环环相扣，师生互动充分，课堂用语规范，仪态亲切自然，课堂气氛活跃，教学生动有效。她在微课反思中总结道："微课是一个有挑战性的实践，也是有意义的实践。教师不是学出来的，而是练出来的。只有实战过，才能真正领悟教师的责任。"由此可见，实践是最重要的，也是最有效的学习方式。改变课堂教学模式，创新课堂教学设计，加强实践教学，可以使师范生在实践中不断反思成长。

3. 提高自我效能感和反思评价能力

自我效能感是美国著名心理学家班杜拉（Bandura）于 1977 年提出的自我效能理论中的核心概念，它是指个体在特定情境中对自己的某种行为能力的自我评估，即个体对自己完成某种活动的自信程度（洪秀敏，2008）。为期 1 年的教学实践证明，将英语时事新闻播报、各种微课教学等活动引入基础英语课堂，给英语专业师范生提供了大量教学实践机会，激发了其学习兴趣，提高了其自我效能感。93.6% 的学生在学期反思中对微课给予了正面评价。

收获最大的是对自身认知的改变。以前我上台讲话很不自信，但通过课堂上的各种展示活动，现在上台没那么紧张了，声音变得响亮了，表达变得清晰了，举止也更自然了。那天的微课结束后，同学说我很有气场，很像一名有经验的老师。我实在是太开心了，瞬间自信心爆棚，对自己未来的教师生涯充满了信心！我觉得只要一步一个脚印，以后就肯定能做一名好老师！——Apple

通过全班范围的微课教学，我明确了自己在班级中的水平，知道了其他同学哪些地方值得我学习，自己哪些地方需要改进。每一名同学都有自己的特色，从出彩的板书设计、巧妙的教学思路到灵活的临场反

应,这些都让我找到了奋斗目标。课后,同学们真诚的评价让我更全面地认识自己、反思自己。——Amy

良好的自我效能感是英语师范生专业成长的动力,它为其今后的教学效能感的发展奠定基础。个体的亲身体验、同伴的成功经验及他人的评价都会极大地影响学生的自我效能感,从而进一步影响其思维模式和行为选择。(洪秀敏,2008)本研究发现,通过加强实践教学,英语专业师范生拓宽了获取直接经验和间接经验的途径,增加了参与真实教学实践的机会,有更多的成功体验,增强了自我效能感和职业自信心。与此同时,在实践中对师范生加强反思训练,鼓励他们进行课内外自我反思和同伴互评,可使他们更全面、客观地认识自我。

微课活动中大家的参与度都很高,通过对每一堂课的反思和不断改进,大家后面的课越上越好,所以这次活动也让我认识到了反思的重要性,理解了不是完成授课就一切都结束了,真正的提高和进步是从反思中得来的。——Zoe

《考试标准》对教学评价能力的要求体现在对学生的评价和对教师自身教学活动的反思评价这两点上(周华,2013),因此师范生的教学能力往往被忽视。这就要求教师掌握正确的评价观,在促进学生学习的基础上,提升学生的自我反思能力。只有通过有效的反思才能真正促进职前教师对自身的认识,促进其课堂教学能力和反思能力的提高。通过自我评价、同伴互评,以及教师评价等多角度、全方位的评价,让学生更好地认识自我、锻炼自我和反思自我。

五、结　语

职前教育是英语教师专业发展的基础阶段。在英语专业师范生接受职前培养的4年中,教学能力培养意识应贯穿始终。但教学能力培养的过程是漫长的,教师首先要改变观念,不断提高个人专业素养,敢于创新和尝试,改革教学方法,加强实践教学,开展灵活多样的课堂活动,拓宽学生获取教学经验的途径,增强自我反思意识,提高学生的自我效能感和反思评价能力,改革评价方式,建立发展性评价机制,将教学能力培养与学科教学相结合,真正将教学能力培养融入日常教学之中。

参考文献

韩刚,李庆,2005. 英语师范生教师教育课程改革:"3DR"课程方案[J]. 海南师范大学学报(社会科学版)(1):126-131.

洪明,2013. 职前英语教师教育实践能力的构成与培养[J]. 浙江外国语学院学报(1):28-32. .

洪秀敏,2008. 关注与促进教师的自我信念——自我效能感理论的重要启示[J]. 教育科学(3):79-82.

教育部师范教育司,教育部考试中心,2011. 中小学和幼儿园教师资格考试标准及大纲(试行)[M]. 北京:高等教育出版社.

罗晓杰,谢利民,2011. 职前教师教育研习类课程开发与实施的探索与反思[J]. 教师教育研究(3):40-43.

吴宗杰,1997. 英语师资教育课程发展——师范院校本科英语专业课改革思考[J]. 外语界(2):2-6.

张威,孙永波,2012. 英语师范生教学能力的职前培养[J]. 现代教育管理(1):83-86.

郑志恋,叶志雄,2013. 职前英语教师学科教学知识及其养成途径探究——以浙江师范大学英本"教育体验"课程为例[J]. 教师教育研究(1):65-69.

周华,2013. 教师资格考试标准视角下教师教育课程设置研究——以Hz师范大学师范类英语专业为例[D]. 武汉:华中师范大学.

朱红梅,2014. 英语师范专科生教学能力调查分析[J]. 新西部(理论版)(18):161-162.

邹为诚,2009. 中国基础教育阶段外语教师的职前教育研究[J]. 外语教学理论与实践(1):1-16,19.

新时代RICH学习共同体教师发展探究:中小学教师养成

发挥高师院校研究专长 助力中小学外语教师专业化发展

——以浙江师范大学外国语学院为例[①]

龚奕峰

（浙江师范大学，金华：321000）

摘　要：中共中央国务院发布的《中共中央　国务院关于全面深化新时代教师队伍建设改革的意见》指出，要全面提高中小学教师质量，建设一支高素质专业化的教师队伍。为此，要"开展中小学教师全员培训，促进教师终身学习和专业发展"。这些要求为中小学外语教师在职专业化发展提供了重要指导。而高校，尤其是高师院校，更应充分发挥外语教育和外语教师发展研究的学术专长，加强与中小学的学术合作，助力中小学外语教师在职发展。该文主要阐述浙江师范大学外国语学院在助力中小学外语教师专业发展中的做法。

关键词：培训；专业发展；高师院校

2018 年 1 月，中共中央国务院发布《中共中央　国务院关于全面深化新时代教师队伍建设改革的意见》，强调"百年大计，教育为本；教育大计，教师为本"。《中共 中央国务院关于全面深化新时代教师队伍建设改革的意见》指出，为深入贯彻落实党的十九大精神，造就党和人民满意的高素质专业化创新型教师队伍，落实立德树人根本任务，培养德智体美全面发展的社会主义建设者和接班人，需要全面深化新时代教师队伍建设改革。《中共中央　国务院关于全面深化新时代教师队伍建设改革的意见》指出，教师教育是发展的第一资源，时代越是向前，知识和人才的重要性就越发突出，教育和教师的地位和作用就越发凸显。《中共中央　国务院关于全面深化新时代教师队伍建设改革的意见》也专门指出，要全面提高中小学教师质量，建设一支高素质专业化的教师队伍。为此，要"开展中小学教师全员培训，促进教师终身学习和专业发展"；要转变培训方式，推动信息技术与教师培训的有机融合，实行线上线下相结合的混合式研修；要改进培训内容，紧密结合教育教学一线实际，组织高质量培训，使教师静心钻研教学，切实提

---

① 本文原发表于《中国社会科学报》（专版）2019 年 7 月 11 日。

升教学水平;要继续实施教师"国培计划"。《中共中央 国务院关于全面深化新时代教师队伍建设改革的意见》提出的这些要求为中小学外语教师在职专业化发展提供了重要指导。而高校,尤其是高师院校,应充分发挥外语教育和外语教师发展研究的学术专长,加强与中小学的学术合作,助力中小学外语教师在职发展。下文将以浙江师范大学外国语学院的相关研究与培训实践为例,讨论如何发挥高校研究专长,引领、推动中小学外语教师在职培训与发展。

首先,高校需要精心设计中小学外语教师全员培训项目,促进教师终身学习和专业发展。为提高浙江省中小学教师的职业道德和教学技能,丰富专业知识,造就一支师德高尚、业务精湛、结构合理、充满活力的高素质专业化教师队伍,浙江省教育厅早在2010年就制定了《浙江省中小学教师专业发展培训若干规定(试行)》。该文件旨在促进在职教师专业发展,强调教师在职培训必须充分体现教师的自主选择性,调动教师参与培训的积极性,并要提高在职教师培训的针对性、有效性。该文件也规定了中小学教师专业发展培训每5年为一个周期,在此期间,每一位中小学教师参加专业发展培训累计不少于360学时,周期内至少参加一次不少于90学时的集中面授培训。在此背景下,浙江省各高校成为承担中小学教师培训任务的主要机构,浙江师范大学外国语学院也责无旁贷地精心为广大中小学外语教师提供专业发展培训项目。浙江师范大学外国语学院拥有一支由教授及其他博士人才组成的专业化高水平学术团队,他们掌握国内外中小学外语教育前沿理论,具备深厚的外语教学和教师发展科研功底,熟悉国内中小学教师发展现状,了解其中存在的问题,有能力以问题为导向,引领中小学外语教师的专业发展,提升其专业发展能力。近5年来,浙江师范大学外国语学院组织团队力量,针对中小学外语教育理念引领、课程内容建构、教学方法实施、学习评价实施、教学反思改进等方面的内容,设计主办了200余个浙江省外语教师培训项目,培训省内中小学教师超过10000人次。培训内容既注重理论引领,又强调实践改进,同时注重教学研究方法,促进了基层教师的理论素养和教学能力的双提升,也达到了提高一线教师自我发展能力的目的。

其次,高校的中小学外语教师培训项目必须紧密结合基础教学实际。浙江师范大学外国语学院建有基础外语教育研究中心,拥有一支专业化的外语教学研究团队,并聘请了省内数十名特级教师、省市教研员为特聘研究员,这些研究人员非常了解基础外语教学改革中的动态和问题。浙江师范大学外国语学院的教师培训项目设计充分利用这些资源,一方面在项目研发过程中充分听取他们的意见,利用他们对基础外语教育的了解,针对基础外语教育的动态、问题和困惑设计培训内容和培训方案;另一方面将他们聘为培训教学团队专家,请他们直接承担培训教学任务,发挥其基础外语教育研究学术专长。这样就能确保培训项目设计紧密结合教育教学一线实际,有助于切实提高中小学外语教师的教学教研能力。也正因如此,学院的教师培训项目广受青睐,其中"初中英语读写课优化设计与有效实施能力提升"等项目更是在学员中口口相传,参与者年年爆满。此外,浙江师范大学外国语学院培训项目研发团队还针对各地级市的不同需求,有针对性地开发、设计培训项目。比如,为尽量减少培训对中小学日常教学的影响,学院转变培训方式,推动信息技术与教师培训有机融合,实行线上线下相结合的混合式研修。理论培训大量采用线上培训方式,实践培训部分采用面授,部分通过选派专家到当地学校听课磨课、派出教学名师到当地开设公开课等方式进行。实践证明,这种线上线下相结合的培训方式效果理想,而且因为对中小学日常教学影响小而深受地方教育管理机构、中小学和一线教师的欢迎。

最后,东部高校有必要继续扎实实施"国培计划",带动全国不同地区尤其是中西部地区中小学外语教师的发展。浙江师范大学是"国培"项目的重要承担单位,近年来,浙江师范大学外国语学院承办了青海、新疆、贵州、山西、河北等多地的"国培"项目。学院组建包括高校专家、中小学特级外语教师、省市教研员在内的专家团队,结合学员实际情况,精心设计"国培"项目,同时落实10余所长三角地区中小学名校作为"国培"实践学校,使"国培"学员在参训期间既能聆听国内一流专家的学科前沿理论讲座,又能观摩名师示范课,与教学名师面对面,还能走进东部中小学名校实地考察,与当地教师交流对话。由于"国培"项目设计合理、实施扎实,多年来浙江师范大学外国语学院承办的"国培"项目广获好评,"贵州省乡村小学英语教师访名校"等"国培"项目更是获得"国培"项目匿名测评第一名。

浙江师范大学外国语学院精心设计切合基础外语教育实际的在职教师发展项目,并扎实开展面向中西部地区的基础教育外语教师发展"国培"项目,获得学员和对方教育管理部门的广泛好评。我们在此抛砖引玉,也期待引发全国院校对基础教育外语教师专业化发展的重视与投入,为全面深化新时代教师队伍建设改革贡献自己的力量,推动我国中小学外语教育改革发展。

反馈促进新教师教学反思能力发展的行动研究[①]

罗晓杰　牟金江

（浙江师范大学，金华：321000）

摘　要：该文采用个案研究方法，在"师徒制"和"校本教研"体制下实施了一项旨在促进新教师教学反思能力发展的行动研究。为期两年的研究发现：反思方法指导有助于提高新教师的教学反思能力；基于"师傅"或同伴的反馈的新教师教学反思较独立反思更有广度和深度；与简单的自我反思相比，"反馈＋反思""反思＋反馈""反思＋反馈＋再反思""对比反思"等教学反思模式更能有效提高新教师的教学反思能力。

关键词：新教师；教师反思能力；教学反思；同伴反馈

一、引　言

　　新教师专业成长问题是教师教育研究领域的重要课题，拥有多种学科视角和多元研究方法。国外相关研究表明，新教师专业成长是新教师专业化的渐进过程，是新教师的教学行为不断完善、教学反思能力不断提高、教学效能感不断增强的"一个职业学习的过程"（Britton et al.，2003）。可见，教学反思能力的提高是新教师专业成长的重要标志。

　　学界普遍认为，教学反思能力在教师能力结构中居于核心地位，是较难发展的教师能力之一。对于教学行为尚未完善和教学监控能力尚未形成的新教师而言，其教学反思能力的发展更是难上加难。近年来，有研究者构建了"以撰写典型案例为反思方式，以反馈评价为指导方式"（邹丽红，2009）的新教师培养模式，也有研究者探索在"师徒制"体制下，"以实践反思为价值取向，师徒反馈结合同伴反馈"（杨文颖，2011）促进新教师专业成长的途径。虽然，上述两项研究把师徒反馈和教学反思同时作为促进新教师专业成长的有效途径，但并未深入探究二者之间的关系，也未就基于同伴反馈发展新教师教学反思能力的方法途径展开深入研究，而这正是本研究的重点所在。

――――――――――――

① 本文原发表于《教师教育研究》2016年第1期。

二、教学反思与教师间同伴反馈

（一）教学反思的类型与方法

"教学反思是指教师为了实现有效教学，在教师教学反思倾向的支持下，对已经发生或正在发生的教学活动，以及这些教学活动背后的理论、假设，进行积极、持续、周密、深入、自我调节性的思考"（申继亮，2006）的过程，是教师对自己的教学行为及教学效果进行审视、分析和反省的过程。国内外学者从不同的视角将教学反思划分为不同类别。美国马萨诸塞大学的舍恩（Schon）教授提出了"行动中反思"和"行动后反思"两个概念，认为"行动中反思就是个体有意识地或潜意识地不断地对与以往经验不符合的、未曾预料的问题情境的重新建构。行动后反思是个体对已经发生的行为的回顾性思考，其中也包括对行动中反思的结果与过程的思考"。（申继亮，2006）舍恩教授强调，行动中反思会使个体对自身所处的独特的教学情境产生更深的理解。布鲁巴赫（Brubacher）等人将反思性教学实践划分为"为实践（教学）反思""实践（教学）中反思"和"对实践（教学）的反思"。（吕洪波，2006）"为教学反思"发生在教学前，"教学中反思"发生在教学的过程中，而"对教学的反思"发生在教学之后。吕洪波（2006）借鉴布鲁巴赫的研究成果，按照教学进程把教学反思划分为"教学前的反思""教学中的反思"和"教学后的反思"，并对三者进行了明确的区分："教学前的反思"具有前瞻性，能使教学成为一种自觉的实践，并有效地提高教师的教学预测和分析能力；"教学中的反思"，即及时、自动地在行动过程中反思，这种反思具有监控性，能使教学高质高效地进行，并有助于提高教师的教学调控和应变能力；"教学后的反思"具有批判性，能使教学经验理论化，并有助于提高教师的教学总结能力和评价能力。多数国内研究者认为，教学反思主要是对课堂教学过程和教学效果的反思。

常用的反思方法是日志反思法，具体包括随笔式反思日志、案例式反思日志和主题式反思日志。随笔式反思日志不拘形式，也没有问题框架，教师可以随时记录自己的所思和所感。案例式反思日志的基本问题框架为：发生了什么事情？为什么发生？采取何种策略解决？效果如何？主题式反思日志一般包含"教师对某一主题的较长时间的思考和实践，可能会包含教师教育观念的变化、教育教学实践能力的提升"（申继亮，2006）。

（二）教师间同伴反馈的内涵与类型

反馈泛指"（消息、信息等）返回"（辞海编辑委员会，1989）。心理学认为，反馈是指"人们对自身行为信息的获得和了解,进而帮助个体不断调整自己的行为,以改善和提高自己的行为效果……"(羽生义正,1989)。人力资源管理学将反馈定义为"对人的行为及行为结果的客观评价"(哈佛商学院出版公司,2010),"告诉他人你对他们表现的看法,其中包括对个人行为的评论及行为对他人所造成的影响"(科普曼斯,2009)。教师间的同伴反馈是反馈在教学领域的具体应用,它不同于师生间的反馈,也不同于生生间的同伴反馈,它以教师课堂教学行为及其有效性为反馈内容,是教师同伴间关于教学行为及其有效性的信息交流。教师间同伴反馈能够帮助教师认识到自己的教学行为是否达到规范,是否有效,如何改进。

依据反馈方式,可以将教师间的同伴反馈划分为认可式教学反馈和矫正式教学反馈两种类型。认可式教学反馈是对教师出色完成教育教学工作的一种肯定;矫正式教学反馈是针对教师的工作表现、教学技能和教学行为等提出的反馈意见,是旨在改变教师低效或无效的教学行为,帮助教师提高工作效率的意见或建议。两种反馈方式在强化教师有效教学行为和矫正其低效或无效教学行为中起着不同的作用,是促进教师专业成长的有效途径。

三、反馈促进X教师教学反思能力发展的行动研究

(一)研究设计

本研究以一名刚入职的高中英语教师(X教师)为研究对象。X教师所在学校是省级重点高中,该校有着较为完善的"师徒制"和"校本教研"体制,"师徒制"运行良好,备课组教研活动开展得有声有色。在备课组长的支持下,本研究实施了一项反馈促进X教师教学反思能力发展的行动研究。该研究历时两年,其研究假设是:来自"师傅"和同伴的反馈能够促进X教师教学反思能力的发展。本研究首先制订了反馈促进X教师教学反思能力发展的行动研究方案,计划在两年内完成对X教师教学反思能力的培养。采用课堂观察、会议反馈、访谈和问卷调查等方式收集数据,采用文本分析和简单量化相结合的方法分析数据和评估效果。

(二)研究过程

本研究的实施过程共分为3个阶段:任务驱动的反思方法训练、反馈驱动的反思能力培养和内部驱动的教学反思实践。具体目标和措施如下。

1. 第一阶段:任务驱动的反思方法训练

第一阶段行动研究始于X教师入职后第二学期,时间持续一个学期。在对

X 教师的反思能力进行前测时发现，X 教师对教学反思了解甚少。根据 X 教师的实际反思能力，研究者对其进行了反思方法指导。研究者除了为其提供案例式反思日志的基本问题框架，还给出了常用课后反思日志的基本问题框架（本堂课教学目标达成情况如何？成功之处是什么？为什么？不足之处是什么？为什么？再教设计怎么做？）和侧重目标达成的反思日志的基本问题框架（教学目标的达成情况怎样？各种教学行为的有效性如何？教学程序、教学策略、教学内容等与预设相比有何不同？为什么？）两种教学反思的基本问题框架，供 X 教师参考使用。为了使 X 教师形成良好的反思习惯和一定的反思意识，本研究要求 X 教师按照上述问题框架，在每单元阅读课后撰写反思日志，把发现的问题、成功的举措、收获的感悟和理性的思考记录下来，对具有共性的问题进行分析，将反思日志上交给"师傅"。

2. 第二阶段：反馈驱动的反思能力培养

第二阶段行动研究始于 X 教师入职后第三学期，持续时间为一学年。经过第一阶段的教学反思方法训练和教学反思意识提升，X 教师基本能够发现教学中存在的问题，并能有意识地思考问题产生的原因，但其教学反思归因能力尚未形成，多数情况下还找不到问题产生的真正根源。鉴于此，研究者采取了两项措施：措施一是指导反思归因方法，要求 X 教师将备课环节的预设和课堂教学的实施一并纳入反思范畴，并为其提供反思的问题框架（你在教学之前的计划或期望是什么？实际的教学情境又是如何的？两者之间是否存在差距？为什么存在差距？它对你以后的教学有什么启示作用？）。措施二是要求 X 教师的"师傅"或同伴在公开课或汇报课后进行反馈，强化反馈环节的问题归因。为了不增加 X 教师及其"师傅"和同伴的工作负担，研究者建议 X 教师延续在每单元阅读课后独立撰写反思日志的习惯，只在公开课后主动寻求"师傅"或同伴反馈，探讨教学中存在的问题并进行归因分析，研讨改进教学的有效策略。

3. 第三阶段：内部驱动的教学反思实践

第三阶段行动研究始于 X 教师入职后第五学期。经过两年教学工作的磨砺，X 教师的课堂教学行为已经达到规范要求，其教材分析、学情分析、重难点确定、教学目标构建和教学活动设计能力得到了长足的发展。在接受反馈和主动寻求反馈及基于反馈的反思过程中，X 教师的反思能力也不断提高。鉴于此，研究者建议 X 教师强化自我反思能力，主要采取以下 3 项措施：①要求 X 教师在一堂课结束后立即反思，马上调整教学设计，在第二堂课上加以改进，然后对比两堂课在教学设计和教学效果上的差异，并对产生差异的原因进行分析；②要求 X 教师对自己两年前和两年后同一教学内容的教学设计和教学效果进行对比反思,反思教学设计与实施效果的差异及其原因,借助教学录像,找出两堂课的教学差异,在对比中发现自身教学行为有哪些进步,还存在哪些问题,并进行自我强化或自我矫正;③要求 X 教师把自己的课与他人的课进行对比,对比不同的教学设计和教学行为产生的教学效果及其背后的原因,取长补短。

(三)研究数据采集与分析

本研究采用多种方法采集数据。本研究征得研究对象 X 教师及其"师傅"和同伴的同意,对 X 教师每单元阅读课和其他课型公开课进行教学录音录像记录、师徒一对一反馈面谈和公开课后备课组反馈会议。有了录音录像,可以实现反复听和看,有效避免了教学信息和反馈信息的遗漏,有利于研究者对数据进行客观处理。为了确保数据的全面性和准确性,研究者还收集了 X 教师的教学反思日志、讲稿和教学课例等个人教学资料,辅以课堂观察、问卷调查、文本分析等方法进行了量化和质性分析。不同来源的数据相互引证,当事人核准数据,有利于实现三角互证,提高研究的信度。

(四)行动研究效果评估

行动研究开始和结束时,研究者选用国外的教学反思能力测试卷,对 X 教师的教学反思能力进行了测量。该测量工具共分为30个测试题目,每道题的选项均为:总是这样(4分)、经常这样(3分)、有时这样(2分)、极少这样(1分)。该测试"满分为120分。75分以下,表明教学反思能力一般;75—104分,表明教学反思能力较强;104分以上,表明教学反思能力很强"(塔格特、威尔逊,2008)。

行动研究开始时,X 教师的教学反思能力测试结果为50分,这表明 X 教师当时的教学反思能力很弱;行动研究结束时,X 教师的教学反思能力测试结果为81分,这表明 X 教师的教学反思能力已达到较强水平。具体分项测试结果如表1所示。

表1　X教师教学反思能力发展的自我评估数据

单位:分

当我遇到问题时	行动研究前得分	行动研究后得分
1.我能够鉴别问题情境	1	3
2.我根据学生的需要分析问题	2	3
3.我会为自己的决策寻找支持性(或反对性)的证据	2	3
4.我在理论背景下分析问题	1	3
5.我能有条理地解决问题	2	3

续　表

当我遇到问题时	行动研究前得分	行动研究后得分
6.我凭直觉做出判断	3	2
7.我会创造性地理解问题情境	1	2
8.我的做法因情而异	1	2
9.我有常规意识	1	2
10.我坚持一些观点(比如,所有学生都能够学习)	1	2
11.我对学生的需要积极做出回应	1	2
12.我常常评价各种教学方法的目标与行动	2	3
13.我思维灵活	3	3
14.我爱提问	3	3
15.我欢迎同事评价我的做法	3	2
当我对教学进行计划、实施、评价时	行动研究前得分	行动研究后得分
16.我常常运用创新性的观点	2	3
17.我关注的焦点是教学目标	1	3
18.我认为不存在最好的教学方法	4	4
19.我拥有一名好教师所需的技能	2	3
20.我拥有一名好教师所需的知识	2	3
21.我会自觉地调整教学以适应学生的需要	1	3
22.我能够充分地完成任务	2	3
23.我理解概念、基本事实、步骤及技能	2	3
24.我理解那些被公认不错的教学实践的社会意义	1	2
25.我设定长期目标	1	2
26.我对自己的行动进行自我监控	1	3
27.我评价自己教学的有效性	1	3
28.我考查学生是否实现了我设定的教学目标	1	3
29.我有规律地写教学反思日志	1	2
30.我参与行动研究	1	3
总得分	50	81

在研究者的建议下,X教师结合教师反思能力测试问题框架和选项,对自己的行动研究前后教学反思能力测试结果做出如下解读:

　　两年前,在遇到问题时,我的教学反思能力相当薄弱。我基本不能独立鉴别问题情境,不能创造性地理解问题情境。在分析问题时,我主要凭直觉做出判断,缺少在理论背景下分析问题的意识。有时我会为自己的决策寻找支持性(或反对性)的证据,但一般不能根据学生的需要分析问题。在解决问题时,我还缺少常规意识,尚未形成稳定的教学观念。虽然,我能有条理地解决教学中的问题,但我很少因情而异。有时,我会评价各种教学方法的目标与行动,但较少对学生的需要积极做出回应。目前,我对教学问题进行反思的能力有了很大提高。当在教学中遇到问题时,我通常能独立鉴别问题情境,基本能够创造性地理解问题情境。在分析问题时,我有时也会凭直觉做出判断,但经常会在理论背景下分析问题,为自己的决策寻找支持性(或反对性)的证据,能根据学生的需要分析问题。在解决问题时,我有了一定的常规意识,形成了比较稳定的教学观念。我基本能有条理地尝试因情而异地解决各种教学问题。有时我会评价各种教学方法的目标与行动,有时还能对学生的需要做出积极的回应。

　　两年前,在对教学进行计划、实施和评价时,我的教学反思能力也比较薄弱。当时我认为我已经具备成为一名好教师的知识和技能,能够理解相关概念、基本事实和步骤及跟教学密切相关的基本技能,能够完成教学任务,但我很少自觉地调整教学以适应学生的需要。我认为不存在最好的教学方法,有时会尝试运用创新性的观点,但我极少对自己的行动进行自我监控,也很少评价自己教学的有效性。我较少关注教学目标的落实,也很少考查学生是否实现了我设定的教学目标。目前,我已能够有意识地调整教学以适应学生的需要,完成教学任务。我还会尝试运用创新性的观点。与两年前不同的是,我已经有意识地对自己的教学行为及其有效性进行监控,关注教学目标的落实,考查学生是否实现了我设定的教学目标。

　　两年前,我很少思考和设定长期的教学目标,很少尝试理解那些被公认不错的教学实践的社会意义,没有写教学反思日志的习惯,也没有参与行动研究。现在,我会思考和设定长期的教学目标,尝试理解那些被公认不错的教学实践的社会意义。我已基本养成了写教学反思日志的习惯,也参与了行动研究。

四、研究发现

(一)基于反馈的新教师教学反思更有广度和深度

为了评估"师傅"或同伴反馈在促进新教师教学反思能力发展中的作用,研究者在行动研究的3个阶段均各选取一篇X教师独立进行教学反思的文本和一篇基于"师傅"或同伴反馈进行教学反思的文本。加上行动研究前后测各一篇独立的教学反思文本和基于反馈的教学反思文本,合成了由5个独立的教学反思和5个基于反馈的教学反思组成的两份教学反思文本。依据有效教学相关理论,研究者在X教师的教学反思文本中选取了与教学目标达成和教学问题反思归因相关的词汇并进行了词频统计,具体差异如表2所示。

表2　X教师独立的教学反思文本和基于反馈的教学反思文本词频分析对比表

单位:个

词汇	独立的反思文本词频数	基于反馈的反思文本词频数
重点及近义词	11	22
重点突出及近义词	28	42
难点及近义词	11	20
难点突破及近义词	25	37
目标达成及近义词	54	57
问题回顾及近义词	15	29
反思归因及近义词	28	70

注:①重点及重点突出的近义词:重点、重心、重要、关注点、侧重点;关注、突出。
②难点及难点突破的近义词:难点、难度、困难;设计、预设、降低、引导、铺垫、突破、深层、表层、层次、层层推进。
③目标达成及近义词:目标、目的、结果、效果、效率、效益;有效、旨在、可行;落实、达成、达到、实现、解决、完成、掌握。
④问题回顾及近义词:问题(不含教学设计中的问题和学生提出的问题)、不足、遗憾、失误、失败、败笔、错误、可惜;发现、找到、觉得、错误理解。
⑤反思归因及近义词:原因、因素;由于、因为、为什么、为了、一是、二是;分析、思考、认为、知道、不知道、模糊、不清楚、清楚。

为了更加清楚地说明X教师独立的教学反思与基于反馈的教学反思之间的差异,研究者使用统计图对重点、重点突出、难点、难点突破、目标达成、问题回顾和反思归因进行了差异分析,具体如图1和图2所示。

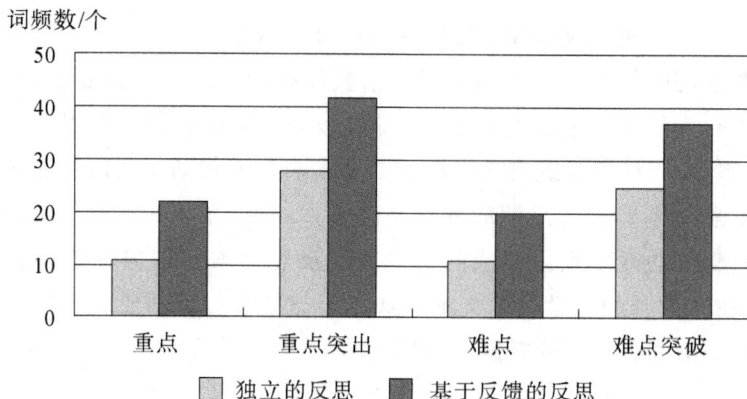

图1 两种类型教学反思文本词频分布差异分析:重点、重点突出、难点和难点突破

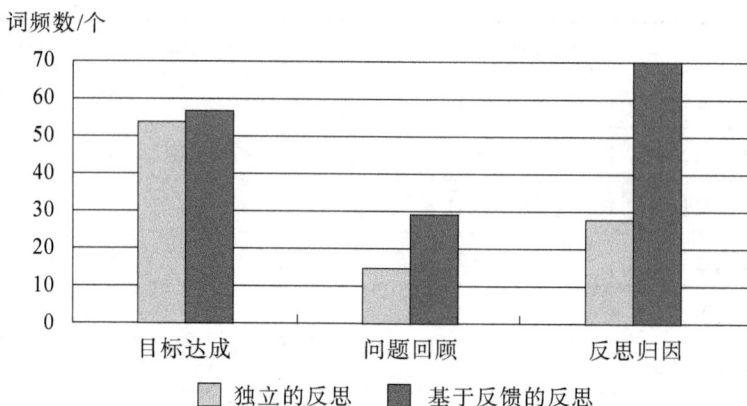

图2 两种类型教学反思文本词频分布差异分析:目标达成、问题回顾和反思归因

从图1和图2可以明显看出,除了目标达成项差异较小,其他6项均有显著差异。这表明:获得"师傅"或同伴的反馈后,X教师对重点难点、教学问题及其原因等的教学反思内容更多更广。图2显示,反思归因项差异最为显著,这说明X教师在基于反馈的教学反思中进行了更多的反思归因,反思内容更加深刻。

(二)新教师的教学反思模式

为了更好更快地促进新教师教学反思能力的发展,使"师傅"或同伴反馈在新教师专业成长过程中充分发挥促进作用,在行动研究实施过程中,除了独立的日志型教学反思，X 教师还采用了其他教学反思形式，具体可以归纳为"反馈＋反思""反思＋反馈""反思＋反馈＋再反思"和"对比反思"4 种模式。

1."反馈＋反思"模式

"反馈＋反思"模式是指在接受"师傅"或同伴的反馈后新教师进行教学反思，撰写教学反思日志的模式。采用该种反思模式，是因为见习期的新教师还缺乏独立反思能力，很难发现自己的教学问题，也很难找出问题的真正根源。"师傅"或同伴提供反馈后新教师再撰写教学反思日志，有助于新教师发现更多的问题和进行正确的反思归因，提高新教师反思的广度和深度。

2."反思＋反馈"模式

"反思＋反馈"模式包括反馈主导和反思主导两种类型。反馈主导的"反思＋反馈"模式是新教师在"师傅"或同伴的要求下进行的反思，在"师傅"或同伴给予反馈前，新教师先对自己的课堂教学进行口头反思，然后再由"师傅"或同伴针对其他未纳入新教师自我反思中的问题进行反馈，包括陈述现象、分析原因和提出改进意见。反思主导的"反思＋反馈"模式指新教师上交教学反思日志后，对于教学中的失误或不解现象主动求教"师傅"或同伴。该模式是新教师主动寻求反馈，以求解教学问题的根源和求教问题的解决策略。二者的区别在于：前者是在"师傅"或同伴要求下，新教师进行教学反思，是外部驱动的"反思＋反馈"模式；而后者是新教师先行反思后主动寻求"师傅"或同伴反馈的内部驱动的"反思＋反馈"模式。研究发现，当新教师学会了反思方法，具备了一定的反思意识后，内部驱动的"反思＋反馈"模式会逐渐增加。

3."反思＋反馈＋再反思"模式

"反思＋反馈＋再反思"模式属于内部驱动的反思模式，是指新教师在自我反思、接受（或主动寻求）"师傅"或同伴的反馈后，对自己教学中存在的问题及其根源，以及问题的解决策略做出第二次反思的模式。"反思＋反馈＋再反思"模式是新教师反思的理想模式，该模式中的"再反思"也是新教师进行再教设计的过程，是培养新教师教学能力和教学反思能力的有效途径。

4."对比反思"模式

"对比反思"模式是新教师在基本形成教学反思能力后采用的内部驱动的教学反思模式。第一种对比反思是对比相同教学内容在不同班级的教学效果，反思两堂课在教学设计（第二堂课的教学设计较第一堂课有所调整）和教学效果上的差异，并进行归因分析。第二种对比反思是同一课教学的跨年度教学反思，借助教学录音录像，分析两堂课的教学设计和教学效果有何差异并进行归因分析，在对比中发现自身教学行为有哪些进步，还存在哪些问题，并进行自我强化或自我矫正。第三种对比反思是把自己和同伴的同一课教学进行对比,对比不同的教学设计和教学行为产生的教学效果及其背后的原因,取长补短。"对比反思"模式与基于反馈的反思模式有所不同,反思过程没有了反馈环节(或者说只有自我反馈环节),更能代表新教师的反思水平。

对比上述4种新教师教学反思模式发现,前3种反思模式均属于基于反馈的反思,第4种反思模式属于独立的教学反思范畴(有研究者称之为自我反馈)。研究者发现,从基于反馈的反思到对比反思,独立反思的成分逐渐增加,"师傅"或同伴的反馈在新教师的反思中的作用逐渐减少,新教师教学反思能力逐渐形成,不断提高。

五、结论与讨论

(一)"师傅"或同伴反馈有助于提高新教师的教学反思能力

"师傅"或同伴的反馈有助于提高新教师的教学反思能力,这在本研究中得到了充分的印证。研究发现,新教师与有经验的教师在教学反思上最大的区别就是一个由外部驱动,另一个由内部驱动。基于"师傅"或同伴的反馈的教学反思对于新教师而言,更具建设性和建构性。因为,新教师在入职初期很难发现自己教学中存在的问题,很难独立完成对教学问题的正确归因,而"师傅"或同伴的反馈则能帮助其及时发现问题,正确归因和合理解决教学问题。正如X教师所说,新教师的专业成长,尤其是教学反思能力的提高,得益于"师傅"和同伴的反馈。用他自己的话说就是:

> 两年前,我在备课时很少考虑学生的基础,很少为不同层次的学生设计不同的问题和提出差异性的要求,基本没有余力根据课堂实际调控自己的教和学生的学。由于缺乏教学经验,我很难准确判断教学目标是否真的达成,更谈不上正确的反思归因了。有了"师傅"和同伴的反馈,我的反思意识不断增强,教学反思能力逐渐形成,教学监控能力也逐渐提高了。

(二)反思方法指导有助于提高新教师的教学反思能力

反思方法指导在X教师反思能力培养和发展过程中发挥着重要作用。和许多新教师一样,在行动研究实施前,X教师几乎没有教学反思意识,甚至不会教学反思。在行动研究实施的过程中，研究者为 X 教师提供了反思的问题框架，在具体操作层面上为 X 教师提供了反思方法指导，并要求其按照问题框架撰写教学反思日志。当发现 X 教师反思归因能力欠缺后，研究者要求 X 教师从教师的教和学生的学两个方面反思自己的教学行为、学生的学习行为、学生的学习效果，反思教学中存在的问题及其根源。上述反思方法的指导，为 X 教师教学反思能力的提高奠定了基础。目前，X 教师已具备反思性教学意识，并进入了反思性教学习惯的形成和能力的发展阶段。用 X 教师自己的话说就是："我会主动进行阶段反思，会综合考虑各种情景，具体细致地分析自己在较长一段时间内的变化，从纵向的角度反思自己的成长情况。我的教学反思已由关注教学行为到关注学习效果，由看清自己的教学问题到看清教学问题背后的原因，对教师的教和学生的学有了更加深入的理解，对课堂教学的规律性有了一定的把握。我学习了反思方法，通过撰写教学反思日志和课例，我的教学反思能力越来越强了。"可以说，随着行动研究的不断推进，X 教师的教学反思意识逐渐增强，反思习惯基本养成，这与反思方法的学习和训练是分不开的。

六、结　语

毋庸置疑，教学反思指向问题解决和行动改善，本质上是一种问题解决过程，即从发现问题到探究原因，再到提出解决问题的方案和行动跟进。由于新教师缺少教学经验，其对问题本质的认识往往只停留在表面，对原因的分析不够全面和深入。如果没有"师傅"或同伴的反馈，新教师就很难及时发现问题和进行正确的问题归因，也很难有效地解决问题。

基于反馈的新教师教学反思能力的培养，有利于最大限度地发掘和利用有经验的教师这一资源，充分发挥其在新教师校本培训中的作用。因为，"师傅"或同伴的反馈能够帮助新教师发现教学中存在的问题，引导新教师分析导致问题产生的真正原因，帮助新教师制订改进教学行为的行动方案。虽然"师傅"或同伴的反馈可以弥补新教师教学经验的不足和自我反思能力的欠缺，但值得注意的是，这是建立在新教师积极主动和能动地进行教学反思的基础之上的。从任务驱动的教学反思到反馈驱动的教学反思，再到独立的自动化的教学反思，新教师主体只有积极接受"师傅"或同伴的反馈，能动地参与教学反思，才能实现教学行为的改善，实现对自身教学行为和对学生学习行为的有效监控，进而实现个人的专业成长。

参考文献

辞海编辑委员会,1989. 辞海[M]. 上海:上海辞书出版社.

哈佛商学院出版公司,2010. 反馈的艺术[M]. 王春颖,译. 北京:商务印书馆.

吕洪波,2006. 教师反思的方法[M]. 北京:教育科学出版社.

玛丽埃塔·科普曼斯,2009. 反馈:掌握给予和接收反馈的艺术[M]. 思腾中国,译. 北京:气象出版社.

申继亮,2006. 教学反思与行动研究:教师发展之路[M]. 北京:北京师范大学出版社.

塔格特,威尔逊,2008. 提高教师反思力50策略[M]. 赵丽,译. 北京:中国轻工业出版社.

杨文颖,2011. "导师制"教师入职教育模式探究——以宝鸡文理学院为例[D]. 西安:西安外国语大学.

羽生义正,1989. 学习心理学——教与学的基础[M]. 周国韬,编译. 长春:吉林教育出版社.

邹丽红,2009. 在职新手外语教师培养模式之案例研究[D]. 上海:华东师范大学.

BRITTON E, PAINE L, PIMM D, et al., 2003. Comprehensive teacher induction: systems for early career learning[M]. Dordrecht: Kluwer Academic Publishers.

外语教师的信息技术意识创生①

付安权

（浙江师范大学，金华：321000）

摘　要：信息技术已经从客观上改变了外语学习者的学习方式。整合技术的外语课程发展需要教师进行从信息技术到交际教学观念的转换和转换生成角色的自我定位，理解 Y 时代学生信息化学习取向，做到以实现有效教学为目标和以学生为中心的在线教学策略的创生。

关键词：外语教师；信息技术；意识

一、引　言

伴随着教育国际化和现代化，世界各国相继出台了国家教育技术规划，美国2010年出台了《国家教育技术计划（2010）》（*National Educational Technology Plan 2010*），我国于2010年出台了《国家中长期教育改革和发展规划纲要（2010—2020）》，其中明确指出"信息技术对教育发展具有革命性影响，必须予以高度重视"。基于信息技术支持，全球范围内的大规模开放式在线课程（MOOC）已经蔚然成风，甚至有人将2013年称为"在线教育元年"。时任美国总统奥巴马也在美国2013—2014学年大学生和教师返校之际，发布了一项"E-Learning 五年计划"。在我国，随着课程改革的不断深入，树立信息技术教学意识、运用信息技术优化课程教学已成为近年来英语学科教师专业发展的热点话题。

"树立信息技术教学意识有什么价值？"或"外语教师为什么要树立信息技术教学意识？"是外语学科教师经常思考的问题。对许多外语教师来说，他们一方面觉得信息技术对英语教学有积极意义似乎已成为一个常识，教师已经习惯使用多媒体课件进行外语教学，因此不值得深挖细究；另一方面认为信息技术教育的相关问题是教育技术专家应该着力关注的问题。其实不尽然，这两方面本质上反映了外语教师的信息技术教学意识创生问题。首先涉及教师对信息技术外语教学价值认知的转换问题，其次是新的学生观的创生问题，最后是有效外语教

---

① 本文原发表于《英语学习》（教师版）2014年第1期。

学策略的价值取向革新问题。

二、从 IT 到 CP 的认知转换

意识的创生源于实践理解与反思,同时意识具有能动性,意识在某种程度上也是一种观念性力量。外语教师的信息技术教学意识创生亦是如此。

从历史发展的视角看,我们不难发现:远程教育诞生于18世纪末19世纪初北欧和北美的工业革命时期,主要依托现代通信技术;在线学习诞生于20世纪80年代的电子工业革命时期,主要依托互联网技术;移动学习诞生于20世纪末开始的无线网络革命时期或信息革命时期,主要依赖以移动互联网、教育软件、数字媒体技术和智能手机终端等为形态的新媒体技术。实践告诉我们,信息技术在客观上已经改变了人们的生活方式、工作方式和娱乐方式。

反观国际视野的学校教育,我们发现今天的网络化信息教育使得外语(英语)教学已经超越了传统计算机辅助外语教学的层次。信息技术对外语学科教学的价值不仅仅是作为一种辅助外语教学效果的技术性工具,还是将信息技术融合为外语知识的学习,其主要特点就是教师充分发掘信息技术优势,以此促进有效教学,践行交际教学观念的信息技术与外语课程整合的取向。

在传统媒体时代,我们普遍坚信"知识就是力量",强调知识学习的输入;而在信息时代,我们更加强调知识的简便获取和创新运用。随着信息技术的快速发展,互联网、智能终端设备等日渐普及,网络俨然已成为学习的超级助手,人们可以通过各类应用软件搜索获得所需的陈述性知识和程序性知识,甚至策略性知识。同时,信息技术在学校教育中的使用已经不再局限于作为教学行为的辅助工具,通过选取、使用网上资源开展基于虚拟学习社区的在线互动学习已成为当今学生一种常见的学习方式。尤其是,随着无线网络取代有线网络,越来越多的学生不再满足于使用笔记本或台式电脑进行在线学习,而是使用智能手机或平板电脑进行移动学习。在跨文化外语教学交际中,信息技术不再囿于工具价值层面,而是演化为交际教学观的实践途径之一。换言之,外语教师的信息技术意识,不仅表现在新技术与手段的运用上,更表现在为实现有效外语教育发展带来新的理念和动力,使教育内容、方法和模式发生深刻变革上。(俞水,2013)

在外语学科教学层面,信息技术支持下的课程教学特点突出表现为"覆盖面广、资源广泛共享、超越时空限制、多向互动和便于合作"(陈坚林,2010),网络化信息技术也使得外语学习过程的互动性和自主性完全成为现实。

三、"第一代国际公民"的学生

本质上，教育教学是为人为的人文活动而服务的。简言之，无论是通识课程教师还是外语教师，有效的教学活动设计及组织首先是对教学对象——学生生态特点的正确认知和深刻理解。正如主持耶鲁大学学校发展计划的爱德华坦言的那样："如果我们教师对学生不够了解，即使满腹经纶，也无法传授他们分毫。"

我们需要采用一种面向未来的视角正确认识并深刻理解当下的学生生态特点。当下中国学生中，独生子女已经占很大比例。对此现象，钱文忠教授幽默地说："独生子女是自地球上有人类这个物种以来所出现的一个从来没有过的'亚种'。在人类历史上，从来没有那么多没有兄弟姐妹的人在那么短时间内，有计划地出现在一个国家。我们所有的传统的教育理念、教育方法、教育手段都是针对有兄弟姐妹的孩子的。今天，我们的教育者在拼命反思，但是别忘了，接受教育的对象的主体已经是人类历史上从来没有出现过的'亚种'了。我们千万不要以为他们和我们是一样的，他们和我们不一样，甚至可能完全不一样。"（钱文忠，2010）

早在20世纪80年代，斯第文斯（Strevens）就将技术推动下的教育变革中的未来学生喻为"第一代国际公民"，指出"他们的生活世界将是无国界的互联网、社交网络，他们的课程学习方式是远程交际及基于虚拟社区的合作学习和研究"（Strevens, 1978）。在当下我国学校教育中，教育工作者常常提及并感叹的"80后""90后"或"00后"学生话题，背后其实折射的是我们对学生整体发展新特点的认知与教师传统意识中学生刻板印象的情绪纠结。近些年，国外K-12教育研究中提出了"Y时代"的概念。"Y时代"成员，虽然他们的父母并不是数字化居民，但他们是数字化的一代，也就是说，技术的使用，如互联网的使用，伴随着他们的成长。他们的注意力持续时间很短暂，他们拒绝标准，他们抵制长篇大论式的演讲，他们更加喜欢行动，而非语言。

综上所述，我们发现伴随着信息革命成长起来的学生一代，他们更加倾向于依赖信息技术获取学习资源并进行个性化学习，这种特点既存在于学生的家庭教育中，又存在于学校教育中。发挥教师的专业引领作用，利用信息技术优势，最大限度地促进学生的有效外语学习，实践跨文化交际教学理念，是外语学科教师急需直面且应马上付诸行动的现实课题。否则，我们就会令学生失望。因为在学校教育中，"每一个老师都想做一个受人尊敬的好老师"（Nunan, 1999）。"天下有两种人是不能令人失望的：一是父母，二是老师。"（傅佩荣，2006）不辜负学生的期望是我们落实以学生为中心的教学理念的基本前提和基础。

四、教师的转换生成角色

作为课程理念的实践者，教师的教学观念在很大程度上影响着课程发展的成效。在我国，随着课程改革的持续深入，新的课程理念已经逐渐为大多数教师理解并接受。教师的课堂教学行为已逐渐从"以教师为中心"转移到"以学生为中心"，自主学习、合作学习、探究学习等新型学习方式也进入了课堂，这些都为学生的个性发展和主动创新营造了一个有利的环境。而在这个新旧教育理念转变的过程中，教师也在重新思考、重新定位，努力塑造自身的新角色，以符合教学实践的要求。（黄应会，2003）那么，在信息革命背景下，外语教师的角色定位及其革新面临着什么样的境遇呢？新旧教学方式对比情况如图1所示。

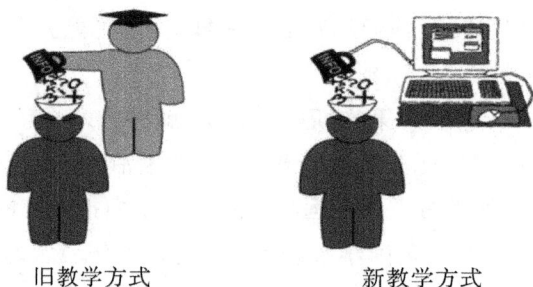

旧教学方式　　　　　　　　新教学方式

图1　新旧教学方式对比

注：图片来自网络。

如果说，教师曾经作为被动的知识技能传授者开展"填鸭式"教学而被人诟病的话，那么，随着课程改革的不断深入，教师作为学习者基于对学习型社会的认知发展和通过开展反思性教学促进教师专业发展来优化教学效果的努力已被大家理解并支持。整合技术的外语课程发展使得教师角色演变为借由信息化网络技术为学生提供课程学习相关服务的"隐性"助手，教师的专业品味侧重于发挥专业智力支持，利用信息化网络为学生学习资源的获取、个性化和自主性学习活动的设计及组织实施搭建桥梁。而与此关联的教师专业知识也需要随之更新，即从 PCK（Pedagogical Content Knowledge）到 TPCK（Technological Pedagogical Content Knowledge）的转换与革新。教师对信息技术的理解和运用及其教学设计和组织创新使得教师成为一种转换生成的智力支持者。

五、有效策略的价值取向

如今，以课程标准和教学大纲为主要形态的课程政策已成为我国广大教师课程教学实践的核心纲领和主要依据。反观其他相关课程政策，我们不难看出，对外语课程教学价值取向的引领或倡导主要集中在鼓励教师适当运用信息技术开展以学生为中心的有效教学上。

2001年6月，教育部印发的《基础教育课程改革纲要（试行）》指出："大力推进信息技术在教学过程中的普遍应用，促进信息技术与学科课程的整合，逐步实现教学内容的呈现方式、学生的学习方式、教师的教学方式和师生的互动方式的变革，充分发挥信息技术的优势，为学生的学习和发展提供丰富多彩的教育环境和有力的学习工具。"2011年7月，教育部出版的《全日制义务教育普通高级中学英语课程标准（实验稿）》更是明确指出："学生应形成适合自己学习需要的英语学习策略，并能不断地调整自己的学习策略。"

"教是为了不教。"以学生为中心的教育价值观要求教师尽快革新自己的教学观，了解信息时代背景下学生生态特点，掌握整合技术的外语课程发展内涵，树立有效教学策略意识，进而帮助学生形成适合自己的有效外语学习策略。

值得注意的是，为贯彻落实国家教育信息化总体要求，全面提升教师信息技术应用能力，教育部于2013年决定实施全国中小学教师信息技术应用能力提升工程。当时教育部提出，将建立教师信息技术应用能力标准体系，到2017年底完成全国1000多万所中小学（含幼儿园）教师新一轮提升培训，提升教师信息技术应用能力、学科教学能力和专业自主发展能力，推动每个教师在课堂教学和日常工作中有效地应用信息技术。（宗河，2013）

六、意识创生的逻辑组织

反思外语教学实践，我们发现，要丰富外语教师的有效教学技巧，必须有基于外语教育目的的方法论的指导，当然，最为基础的则是对外语教育观念的反思，其实这也是安东尼（Anthony）的外语教学研究理论模式在行动研究中的逆向推理。安东尼的外语教学研究理论模式如图2所示。

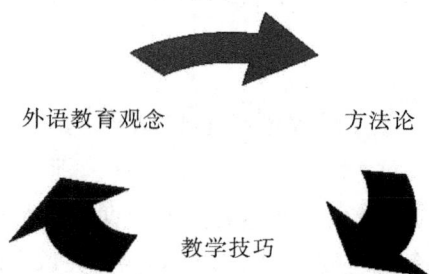

图2 安东尼的外语教学研究理论模式

首先,在外语教育观念层面,我们已经深刻理解信息技术在客观上已经改变了学生的学习方式这一点。在信息技术与学科课程整合的外语课程教学实践中,外语教师需要提高信息技术素养,发挥专业引领作用,帮助学生形成有效的在线外语学习策略,这也是外语教师信息技术教学意识的能动性和技巧性的体现。

其次,在方法论层面,教师需要学习并理解整合技术的学科教学(TPCK)这种新兴的知识形式,外语教师TPCK知识的重要性已经超越了学科内容、教学方法和技术,其重在三者之间相互作用的理解。具体而言,教师需要了解"使用技术的概念表征,以建设性的用途使用技术来教授学科内容的教学方法,有关是什么使得概念难以或易于被学生学习、技术如何帮助学生解决面临的一些问题,现有知识及技术的使用如何发展新的认识或强化旧的知识等"(全美教师教育学院协会创新与技术委员会,2011)。从教与学的关系视角看,教师TPCK知识的运用应该服务于学生的有效学习,换言之,就是教师使用技术解决学习问题,教师创新使用技术优化教学过程,使学生快乐学习,促进学生自主学习。

再次,在教学技巧层面,教师一方面需要充分利用信息化网络的技术支持,通过注册加入专业学习社区,参与在线外语教师专业发展活动,提高自身的信息化素养;另一方面,教师运用信息技术手段,为学生提供超越课本方法的外语学习资源,这也是新课程改革中对教师课程意识的细化,即资源意识。关于外语教与学的资源平台不胜枚举,常见的如谷歌搜索、百度搜索、新浪爱问、中国中小学教育教学网、中国教育资源服务平台、沪江英语在线、人民教育出版社课程教材研究所在线、外语教学与研究出版社在线、课件中心(英语)在线、21世纪课件中心(小学英语)等。

最后,需要注意的是,在理解学生依赖信息化网络学习这一新特点的基础上,外语教师要做到因势利导,使学生的信息技术运用服务于有效学习,也要根据在线资源的获取创新性地设计并组织教学活动,增强外语学习的趣味性。此外,还要防止在整合技术的外语课程教学中出现过度使用甚至滥用技术的倾向。这是因为信息化教学策略的多样化和趣味化无法取代面对面教学时的生动性和互动性,也难以超越传统课堂的"教学相长""即时感知问题"等功效。对学生来讲,想象力比知识更重要,单纯依赖信息化很难培养学生的想象力。

参考文献

陈坚林,2010. 计算机网络与外语课程的整合——一项基于大学英语教学改革的研究[M]. 上海:上海外语教育出版社.

傅佩荣,2006. 生活有哲学[M]. 北京:新华出版社.

黄应会,2003. 信息技术改变传统教育[J]. 信息技术教育(11):29-30.

钱文忠,2010. 我不相信中国教育[N]. 钱江晚报,2010-11-01.

全美教师教育学院协会创新与技术委员会,2011. 整合技术的学科教学知识:教育者手册[M]. 北京:教育科学出版社.

佚名,2010. Y时代:游戏教育改变传统教育模式[J]. 中国远程教育(22):68.

俞水,2013. 信息技术如何促进教育变革[N]. 中国教育报,2013-11-30.

宗河,2013. 全国中小学教师信息技术应用能力提升工程启动[N]. 中国教育报,2013-11-20.

NUNAN D, 1999. So you think that language teaching is a profession?(Part 1)[J]. TESOL Matters, 9(4): 3-4.

STREVENS P, 1978. New orientations in the teaching of English[M]. London: Oxford University Press.

中华人民共和国教育部,2001. 基础教育课程改革纲要(试行)[EB/OL]. (2001-06-08)[2020-05-08]. http://www.moe.gov.cn/srcsite/A26/jcj_kcjcgh/200106/t20010608_167343.html.

中华人民共和国教育部,2001. 全日制义务教育普通高级中学英语课程标准(实验稿)[M]. 北京:北京师范大学出版社.

初中英语积极学科情感培养:课堂观察视角①

郑志恋　田美芬

(浙江师范大学,金华:321000)

摘　要:该研究以韦伯(Webb)提出的"教—学—评"一致性理论为指导,将以学习为中心的课堂观察5个维度之一的积极学科情感作为研究视角,旨在通过课前研读授课教师的教学设计,分析开课班级的学生学情,考察教师设计的目标在真实课堂上的达成情况。该研究通过课堂实地观察、教师自评问卷、学生访谈和SPSS 24.0描述性分析等方法,得出如下研究结果:初中英语教师对积极学科情感培养目标定位模糊;对C类学生的积极学科情感培养不足;教师自评与观评存在显著差异;讨论方法的缺失导致消极学科情感的形成;积极学科情感能有效促进学生英语学习。

关键词:课堂观察;积极学科情感;"教—学—评"一致性

一、引　言

当前,我国课堂教学的形态正处于由"教师(讲授)中心课堂"向"学生(学习)中心课堂"转变的转型期。(陈佑清,2014)近年来,受社会学领域关注个体间的互动类型的观察影响,以美国、澳大利亚学者为代表的一种以课堂观察为工具研究学生学习的趋势逐渐显现。因此,课堂观察的价值取向指向学生的发展,而不是知识点的掌握。现阶段,以学生的学习目标为统领的"教—学—评"一致性理论与以学习为中心的课堂观察概念不断深入课堂教学研究领域。本研究以Webb(1999)提出的"教—学—评"一致性理论为指导,将以学习为中心的课堂观察5个维度之一的积极学科情感作为研究视角,旨在通过课前研读授课教师的教学设计,分析开课班级的学生学情,考察教师设计的目标在真实课堂上的达成情况。本研究通过课堂实地观察、教师自评问卷、学生访谈和SPSS 24.0描述性分析等方法,在观课前查阅文献,学习前沿理论,制订观课量表,研究授课教师的教学设计,了解班级学生的英语水平和座位布局,并以观课团队身份进入课堂;在

---

① 本文原发表于《基础教育外语教学研究》2017年第7期。

观课中对某个学生的学习过程进行观察记录；在观课后采访授课教师与学生，进行数据整理分析。这种基于证据的具有专业引领的课堂观察改变了教师仅凭感觉开展评课议课活动的现状。笔者希望这种实地关注学习过程的课堂观察能更好地提高教师教学的有效性，使得教师的每一个课堂行为都能真切地针对学生的积极学科情感，有助于学生的全面发展。

二、理论基础

（一）"教—学—评"一致性

"教—学—评"一致性指向有效教学。一致性是指两种或更多事物之间的吻合程度，即事物各个部分或要素融合成一个和谐的整体，并指向对同一概念的理解。（Webb，1999）本研究结合 Webb（1999）和崔允漷、雷浩（2015）对一致性的理解，认为"教—学—评"一致性是指课堂教学系统中教师的教、学生的学和对学生学习的评价三者的协调配合程度。在具体课堂教学中，教、学、评 3 个因素都必须围绕目标而协调配合。目标是指学生的学习目标；教是指教师帮助学生实现目标的指导活动；学是指学生为实现目标而付出的种种努力；评是指教师对学生和学生对自身学习表现的评价，以监测学生的目标达成情况。（崔允漷、雷浩，2015）该概念最早源于美国教育心理学家科恩（Cohen）提出的"教学一致性"的概念。20 世纪 80 年代，美国掀起的基础教育课程改革强调课程标准的引领性，把课程与教学的一致性作为检测学校是否有效落实课程标准的一项关键性指标。而美国著名教育评价专家韦伯则极大地丰富了"一致性"概念的内涵与外延，出现了"'目标—教—学—评'一致性"提法，其意为标准目标为"教—学—评"的统一依据。"教—学—评"一致性包含 3 个方面的内容："学—教"一致性；"教—评"一致性；"评—学"一致性。一堂课的学习目标是教师基于课程标准，在充分分析教材或学习资料相关话题的适切性，以及学习者认知、学习和情感等特征后制订的。本文中，"教—学—评"都是针对学科积极情感培养目标而展开的，是任课教师在教学设计中所撰写的。有效教学不是理性的思辨，而是基于证据的推论。教学有效的唯一证据在于目标的达成，在于学生的学习质量，在于学生学会了什么。

（二）以学习为中心的课堂观察

以学习为中心的课堂的价值取向是以学生的发展为本，而不是以知识掌握为本。学生的发展是指学生身心素质的形成与完善，教学将知识学习当作促进学生素质发展的资源、工具或手段，该价值取向是促使教学由"以教师（讲授）为中心"转向"以学生(学习)为中心"的最重要的理由。陈佑清(2014)认为,以学习为中心的课堂是指以学生学习活动为整个课堂教学过程的中心或本体的课堂。课堂教学过程的组织要尽可能让学生能动、独立(自主)地学习成为学生学习的基本状态,并让学生能动、独立(自主)地学习占据主要的教学时空。教师的作用以激发和引导学生能动、独立地学习为最高追求和根本目的。

同样,课堂观察也由观察教师的教转向观察学生的学。近年来,在国际课堂观察研究领域逐渐显现出一种以课堂观察为工具研究学生学习的趋势。例如,美国安德森等人提出的个体学生系统评估工具(Individual Student Systems Evaluation Tool, ISSET)、美国斯图尔曼(Stuhlman)等人提出的课堂评分系统(Classroom Scoring System, CLASS)、澳大利亚克拉克(Clarke)提出的学习者视角的研究(Learner's Perspective Study, LPS)等都将学生作为观察对象。夏雪梅(2012,2013)针对以学习为中心的课堂观察展开研究,提出知识与技能类目标达成、个体认知过程、群体合作学习的认知过程、积极学科情感、同伴关系这5个维度,为理解与评估学生的个性化学习提供了一种分析框架与系列工具。本研究就是依据该分析框架中的积极学科情感维度进行研究的。

(三)积极学科情感

积极学科情感是指学生在学科学习活动中产生的相对稳定的积极的内心体验和感受,这种体验和感受使学生对特定的学科学习产生积极的行为倾向,对学习活动的发生、维持具有积极作用。(夏雪梅,2012)它由4个要素组成,即学习的动力来源、情感体验、注意力的持续和完成任务的主动性。在英语学科中,积极学科情感对学生的认知活动有着重要影响,主要表现在:可以加快信息的组织、加工和存储;有利于检索、提取和使用信息;偏好新异性信息和刺激;减少转换损失,促进任务转换;有助于打破思维定式,产生更宽泛的创新思想和认知网络。因此,当我们的英语教学活动需要学生进行高阶思维时,则更需要激发学生的积极情感。年龄越小的学生其认知活动越容易受到情感的影响。影响学生积极学科情感的关键要素有师生关系、学习指导、学习激励和学习成效,其中前三者直接影响着学习成效的高低。(商凌鹏,2012)本研究采用夏雪梅(2012)对积极学科情感的定义,将课堂中学生的学科情感水平分成"入迷""投入""冲突""完成任务""抵制"5个等级。处于"入迷"和"抵制"等级的学生在班级中的人数极少;处于"投入"等级的学生以提高自己在班级中的地位、取得好的考试成绩、获得教师表扬为导向;处于"完成任务"等级的学生认为上课和作业是必须完成的任务;处于"冲突"等级的学生对这门学科感兴趣,也愿意去追求,但是,教师因素或同伴因素导致他们对这一课堂产生负向的情感。通过该研究,教师可以积极改善自身的教学行为,使教学视角不断向关注学生的学习转变。

三、研究设计过程

(一)研究目的

本研究试图通过不引人注意地观察不同水平学生的课堂行为方式,分析教师对积极学科情感的培养目标在多大程度上能落实到学生个体身上,引导教师由"关注教"逐渐向"关注学"转变。

(二)研究过程

该研究主要经历3个阶段:研究准备阶段、研究实施阶段和研究分析阶段。

在研究准备阶段,在大学成立一个观课团队,查阅课堂观察相关文献,并邀请专门从事课堂观察研究的博士毕业生开设讲座,开展"教—学—评"一致性与以学习为中心的课堂观察的相关理论研讨,学习相关理论并熟悉积极学科情感分析框架与量表内容。同时,精心挑选一所能体现以学习为中心的中学,要求该校英语课堂可以充分体现"以学生的发展为本"的价值取向,教师实施积极学科情感水平较高。最后,本研究选择了一所外国语学校,将该校初中八年级的两个小班(每班23人)作为观察对象,任课教师分别为具有12年教龄的S教师与处于实习期的W教师。大学观课团队要求两位教师各自针对教学内容提供一份课堂教学设计和一份具有学生英语水平信息的班级学生座位名单,然后根据学生的英语成绩与平时表现,将学生分为A、B、C三类,其中A类相对较好,B类次之,C类相对较差。大学观课团队成员认真分析所提供的教学设计等材料,并确定每类学生中的两人为特定观察对象。

在研究实施阶段,主要对S教师与W教师针对相同内容所开设的课程进行课堂观察。3名课堂观摩者皆为大学的研究人员,他们进入课堂后观察之前确定的A、B、C类学生各一人,从课堂注意力、课堂问答、作业3个维度客观记录学生在课堂上的学习表现。之后,与学生学科情感水平参照单进行比对,分析学生处于哪一个水平,并参照注意力值打分标准对学生的注意力进行打分。同时,3名课堂观摩者根据积极课堂情感教师自评表对两位授课教师进行打分,取其平均分作为观评分数;课后两位授课教师填写积极课堂情感教师自评表,将自评表上的分数作为各自的自评分数。研究数据收集手段包括课堂观察、学生访谈、教师自评问卷、SPSS 24.0描述性分析等。

在研究分析阶段,针对课堂观察所得数据,遵循崔允漷(2012)所提出的课堂观察LICC范式与可观察、可记录的原则,解构两位教师的英语课堂,将课堂中的连续性事件拆解为一个个时间单元。又因初中英语阅读课可分为阅读前、阅读中、阅读后3个阶段,为了方便归类并呈现,笔者将S教师与W教师的课分为导入、文本理解和小组活动3个环节,并以这3个环节来呈现学生的课堂行为表现。对于课堂上观察不出的一些情感的改变,则通过学生访谈、教师自评问卷等进行探究。

四、研究结果与讨论

(一)教师对积极学科情感培养目标定位模糊

基于对S教师和W教师的教学设计分析,笔者发现她们对积极学科情感培养目标定位模糊。因为本课阅读文本标题为"Thanksgiving in the United States",单元名为"Unit 8 How do you make a banana milk shake?"(人教版八年级上册)。S教师设计的教学目标包含5个维度的内容,如表1所示。

表1　S教师设计的教学目标

Functions	Students (Ss) learn how to describe a process and follow instructions
Grammar	Ss learn how to use adverbs of sequence: first, next, then, finally
	Ss learn how to use imperative sentences
Vocabulary	Ss learn to remember and use the new words and phrases
Strategy	Ss are able to make predictions, start previous knowledge, scan, skim, order, compare, categorize, summarize, and reflect
Culture	Ss talk about Chinese holidays and its traditional food

作为经验丰富的在职教师,S教师的教学目标并没有严格按照《义务教育英语课程标准(2011年版)》所提倡的语言技能、语言知识、学习策略、情感态度和文化意识5个维度撰写。功能、语法与词汇从字面上理解皆属于语言知识范畴,表1显示S教师强调对学生语言使用能力的培养,这与《义务教育英语课程标准(2011年版)》所阐述的核心目标——学生综合语言运用能力培养是相吻合的。但是,她的教学设计中缺失了情感态度这个维度的目标。从课后访谈了解到,S教师认为该校整体氛围都特别强调对学生积极学科情感的培养,因为采用小班化教学,师生关系非常融洽,会采用大量学习材料激发学生学习英语的兴趣,教学方法也灵活多样,能突显学生的主体性,所以在其具体课堂中就更多注重对其

他维度目标的设计了。

如表2所示，处于实习期的W教师能严格按照《义务教育英语课程标准（2011年版）》所提倡的5个维度拟订教学目标，但是有关积极学科情感培养的内容很少（只有1项），而且理解有些偏差。因为其所描述的"把美食理解成文化的一个方面"不能算是积极学科情感范畴内容，至少文字表述不够到位。正确的表述为"通过理解感恩节文化内涵激发学生对英语学习的兴趣"。总体来说，W教师的10条目标内容在行为动词的选择上采用了3个"know"，4个"understand"，语言使用层面的活动设计不足，过多强调认知层面的知识点掌握，该课堂在严格意义上讲不能算是以学习为中心的课堂。经课后访谈得知，W教师一直准备报考研究生，其英语专业基础扎实，但是对初中课堂教学理念理解不够深刻，其所设计的活动对学生语言使用能力的培养不足。

表2　W老师设计的教学目标

Language knowledge	Know the signal words for order, such as first, next, finally...
	Know the when, where, why and how about Thanksgiving
	Know how to describe making turkey and some Chinese traditional food
Language skills	Locate specific information about Thanksgiving by scanning
	Describe the picture based on the given information
Learning strategies	Understand the structure of the passage by mind-mapping
	Use the Internet to learn more about the topic concerned
Affects	Understand food as an aspect of culture
Cultural awareness	Understand the history and culture behind Thanksgiving
	Understand the culture behind our Chinese traditional festivals and food

（二）针对C类学生的积极学科情感培养不足

通过对表3与表4的数据分析得知，两位教师对两名水平较差的C类学生的积极学科情感培养均不足。S教师课堂上的C类学生一共被叫起来回答问题2次，第1次回答不够流畅，最后总算把自己的想法阐述明白，S教师也没有对其进行鼓励与表扬；第2次回答错误，S教师则直接反问"是这样吗？"便让C类学生坐下，叫另一名学生回答。在被叫起来的学生回答正确之后，也没有再回过头去安抚与关注C类学生，询问其现在是否知道为什么是这个答案。通过对C类学生在"导入""文本解读"这两个环节的课堂行为的观察可以发现，其在2次回答问题之后均出现了较多的小动作，注意力值降低，不能维持较高水平的注意力，且不愿再听教师讲课,产生了消极的情感体验。W教师则从头到尾都没有让C类学生回答问题,也没有给予其足够的课堂关注。在小组活动时,两名C类学生均未发言,且小动作都较多。

两名C类学生的学科情感水平处于"完成任务"等级。他们的课堂注意力集中时间都很短,经常会有小动作,易被外界干扰。在W教师的课堂上,C类学生共打了4次哈欠,需要在教师提醒下才能跟上上课的节奏。在"文本理解"环节,教师走到他身边提醒他,他才从开小差中回过神来,开始做练习,不主动回答问题。

表3　S教师的课堂观察记录

教学过程	A类学生	注意力值	B类学生	注意力值	C类学生	注意力值
①导入:视频导入,并提问与中国传统美食有关的问题;引出感恩节的主题	教师提问,她小声自主回答;小动作较多;没有主动举手回答问题,但被教师叫到1次,回答正确	88	观看视频时,时不时地转笔;主动举手回答问题1次,回答正确;教师向全班同学提问时,会小声做出回答	89	没有主动举手,被教师叫到1次,回答问题不够流畅;小动作较多;同桌与他讲一句闲话,苦笑了一声	78
②文本理解: (a)Thanksgiving; (b)Make a turkey dinner	听同学回答,手在转笔;开了小差,回过神来,又边转笔边听同学的回答;突然意识到之前说的ingredient、utensil的重要性,马上抄下来写在recipe旁边	89	结合板书在书中做笔记并找出答案;在其他同学回答问题时,很认真地听;被教师叫起来回答问题1次,回答正确且流畅;会主动抄下教师的板书;注意力偶尔分散	90	记笔记;不时地看看同桌书本,又看看自己书本;看视频时小动作较多;听教师讲课时小动作也较多;没有主动举手回答问题;被教师叫到1次,回答不流畅且没有回答正确	76
③小组活动	拿到worksheet后,转身和同学们讨论;有问题时,当教师来到他们组时问教师,讨论完成后转回身;看着所写的内容,边看边检查,修改好以后,举手分享,语言流畅	95	在讨论过程中,基本上听其他小组成员发表意见,自己闷不作声;讨论结束后听其他小组回答问题,时不时会看一下自己的手或转一下笔	81	转身讨论的时候,用右手推了一下同桌,但没有讲话;讨论的时候没有发言,看着同桌写;没有举手发言,听同学发言期间小动作较多	75

表 4　W 教师的课堂观察记录

教学过程	A 类学生	注意力值	B 类学生	注意力值	C 类学生	注意力值
①导入:PPT 展示一些美食图片,并让学生猜测相应的传统节日	在笔记本上记下教师补充的单词;拿出书,旁边男生回答问题时抬头听,听到同学答案后点头;小动作较多	89	比较激动,会被其他同学逗笑;一直看别的同学回答问题;被教师叫到回答问题时,他自然地站起来并且回答正确	83	看到 PPT 上的水饺图片时舌头伸出 1 次;小动作较多;教师提问,未举手,双手玩笔	80
②文本理解: (a)Let's read; (b)Let's talk; (c)Picture-ordering; (d)Picture-describing	旁边男生向她借修正带,借给他,其间,两人没有闲谈;教师提问,举手 3 次,被教师叫起来回答 1 次,回答正确;听其他同学回答,对照着自己的答案,不时地进行修改与补充	95	教师走到他的跟前,他根据教师的提示修改自己的答案;教师提问,举手 3 次,被教师叫起来回答问题 2 次,2 次回答正确;教师写板书时,他抬头看;一直看其他同学回答问题	91	做题不专心,双手玩笔,教师过来提醒他之后快速做 worksheet;写了几个单词之后,开始做小动作;教师提问,未举手,小声回答 2 次;期间一共打哈欠 4 次	77
③小组活动:学生 4 人为一小组,讨论并写下如何制作中国传统佳节的美食	旁边的男生又向她借改正带,借给男生的时候两人说笑了一会儿;主动举手分享小组讨论成果,教师没叫她回答问题,她听同学的回答,对自己所写的内容进行修改;回答问题流利	90	小组讨论时没有发言;讨论结束后,看到同桌还在继续交流,他也凑上去继续讨论;讨论结束后看看 PPT 和周围;没有主动分享小组讨论结果	82	小组讨论时几乎没有发言,看着发言的同学;双手开始玩笔,打开笔帽,卸下内部,又装回去;听其他小组汇报时,双手玩笔;小动作较多	75

　　根据表 3 与表 4 内容,将学生的注意力值绘制成折线统计图,以便更加直观、清晰地开展观察研究。折线统计图如图 1 所示。

注意力值

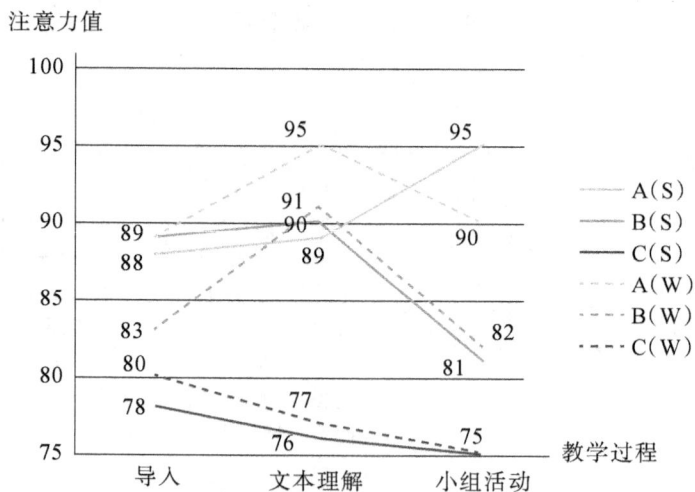

图1 学生的注意力值折线统计图

从6名学生的注意力值折线统计图可以看出,A(S)的注意力值呈一直上升趋势,A(W)、B(W)、B(S)都是先上升后下降,而C(W)和C(S)的注意力值呈一直下降趋势。

(三)教师自评与观评存在显著差异

观评是指3名课堂观摩者根据积极课堂情感教师自评表,对S教师和W教师从"沟通""学习激励""任务设计与反馈""学生表现"4个观察指标,进行的课堂中的积极学科情感评估。表5中的观评分为3名课堂观摩者打分的平均分。课后S教师与W教师也根据以上4个观察指标对自己的表现进行了自评。SPSS 24.0描述性分析的结果如表5所示。

表5 教师自评与评课教师观评结果

单位:分

观察指标		自评		观评	
		S教师	W教师	S教师	W教师
沟通	均值	3.000	2.000	2.500	3.000
	标准差	0	0.816	0.577	0
学习激励	均值	3.000	1.714	2.571	2.143
	标准差	0	0.488	0.535	0.378

续 表

观察指标		自评		观评	
		S教师	W教师	S教师	W教师
任务设计与反馈	均值	3.000	1.833	2.500	2.500
	标准差	0	0.753	0.548	0.548
学生表现	均值	2.600	2.200	1.800	1.800
	标准差	0.548	0.447	0.047	0.447

从表5中可以看出,S教师的各项自评分均高于观评分。W教师只有"学生表现"自评分比观评分高,其他3项的自评分均比观评分低。通过教师自评发现,S教师觉得自己在引导学生培养积极学科情感方面做得很好,然而从学生课堂表现与课堂积极学科情感观评分数来看,S教师只关注了成绩相对较好的学生的情感,各项的自评分与观评分差距都较大,尤其是"学生表现"的差距最大。由于W教师是实习教师,相对S教师而言,对自己的表现不是很自信,这表现在自评与观评分数差异最大的"沟通"上。W教师在上课时亲切地称呼学生,营造了一个轻松友好的课堂氛围,这表现在W教师课堂上的3名学生在"导入"环节注意力都比较集中(注意力值为80—89分)。而在"学生表现"上,两位教师的自评分都比观评分高。这种基于证据的分析表明,教师对自己课堂的感受性理解常常是不准确的。当然,一堂课的观察数据有时会因为其存在特殊性而不具代表性。

(四)讨论方法的缺失导致消极学科情感的形成

在两堂课的讨论过程中,因为缺少讨论方法的指导,学生出现消极的学科情感。教学过程中由于任务分工不够明确,除A(S)以外的5名学生的注意力值都有所下降。B(S)在讨论时闷不作声,但是他会听其他同学的发言,并且小动作比C(W)、C(S)少一些。C(W)、C(S)在讨论时都没有发言且小动作较多。成绩较好的学生是小组讨论的主力军,而成绩相对较差的学生插不上话也不想插话,于是只能在一旁听其他学生发言,又由于C(W)、C(S)的英语水平较差,大多数时候听不太懂其他同学在讨论些什么,思想开始开小差,做起了小动作,其学科情感逐渐趋于消极,注意力值也越来越低。同样,小组里A(W)在"文本理解"环节完成学习任务的主动性和注意力值比在"小组活动"环节高;B(W)在4人小组讨论时没有发言,大家讨论结束后看到同桌还在讨论,才参与到讨论当中。下课后,课堂观摩者对B(W)进行访谈,B(W)解释道,由于4人小组讨论的时候没有明确的分工,没有明确的任务派给他,因而认为自己不说也没关系。

<h2 style="text-align:center">五、结　语</h2>

《义务教育英语课程标准(2011年版)》指出,基础教育以学习者全面发展为根本目的。在教学过程中强调将学生能动、独立地学习作为课堂教学的本体或中心。本研究以韦伯提出的"教—学—评"一致性理论为指导,将以学习为中心的课堂观察5个维度之一的积极学科情感作为研究视角,旨在通过课前研读授课教师的教学设计,分析开课班级的学生学情。课堂观摩者在课堂上对3类学生进行全程的学习行为观察记录,研究发现教师对积极学科情感目标定位模糊,在课堂上对学生积极情感培养的关注与自己自评结果相差悬殊,对C类学生未能进行情感渗透,也未能通过改进讨论方法来维持C类学生的积极学科情感。

"教—学—评"一致性的实现取决于教师的课程素养与评价素养。S教师作为从事课堂教学的一线教师,从未接受过教学设计方面的培训,她撰写的教学设计所需知识是通过参加教研活动而获得的。S教师和W教师从未参加过类似的课堂观察活动,在本次观课教室中有20多位大学教师,他们各自带有不同的观课视角,这种特殊氛围会对授课教师与学生的某些课堂行为产生一些影响。对于积极课堂情感教师自评表,S教师和W教师也是首次接触,估分难免会出现偏差。笔者也是第一次开展类似的研究工作,对理论理解有待加深。

积极学科情感能大大提高学生英语学习认知活动的效果。但是在当前英语课堂上,能做到像S教师那样在培养学生语言技能目标时完成语言知识目标,已非易事。积极学科情感到底指什么?如何关注到班级每名学生,尤其是C类学生?需要日后继续不断地探究。以学习为中心的课堂观察表现出强大的生命力,但是,在课堂上能观察到的学生行为毕竟有限。再则,假如一个陌生人坐在教室里时刻盯牢某个学生,该学生很可能会感到不自在,这在某种程度上会影响其学习。笔者希望这些问题都能在未来的研究中得到解决。

参考文献

陈佑清,2014. 建构学习中心课堂[J]. 教育研究,35(3):96-105.

崔允漷,2012. 论课堂观察LICC范式:一种专业的听评课[J]. 教育研究(5):79-83.

崔允漷,雷浩,2015. 教—学—评一致性三因素理论模型的建构[J]. 华东师范大学学报(教育科学版)(4):15-22.

崔允漷,夏雪梅,2013. 教—学—评一致性:意义与含义[J]. 中小学管理(1):4-6.

商凌鹏,2012. 积极学科情感实施水平的课堂观察与分析[J]. 上海教育科研(2):62-63.

夏雪梅,2012. 以学习为中心的课堂观察[M]. 北京:教育科学出版社.

夏雪梅,2013. 理解与评估个性化学习:课堂观察视角[J]. 中国教育学刊(3):35-38.

中华人民共和国教育部,2012. 义务教育英语课程标准(2011年版)[M]. 北京:北京师范大学出版社.

COHEN S A, 1987. Instructional alignment: searching for a magic bullet[J]. Educational researcher, 16(8): 16-19.

WEBB N L, 1999. Alignment of science and mathematics standards and assessments in four states[M]. Washington: National Institute for Science Education (NISE) Publications.

小学英语教师非正式学习的现状与对策探究①

郑雪燕　应建芬

（浙江师范大学,金华:321000）

摘　要:该文基于非正式学习理论,采用问卷调查法,从非正式学习的意识、方式、环境与文化氛围、与教师专业发展的联系等角度,探究小学英语教师非正式学习的现状及对策。研究表明:小学英语教师非正式学习的意识较强,但仍有待更完全地转化为积极的行动;学习方式多样,但其有效性与常用性不一致;学习环境与文化氛围有待优化;非正式学习能有力推进教师专业发展。鉴于此,小学英语教师需更充分发挥自主性以将意识转化为行动,更深入拓展线上线下学习方式以协调其有效性与常用性,更广泛创设学习共同体,以优化学习环境与文化氛围,以期全面发挥非正式学习的作用,有效助力自身专业发展。

关键词:非正式学习;教师专业发展;小学英语教师

一、引　言

世界各国针对教师专业发展的研究与实践正开展得如火如荼,反思、学习共同体、行动研究、教师学习等主题备受关注。以往的教师学习以组织统一安排的正式学习为主,由教育主管部门统一规划培训的内容、办法和途径。然而,这种自上而下的正式学习模式往往脱离教师的工作实践,其针对性和实效性正受到挑战。随着终身学习理念的深入,一种自下而上围绕教师自身工作和生活实际的非正式学习方式正悄然兴起。本文采用问卷调查法探究小学英语教师非正式学习的现状并提出相应对策,以期助力小学英语教师更全面地把握自身的发展特点和需求,在终身学习的理念下不断更新观念,充分开展非正式学习,实现自身专业发展。

---

① 本文原发表于《基础教育外语教育研究》2019年第9期。

二、非正式学习的概念界定与相关研究概况

"非正式学习"最早出现在美国成人教育学之父诺尔斯（Knowles）的著作 *Informal Adult Education—A Guide for Administrators，Leaders and Teachers* 中。一经提出，立刻引起了学者们的广泛关注。美国成人教育学专家沃特金斯（Watkins）和马席克（Marsick）从正式学习的视角对比阐述非正式学习，认为非正式学习是指从发生在正规计划的、由机构发起的或基于教室活动以外的经验中获得的学习。（Watkins & Marsick，1992）非正式学习的主动权主要掌握在学习者手中，其没有固定的教室，可以发生在公共机构或者组织中，也没有明确的学习设计、严密的组织结构及鲜明的组织性与制度性。国内学者如余胜泉和毛芳较早对非正式学习做出解释：非正式学习相对于正式学习而言，一般指在正规学校教育或继续教育之外，在工作、生活、社交等非正式学习时间和地点接受新知的学习方式（余胜泉、毛芳，2005）。非正式学习在学习时空、学习主动权、学习目的方面都与正式学习有所不同，是一种超越固定时空随时随地发生的，由学习者自我发起与负责的，旨在解决教学中的实际问题并提高自身专业能力的学习方式。

国内外学者对教师非正式学习展开了一系列研究。

国外学者的探索视角主要涵盖非正式学习的特点、工作场所、教师专业发展、学习途径及其影响因素等。Watkins & Marsick（1990）将非正式学习的特点概括为：经验性的学习，是高度情景化的、结构松散的，主要由学习者控制的，可能是有目的的，也可能是无目的的学习。Anne（2003）利用访谈和问卷调查研究新入职教师在工作场所的学习情况，表明专业学习是非正式的而不是正式的，是反应的而不是有目的的，是合作的而不是独立的。Grosemans et al.（2015）研究发现教师非正式学习的方式具有多样性，如体验、反思、向他人学习，以及与他人合作等，并指出由于非正式学习受到教师经验的影响，新教师与老教师的非正式学习呈现出不同的特点。Vezne & Günbayi（2016）通过个案研究发现教师非正式学习主要通过谈话及与他人分享资源和想法展开，并且对教师专业发展具有积极效果。

目前国内学者的研究主要包括非正式学习的研究现状、核心素养背景下的教师非正式学习，以及非正式学习对中小学及高校教师专业发展的促进作用等。郭遂红（2014）采用个案研究法探讨了基于教学情境的非正式学习对外语教师专业

发展的促进作用,研究表明:在基于课堂、网络等环境的非正式学习过程中,外语教师通过实验教学、自我反思、互相学习、行动研究等方法,能够发展对学习和自我身份的认知,提高专业知识水平和综合技能。应建芬(2015)通过问卷调查与访谈探究了大学英语教师非正式学习的现状,研究发现:大学英语教师非正式学习的意识较强;主要通过网络、与同事"走廊交流"、学生反馈和进行公开课教研活动等方式展开非正式学习;非正式学习有力推进了教师的专业发展。汪先平、杨晓平(2019)从非正式学习视角探讨了小学教师核心素养的提升路径,指出教师可通过自我导向学习孕育教师的教育专业信念与情怀,通过知识管理建构教师独特的教育专业知识,通过转化学习生成教师精湛的教育专业能力。

整体来看,目前专门针对小学英语教师展开的有关非正式学习的研究还不够深入与广泛,有待进一步探索与发现。

三、研究设计

(一)研究问题

本研究围绕如下4个问题展开:①小学英语教师非正式学习的意识如何? ②常用的非正式学习的方式有哪些? ③当前非正式学习的环境与文化氛围如何? ④非正式学习与小学英语教师专业发展有何联系? 通过对这4个方面的调查来揭示当前小学英语教师非正式学习的现状,并以此为依据提出相应的对策,供小学英语教师商榷,为小学英语教师实现自身专业发展提供新动力。

(二)研究对象

研究对象为参加浙江省某高校主持的浙江省中小学教师培训项目的82位小学英语教师。性别上,男教师有5人,女教师有77人;年龄上,20—30岁的有19人,31—40岁的有54人,41—50岁的有9人,50岁以上的教师人数为0;教龄上,7年及以下的有26人,8—15年的有42人,16年及以上的有14人;职称上,初级教师有57人,中级教师有20人,高级教师有5人;学历上,大专毕业的教师有2人,本科毕业的有73人,硕士研究生毕业的有7人。在地区和所在学校属性上,教师们来自浙江省各个地区,他们工作的学校涵盖城市及乡村的各级各类学校。可以说,研究对象的样本具有一定的代表性和普遍性。研究对象的部分基本信息如图1、图2及图3所示。

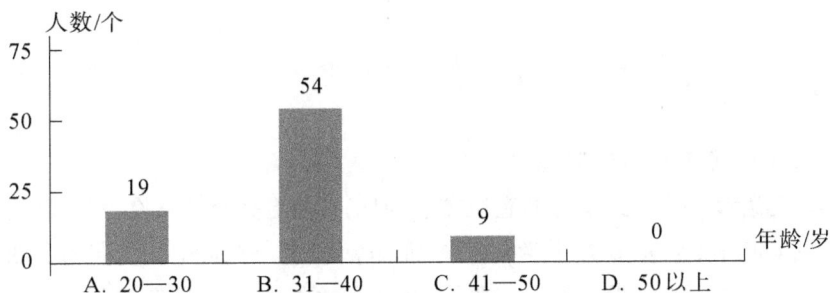

图1 研究对象的年龄情况

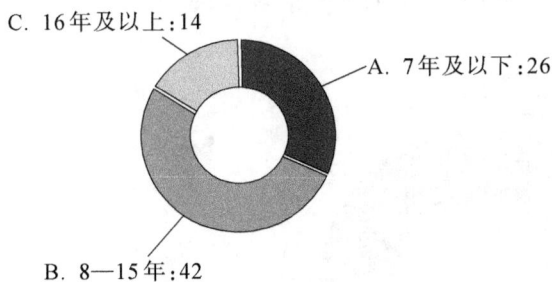

图2 研究对象的教龄情况

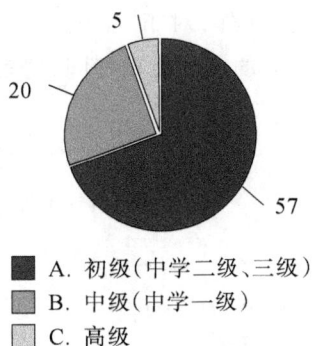

图3 研究对象的职称情况

（三）研究工具

本研究在应建芬（2015）中使用的问卷的基础上，结合小学英语教师教学与研究实际对其内容进行了适当修改和补充。该问卷由两部分组成，共63题。其第一部分旨在了解教师的基本信息，如性别、年龄、教龄、职称、学历、学校地区及授课年段，共7题。第二部分为非正式学习的4个维度调研，共56题，分别是：非正式学习的意识（1—8题）、非正式学习的方式（9—34题）、非正式学习的学习环境与文化氛围（35—50题）、非正式学习与教师专业发展之间的联系（51—56题）。

（四）数据收集与分析

本次问卷采用集中调研的方式，于2019年8月1日下午在上述82位小学英语教师中进行。笔者先就非正式学习的理论和本研究设计做介绍，解释问卷内容，确定被调查者能明确信息，后就问卷的填写做出说明，以确保回收到的问卷的有效性。本次问卷调查借助问卷星来实施，共回收有效问卷82份。笔者对数据进行统计，并以百分比的形式呈现，确保统计结果的直观性和真实性。

四、结果与讨论

(一)非正式学习的意识现状

小学英语教师非正式学习的意识较强,但仍有待更完全地转换为积极的行动。

如图4所示,绝大多数小学英语教师非常同意(58.54%[①])或同意(40.24%)"教师必须开展非正式学习"这一观点,可见小学英语教师具有较强的开展非正式学习的意识,并且相信非正式学习能够有效提高自身的自学能力和学习积极性。此外,对于"教师需要不断学习,提高自己的能力和教学技能"这一观点,100%的教师表示赞同,这表明教师们具有较强的终身学习意识。

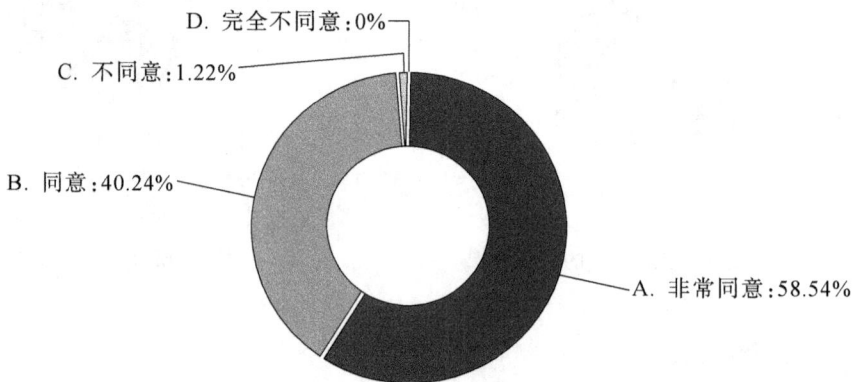

D. 完全不同意:0%
C. 不同意:1.22%
B. 同意:40.24%
A. 非常同意:58.54%

图4　小学英语教师的非正式学习意识情况

然而,教师的学习意识还有待更完全地转换为积极的行动。如图5所示,有超过2/3的教师平均每天的非正式学习时间仅在1小时以内,约1/5的教师的非正式学习时间在1—2小时,只有极少数教师(1.22%)的非正式学习时间为2—3小时,而非正式学习时间在3小时以上的教师人数为0。值得注意的是,有近1/10的教师每天几乎没有花时间进行非正式学习。近5年内,9.76%的教师偶尔参加各级部门组织的培训项目,更有4.88%的教师对于教育部门和学校组织的教师培训表现出"迫于应付"的态度。上述数据显示,仍有小部分教师的非正式学习时间不足,且教师的态度消极。大部分小学英语教师已经意识到了非正式学习

---

① 为便于统计,本文中使用的百分比统一保留两位小数,故可能会出现数据之和略大于或略小于100%的情况,但皆在误差范围内。

的重要性，然而，这种意识与真正的行动之间仍然存在较大差距，需要教师进一步认识造成这种差距的阻碍因素（如家庭事务、教学任务等），并努力克服。

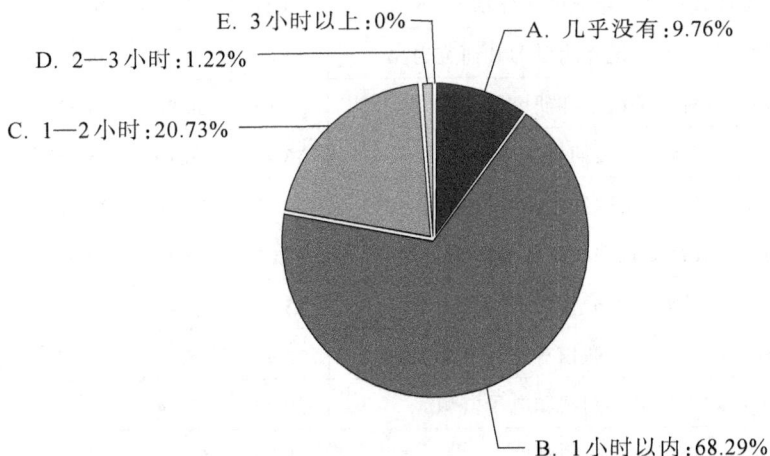

图 5　小学英语教师每天进行非正式学习的时间情况

（二）非正式学习方式的现状

小学英语教师开展非正式学习的方式较为多元，但他们最常用的方式与最有效的方式之间存在着不一致性。如表 1 所示，教师们经常使用的非正式学习方式有："与同事交流、探讨工作问题"（46.34%）；"利用网络或社交软件阅读各类新闻"（39.02%）；"同事之间相互听课、评课"（35.37%）；"与学生交流、探讨工作问题"（35.37%）；等等。在教师们从不使用的非正式学习方式中，"参加教师自发组成的团体活动"（20.73%）、"到校内或校外的图书室或图书馆看书"（8.54%）、"把教学工作中的问题作为学习和研究对象"（7.32%）位列前三。这表明：教师间相互交流的意识有待提高，学习共同体有待发展；教师身边的学习与研究素材有待发现与挖掘。

表 1　小学英语教师非正式学习的主要方式

单位：%

主要方式	经常	有时	偶尔	从不
与同事交流、探讨工作问题	46.34	37.8	14.63	1.22
主动请教老教师、校长或专家一些教学中的问题	25.61	47.56	21.95	4.88
同事之间互相听课、评课	35.37	40.24	21.95	2.44
与学生交流、探讨工作问题	35.37	43.90	17.07	3.66

续　表

主要方式	经常	有时	偶尔	从不
参加教师自发组成的团体活动	13.41	45.12	20.73	20.73
把教学工作中的问题作为学习和研究对象	15.85	52.44	24.39	7.32
聆听各种有关教学和研究的讲座	15.85	54.88	25.61	3.66
利用网络查阅期刊文献等	13.41	56.10	25.61	4.88
利用网络或社交软件阅读各类新闻	39.02	36.59	24.39	0
利用网络或社交软件阅读各类教研文章	17.07	51.22	28.05	3.66
利用社交软件如QQ、微信等进行自主学习	23.17	52.44	24.39	0
利用社交软件如QQ、微信等进行互动交流	32.93	45.12	21.95	0
关注教学相关的网站和电子资源	29.27	46.34	20.73	3.66
进行教学视频观摩	18.29	51.22	28.05	2.44
阅读英语教学方面的纸质报纸、杂志	13.41	59.76	23.17	3.66
到校内或校外的图书室或图书馆看书	12.20	42.68	36.59	8.54
写教学反思或日记	20.73	47.56	26.83	4.88

在对有效的非正式学习方式的选择中,教师们的选择也具有明显的倾向性。如图6所示,"与同事交流、探讨工作问题""阅读英语教学方面的纸质报纸、杂志""聆听各种有关教学和研究的讲座""主动请教老教师、校长或专家一些教学中的问题""利用网络查阅期刊文献等"成为教师们选择的几种最有效的非正式学习方式。

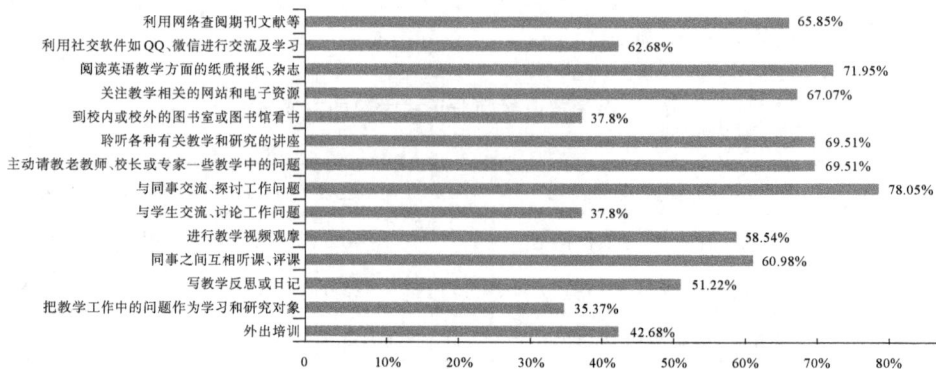

图6　小学英语教师非正式学习的主要方式的有效性对比

值得注意的是,教师选择的最有效的非正式学习方式与最常用的非正式学习方式之间存在着矛盾。其中,只有"与同事交流、探讨工作问题"既是教师们最常用的又是较为有效的非正式学习方式。这说明,虽然教师们认为"阅读英语教学方面的纸质报纸、杂志""聆听各种有关教学和研究的讲座""利用网络查阅期刊文献等"是较为有效的非正式学习方式,但是由于种种原因,他们并没有在日常工作与生活中实际应用,使之成为他们最常用的非正式学习方式。教师与学校应该致力将有效的非正式学习方式转化为教师们最常用的途径,以进一步提高小学英语教师非正式学习的效率。

(三)非正式学习的环境与文化氛围的现状

小学英语教师非正式学习的环境与文化氛围有待优化,学校对教师非正式学习的支持力度及同事之间的知识流动和相互学习有待加强。

首先,在非正式学习的环境方面,"学校对小学英语教师进行非正式学习的支持程度如何?"这一问题的调查结果如图7所示:有超过9/10的教师表示其学校对教师进行非正式学习非常支持或支持;但仍然有近1/10的教师认为其所在学校不支持其进行非正式学习。对于后者来说,他们的非正式学习的环境较为不利,相关学校需要转变观念,意识到教师进行非正式学习的重要性,并加强支持力度。

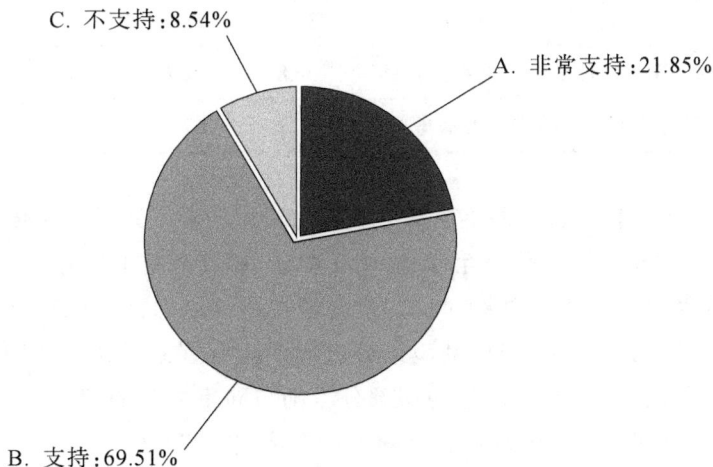

C. 不支持:8.54%

A. 非常支持:21.85%

B. 支持:69.51%

图7 学校对小学英语教师进行非正式学习的支持程度

非正式学习环境调查结果表明:教师认为其所在学校提供教师进行讨论和交流的时间(45.12%)、讨论和交流的资源(48.78%)、软件或者硬件的支持(39.03%)不充足或完全不够。14.63%的教师表示其所在学校从来没有派其去外地参观、学习过。15.85%的教师表示其所在学校从来没有为他们提供过个人电脑或电脑室。42.68%的教师表示其所在学校很少购置教学光盘供教师们使用,更有20.73%的教师表示其所在学校从来没有购置过教学光盘。总体看来,教师非正式学习的环境现状与学校对教师进行非正式学习的支持程度之间存在差异,学校可以从上述几个方面入手,进一步优化教师非正式学习的环境。

其次,文化因素作为重要凝聚力在组织内部发挥着重要的作用。其中,学校的学习文化及教师文化作为教师内部共同持有的价值体系和行为方式对非正式学习行为具有重要的影响。因此,分析教师非正式学习的文化因素不仅可以了解到当前组织在文化建设方面的现状,还可以了解到在该文化影响下英语教师所表现出来的不同的非正式学习的特征。笔者对英语教师之间的文化因素进行了统计,结果如表2所示。

表2　小学英语教师非正式学习的文化因素调研结果

单位:%

文化因素	非常同意	同意	不同意	完全不同意
同事之间是相互理解、相互信任、相互尊重的	31.71	63.41	3.66	1.22
所在学校同事之间经常相互学习	31.71	59.76	7.32	1.22
所在学校同事之间喜欢相互交流和分享	31.71	58.54	8.54	1.22
在工作中遇到困难时能够获得同事的帮助	26.83	62.20	9.76	1.22
教职员工对待同事取得的成果表示高兴	30.49	67.07	1.22	1.22

诚然,大部分教师认为同事内部有着较为理想的非正式学习文化氛围,但仍然有教师对于"同事之间是相互理解、相互信任、相互尊重的"(4.88%),"所在学校同事之间经常相互学习"(8.54%),"所在学校同事之间喜欢相互交流和分享"(9.76%)这些方面持保留意见,甚至部分教师不认为"在工作中遇到困难时能够获得同事的帮助"(10.98%)。这说明部分教师与同事之间的相互学习存在一定的问题,教师之间的知识流动和相互学习还有待进一步加强。

(四)非正式学习与教师专业发展的联系

非正式学习与教师专业发展联系密切,能够有力推进教师的专业发展。

教师的专业发展需要经过学历教育、培训、专业工作实践3个阶段。与前两个阶段相比,最后一个阶段所花费的时间更长,对教师专业发展所起的作用更为直接和长久。(徐丽华、吴文胜,2005)如表3所示,教师经非正式学习,在"积累知识和提升学习力"(93.90%认为非常有帮助或有帮助),以及"提升研究能力"

(95.13%认为非常有帮助或有帮助)的同时,能"降低孤独感"(90.25%认为非常有帮助或有帮助),"提升职业的归属感"(92.69%认为非常有帮助或有帮助),"增强参与教改的意识和能力"(93.91%认为非常有帮助或有帮助)。通过非正式学习活动,教师更加深刻地认识到了自身的不足,更加明确了自己的发展方向,其反思的意识得到了显著的增强,效率得到了显著的提升(93.91%认为非常有帮助或有帮助)。总体来看,小学英语教师的非正式学习对其专业发展起着显著的促进作用,非正式学习不失为一种教师专业发展的有效途径。

表3　非正式学习与小学英语教师专业发展的联系

单位:%

作用	非常有帮助	有帮助	一般	没帮助
非正式学习对发展的总体效果	86.59	10.98	2.44	0
积累知识和提升学习力	41.46	52.44	6.10	0
降低孤独感	32.93	57.32	8.54	1.22
提升职业的归属感	34.15	58.54	6.10	1.22
增强反思的意识和提升效率	34.15	59.76	6.10	0
增强参与教改的意识和能力	34.15	59.76	6.10	0
提升研究能力	32.93	62.2	4.88	0

五、结　语

非正式学习在小学英语教师的工作与生活中发挥着必不可少的作用,是教师专业发展的重要途径。本文调查发现:小学英语教师的非正式学习的意识较为强烈,但仍有待更完全地转换为积极的行动;非正式学习的方式呈现多元化特点,但最常用的非正式学习方式与最有效的非正式学习方式之间存在不一致性;教师们所处的非正式学习环境与文化氛围仍有待进一步优化。非正式学习与小学英语教师的专业发展联系紧密,因此教师与学校在利用非正式学习来促进教师专业发展上还可以有更多的尝试和努力。

首先,小学英语教师需更充分地发挥自主性,进一步加强非正式学习的意识并促进意识转化为行动。对非正式学习的价值研究表明,工作中,小学英语教师的专业学习仅有30%来源于组织的正式培训,而有70%来源于非正式学习。非正式学习的学习形式和内容由学习者自己确定,主动权在自己手中,是学习者自我发起、自我调控、自我负责的学习。确实,行动时会存在着较多的阻碍,生活和工作中的各个因素都有可能成为教师进行非正式学习的拦路虎,因此小学英语教师要更充分地发挥自主性,克服非正式学习行动上的阻碍,协调家庭与教学工作各项事务,积极开展非正式学习。

其次,小学英语教师需更深入拓展线上线下学习方式,以实现其有效性与常用性的统一。上述调查结果显示,教师们最常用的非正式学习方式与最有效的非正式学习方式之间存在着不一致性,教师们认为的较为有效的非正式学习方式由于种种原因往往无法成为他们最常用的。教师与学校需共同努力消除该矛盾。一方面教师应该主动拓宽非正式学习的渠道,善于发现与运用线上线下资源,把握各种有效的非正式学习机会;另一方面,学校应该从以下几个方面入手,主动为教师创造非正式学习的机会,如订阅英语教学方面的报纸和杂志、提供可免费查找教学与研究资源的网站、组织有关教学和研究的讲座、组织名师专家面对面交流活动、组织新老教师"师徒结对"活动等。个体或群体在工作场所和社会场所可通过共同探讨、互相观摩、相互交流、自我反思、借助网络、借用媒体、读书、朋友聚会、购物和旅游等形式来主动提高自身的技能和综合素质。

最后,小学英语教师需更广泛地建设学习共同体,在良好的学习环境和文化氛围中开展合作学习。研究显示,在合作学习中人们可得到70%的记忆,在实践中可达到80%,而在与同事分享知识时可高达90%。学习共同体可以以课题活动方式、同行交流方式、结伴合作方式、专家引领方式、教育教学问题研讨方式展开。(徐丽华、吴文胜,2005)学习共同体的建设有利于增强教师的合作学习意识与能力,促进教师之间资源的交换和经验的分享,使每一位教师的专业技能都能得到发展,达到"合作共赢,事半功倍"的学习效果。学校应该致力非正式学习环境的建设及非正式学习文化氛围的营造。对于前者,学校既可以从硬件设施入手,如为教师提供读书阅览室等安静舒适的学习环境,丰富学校的图书、报纸、杂志等资源以供教师查阅等;又可以从软件设施入手,如完善网络基础设施建设,为教师提供网络学习的平台,利用微博、微信、QQ等建立学习交流平台等。对于后者,学校应该鼓励教师进行非正式学习,组织非正式学习团体,促进同事之间相互理解、相互信任、相互尊重,在全校范围内营造教师之间相互学习、相互交流与分享的非正式学习文化氛围。

参考文献

郭遂红,2014. 基于教学情境的外语教师非正式学习与专业发展研究[J]. 外语界(1):88-96.

汪先平,杨晓平,2019. 小学教师核心素养提升路径研究——基于非正式学习视角[J]. 遵义师范学院学报,21(2):132-135.

徐丽华,吴文胜,2005. 教师的专业成长组织:教师协作学习共同体[J]. 教师教育研究(5):15,41-44.

应建芬,2015. 大学英语教师非正式学习的现状探究[J]. 大学英语(学术版)(1):33-38.

余胜泉,毛芳,2005. 非正式学习——e-Learning 研究与实践的新领域[J]. 电化教育研究(10):18-23.

ANNE W, 2003. Informal learning in the workplace: a case study of new teachers[J]. Educational studies(29): 207-219.

GROSEMANS I, BOON A, VERCLAIREN C, et al.,2015. Informal learning of primary school teachers: considering the role of teaching experience and school culture[J]. Teaching and teacher education(47): 151-161.

KNOWLES M, 1950. Informal adult education—a guide for administrators, leaders and teachers[M]. New York: Association Press.

VEZNE R, GÜNBAYI I, 2016. The effect of informal learning on teachers' professional development: a case study[J]. Online submission(7): 11-22.

WATKINS K E, MARSICK V J, 1990. Informal and incidental learning in the workplace[M]. New York: Rotledge.

WATKINS K E, MARSICK V J, 1992. Towards a theory of informal and incidental learning in organizations[J]. International journal of lifelong learning, 11(4): 287-300.

基于"教研—育人"共同体的大中学校协同培养职前教师模式探索①

张亚萍　竺金飞

（浙江师范大学，金华：321000）

摘　要：浙江师范大学英语（师范）专业积极探索职前教师培养新模式，通过建构"教研—育人"共同体，让用人单位参与职前教师培养全过程，落实"双导师制"，系统优化"三习一训"，打通职前教师培养、教师入职教育和在职教师发展各环节，形成大中学校协同培养职前教师的有效模式。

关键词：职前教师培养；"教研—育人"共同体；实践教学体系；协同培养

一、引　言

培养新时代"四有"卓越教师，是师范院校的时代使命。《教育部关于实施卓越教师培养计划2.0的意见》《教育部关于加强师范生教育实践的意见》《中共中央 国务院关于全面深化新时代教师队伍建设改革的意见》等对新时代教师提出了"高素质、专业化、创新型"的高标准新要求，也强调了师范生培养要以实践为导向优化教师教育课程体系，加强教学技能训练，提高师范生的教学基本功。

浙江师范大学英语（师范）专业持续加强与基础教育学校的合作，着力整合高师院校和中小学的教师教育资源，优化实践教学体系，建构大中学校"教研—育人"共同体，使其成为基础教育实践研究的合作平台、职前教师培养的协同平台，将职前教师培养、教师入职教育和在职教师发展有机融合，形成大中学校协同培养职前教师的有效模式。

二、建构"教研—育人"共同体，培养师范生的教学教育能力

浙江师范大学英语（师范）专业充分发挥高校教师的理论研究优势，聚焦基

---

① 本文原发表于《中国社会科学报》2019年8月16日专版。

础教育有效进行英语课堂教学，与基础教育学校合作开展教学研究活动。在高校教师的引领下，学生自主确定课题研究聚焦点，如"教师课堂提问思维层次研究""'教—学—评'一致性研究""英语课堂深度学习研究"等。教师指导学生梳理研究文献，了解本领域研究现状及可供利用的各种研究方法，开展具体的研究设计活动，有组织地走进中学课堂，实施相关研究方案。中学教师为高师院校英语（师范）专业的师生开设公开课，高师院校英语（师范）专业的师生根据事先设计的研究计划，收集相关研究数据。公开课结束后，当即组织教学分析研讨活动，当场进行数据整理、分析、反馈，高师院校英语（师范）专业师生与基础教育一线教师共同研讨，分析课堂上的优势与问题，提出课堂教学改进建议。最后，英语（师范）专业的学生基于研究计划与所收集的课堂教学实际语料和数据，撰写研究论文，集体讨论修改。

这样发展起来的"教研—育人"大中学校专业学习共同体，突出了实践性、专业性、研究性，具有合作、开放特征，是师范生开展探究性学习，以及观摩研究真实的基础教育课堂教学的重要平台。它为学生提供了真实的教研环境，将理论与实践有机地统一了起来，使师范生提前进入教育教学实践场域，通过参与观摩、思考、体验、交流、反馈、改进等环节，不断积累传统理论学习所无法达成的教师实践经验，发展教育教学实践能力和研究能力，有效形塑了师范生的教师身份认同。同时，这样的共同体教研活动也提高了基础英语课堂教学的有效性，促进了中学英语教师的专业化发展。

浙江师范大学英语（师范）专业也充分发挥引领浙江省基础外语教育改革的作用，成立了"浙江师范大学基础外语教育研究中心"，聘请60余名省市教研员、特级教师等为研究员；组建了"浙派外语名师专业发展联盟""睿达英语教育研究所"等研究机构，与中小学校深入合作，系统开展英语基础教育研究。为进一步推动大中学校教研共同体的发展，浙江师范大学外国语学院组织了两届"江浙沪京"名师英语阅读课有效教学观摩研讨会，每届研讨会参会人数逾千，有效推动了基础外语教育研究，并直接反馈落实到了基础外语教育实践中。此外，学院积极组织教授、博士开讲座进中学，助力中学教师发展和人才培养；重视基础教育与高等教育优质资源共享，注重大中学校共同开发，建设"中学优质课堂资源库""中学教学案例数据库""浙江中学名师课堂话语数据库"等教学资源数据库，创建浙江省精品课程"英语教师核心素养"在线课程群。这些研究机构的设置与教研活动的开展，进一步拓展和深化了大中学校"教研—育人"共同体的内涵，为更好地培养卓越英语教师探索了新路径，创建了新平台。

三、建立合作机制,用人单位参与职前教师培养全过程

《普通高等学校师范类专业认证实施办法(暂行)》要求高师院校应和基础教育学校协同合作,充分发挥用人单位等利益相关方在培养目标制订与达成中的作用,突出产出导向,建立常态化的人才培养质量反馈机制。浙江师范大学英语(师范)专业与基础教育学校深度互动,邀请中学领导、中学英语教师直接参与职前教师培养的全过程,使其在人才培养方案制订、课程实施、课程评价等各教学环节中发挥实质性作用,特别是深度参与教师教育专业实践实训环节,不断提高职前教师培养质量。

基于"教研—育人"共同体的大中学校协同培养职前教师模式为英语(师范)专业学生、教师和用人单位提供了交流对话平台,使英语(师范)专业的教师、学生能及时了解基础外语教育改革的前沿动态,准确把握英语师范人才培养的目标定位,推动了师范生培养和中小学英语教学改革之间的良性互动。浙江师范大学英语(师范)专业多次组织专业教师、校外专家一起,深入浙江大学附属中学、宁波外国语学校等知名中学,举办人才培养方案论证会,并邀请中学领导和名师走进学校,参与培养方案修订讨论,形成用人单位参与专业人才培养目标制订的常态化机制。建立了包括中学领导、中学英语教师在内的"教学质量评价工作组",对每门课程的目标达成情况进行两年一轮的分析、评价、反馈,在课程实施、课程评价等环节继续发挥共同体的协同作用。

同时,浙江师范大学英语(师范)专业邀请中学英语名师走进大学课堂,开设各类课程,担任实践导师。组织"中学英语名师讲坛",迄今已举办一百多次讲坛活动,使学生能够及时了解基础外语教育教学的前沿动态。邀请中学教师参与教师资格考试(面试)指导工作与评委工作、师范技能比赛备赛指导工作与评委工作、专业技能达标考核等实践教学环节,让学生更为直接地感受基础外语教师的素养要求。

四、落实"双导师制",系统优化"三习一训"

教育见习、实习和研习是英语(师范)专业实践教学体系的核心模块。浙江师范大学英语(师范)专业将教育实践贯穿于教师培养全过程,实行高校教师与

优秀中学教师共同指导教育实践的"双导师制"，整体设计、分阶段安排教育实践内容，精心组织体验与反思活动，构建包括师德体验、教学实践、班级管理实践、教研实践等全方位的教育实践内容体系。落实教师发展学校，完善基础教育学校遴选、培训、评价和支持教育实践导师的制度，支持中学指导教师免费参与英语（师范）专业组织的各类"国培"与"省培"计划培训项目，提升其教学教研和综合指导能力，确保"双导师"数量足、水平高、稳定性强，能更有效地履行协同育人职责。

浙江师范大学英语（师范）专业创新了师范生见习模式，开创了"1＋6"3DT 见习模式，重视单元教学设计、课堂观摩描述、精彩片段分析和体验反思提升。要求师范生在金华市各合作中学进行为期 7 周的体验活动，其中 1 周为集中见习时间，其余 6 周为自主见习时间。在正式实习前，学生必须完成相关课程学习及技能考核。在实习过程中，高校带队教师驻点指导，与中学教师指导互补，规范过程管理，每名实习生须上交由实习计划、实习教案、听课评课记录、实习总结与考核等内容构成的师范生教育实习档案。实习结束后，针对学生在实习中出现的问题，以实习支队、班级、年级为单位，在指导教师、中学教师指导下，开展专题分析，通过座谈会、示范课、讲座等形式，引领学生及时进行有效反思。同时，开展核心素养理念下的小组合作探究式"课例研究"研习活动，结合英语教育教学理论，对比分析优秀中学教师的教学案例和实习生的教学案例，促进职前教师完善专业知识结构，改进教学技能技巧，提升教育教学理念，发展教师素养。

浙江师范大学英语（师范）专业多年来与基础教育学校深度合作，建构了"教研—育人"共同体基础上的职前教师培养协同机制，将师范生培养与基础教育有机对接，实现学科研究与学生培养良性互动，及时把握基础外语教育发展的前沿动态与不断更新的对教师素养的新要求，使所培养的毕业生教育理念新、专业素养强，精教学、善研究、会管理。浙江师范大学（英语）专业学生蝉联 6 届全国师范生教学技能竞赛一等奖，70 余人次获全国大学生英语辩论赛一等奖等省级以上奖项，在校生教师资格考试通过率为 97.77%，远超全国同类院校平均通过率。

新时期，浙江师范大学英语（师范）专业将持续总结专业特色，深化专业内涵，持续完善"教研—育人"共同体基础上的大中学校协同培养职前教师模式，努力造就基础教育领域的卓越英语教师，并及时总结人才培养经验，不断提高人才培养能力。

参考文献

中共中央国务院,2018.中共中央 国务院关于全面深化新时代教师队伍建设改革的意见[EB/OL].（2018-01-20）[2020-08-11]. http://www.moe.gov.cn/jyb_xwfb/moe_1946/fj_2018/201801/t20180131_326148.html.

中共中央国务院,2019.中共中央 国务院关于深化教育教学改革全面提高义务教育质量的意见[EB/OL].（2019-06-23）[2020-08-11]. http://www.moe.gov.cn/jyb_xxgk/moe_1777/moe_1778/201907/t20190708_389416.html.

中华人民共和国教育部,2016. 教育部关于加强师范生教育实践的意见[EB/OL].（2016-03-21）[2020-06-15]. http://www.moe.gov.cn/srcsite/A10/s7011/201604/t20160407_237042.html.

中华人民共和国教育部,2017.普通高等学校师范类专业认证实施办法（暂行）[EB/OL].（2017-10-26）[2020-06-15]. https://www.cxtc.edu.cn/__local/C/B1/68/83D211176C55FA70F4818C1F3D0_F7D74D2B_B0990.pdf.

中华人民共和国教育部,2018. 教育部关于实施卓越教师培养计划2.0的意见[EB/OL].（2018-09-30）[2020-06-15]. http://www.moe.gov.cn/srcsite/A10/s7011/201810/t20181010_350998.html.